人民监督员

工作指南

《人民监督员工作指南》编写组

人民日报出版社

图书在版编目（CIP）数据

人民监督员工作指南 /《人民监督员工作指南》编
写组编写 . 一北京：人民日报出版社，2018.7
　ISBN 978-7-5115-5556-4

　Ⅰ . ①人… Ⅱ . ①人… Ⅲ . ①司法监督－中国－指南
　Ⅳ . ① D926.4-62

中国版本图书馆 CIP 数据核字（2018）第 141443 号

书　　名：人民监督员工作指南
作　　者：《人民监督员工作指南》编写组

出 版 人：董　伟
责任编辑：周海燕
封面设计：墨航工作室

出版发行　**人民日报** 出版社
社　　址：北京金台西路2号
邮政编码：100733
发行热线：（010）65369527　65369509　65369512　65369846
邮购热线：（010）65369530　65363527
编辑热线：（010）65369518
网　　址：www.peopledailypress.com
经　　销：新华书店
印　　刷：北京中兴印刷有限公司

开　　本：880mm×1230mm　1/32
字　　数：310 千字
印　　张：13.25
印　　次：2018 年 11 月第 1 版　2018 年 11 月第 1 次印刷

书　　号：ISBN 978-7-5115-5556-4
定　　价：78.00 元

前言 PREFACE

　　人民监督员制度自从 2003 年实行以来，在十几年间，从先期试点、扩大试点、全面推行、深化改革到在全国范围内进行改革，经历了多次的打磨与蜕变。在此期间，人民监督员制度改革不断被纳入中央司法体制改革规划，也相继被写入一系列文件，从而该制度在不断地走向健全与完善。在 2015 年 2 月，中共中央审议通过《深化人民监督员制度改革方案》，在此背景之下，2015 年 12 月，最高检出台了《最高人民检察院关于人民监督员监督工作的规定》。2016 年 7 月，为了进一步完善人民监督员制度，健全检察权运行的外部监督制约机制，最高检察院联合印发了《人民监督员选任管理办法》。由这些立法活动可以看出，人民监督员制度得到了高度重视。

　　实行人民监督制度，通过引入外部的力量，可以健全对犯罪嫌疑人、被告人的权利保护机制，对于保障人民群众的知情权、参与权、监督权、表达权都具有重要的意义。

　　正是因为人民监督员制度发挥着如此重要的作用，在改革的背景下，人民监督员更要依法履行自己的职责，明确自己的权利和义务，从而促进该制度进一步的完善与发展。实践中，人民监督员履行自己的职责，离不开法律知识。也就是说，人民监督员深刻了解人民监督法律制度，学习相关法律知识，是不可回避的问题。

　　为了帮助人民监督员有效地学习相关法律知识和人民监督员制度，我们特意编写了本书。衷心希望通过这本书，帮助人民监督员提高法律素养，胜任人民监督员这一职务。下面，我们一起来看看本书的特色：

第一，专业性。本书专门吸收了对人民监督员制度进行过理论与实践调研的专家、学者的意见，是集百家之所长，融百家之所思，尽我们最大的努力编纂完成，使得该书日臻完善，相信大家一定会开卷有益、受益匪浅。

第二，全面性。本书从人民监督员制度的内涵、产生、发展、变革，到人民监督员的资格、选任、履职、工作开展，再到人民监督员面对各类案件可能涉及的法律知识，可以说是，囊括了作为一名人民监督员所应具备的所有相关知识，因而，是非常全面的，大家可以根据自身需求进行学习。

第三，通俗性。尽管本书非常专业，但其内容深入浅出，通俗易懂。我们首先把相关的法律规定一一罗列，然后通过实例分析的方式，将法律知识贯通于全文，力争用最通俗易懂的语言把每一个法律知识点都讲解清楚，相信大家一定能看得懂。

我们相信此书会使人民监督员了解更多的法律知识，了解岗位的重要性，从而帮助他们认真地履行工作职责，坚守自己神圣的工作岗位，更好地行使案件的监督权。要努力让人民群众在每一个司法案件中都感受到公平正义，这是我国司法改革的终极意义。我们愿意同广大人民监督员一道，为我国的司法改革建设奉献一份力量，哪怕是微乎其微，我们也愿意为司法公正匍匐前行。

本书编委会

2018 年 8 月

目录 CONTENTS

第一篇　认识人民监督员制度

第三篇　人民监督员常用法律知识

第二章 监视居住 / 225

第一篇
认识人民监督员制度

第一章　人民监督员制度概述

什么是人民监督员制度？

人民监督员制度指的是，从外部加强对人民检察院办理直接受理立案侦查案件工作的监督，从而防止和纠正检察机关在执法过程中出现的不公平问题，提高执法水平和办案质量，确保依法公正履行检察职能，维护社会公平正义的制度。

人民监督员制度作为一种外部监督推行实施，一方面是顺应我国宪法和法律关于一切国家机关必须倾听人民的意见、接受人民的监督的规定，另一方面也是为了回应人民长期以来对检察院内部监督有效性问题的怀疑。2004 年 10 月，最高人民检察院决定在全国开展人民监督员制度的试点工作，并先后颁布了《人民监督员表决意见书》《关于人民监督员试点工作若干具体问题的意见》《关于人民监督员试点工作若干具体问题的意见（二）》《关于人民监督员监督"五种情形"的实施规则（试行）》等一系列的实施意见和补充规定来确立、完善人民监督员制度。

可以说，人民监督员制度是在检察系统采取"自上而下、先行试点、稳步推进、全面试行"的循环渐进模式中发展起来的，是检察系统进行 "强化法律监督、维护公平正义"的一次有益探索。人民监督员制度经过近些年的发展，也逐渐成熟起来，发挥了应有的监督作用，在提高检察机关的执法水平和办案质量，保证检察机关正确履行职能等方面发挥了积极作用，显示出其强大的生命力和存在的价值。

人民监督员制度有哪些特点？

我国的人民监督员制度概括起来有以下特点：

第一，有相对固定的成员。人民监督员制度通过人民监督员进行监督工作，各地区检察院都会选任人民监督员，并且这些人民监督员来自于社会大众，代表了民众对检察工作进行监督。而且，一般各地都会设置人民监督员办公室，负责人民监督员的相关具体工作。

第二，有明确的监督范围。人民监督员对人民检察院办理直接受理立案侦查案件的 11 种情形都可以进行监督。监督的范围包括：应当立案而不立案或者不应当立案而立案的；超期羁押或者检察机关延长羁押期限决定不正确的；违法搜查、扣押、冻结或者违法处理扣押、冻结款物的；拟撤销案件的；拟不起诉的；应当给予刑事赔偿而不依法予以赔偿的；检察人员在办案中有徇私舞弊、贪赃枉法、刑讯逼供、暴力取证等违法违纪情况的；犯罪嫌疑人不服逮捕决定的；采取指定居所监视居住强制措施违法的；阻碍律师或其他诉讼参与人依法行使诉讼权利的；应当退还取保候审保证金而不退还的等。

第三，依照规定的程序进行活动。人民监督员进行监督活动都要依照规定的程序进行监督活动。案件监督前，应向人民监督员提供充分的有关案件事实、证据和法律适用等材料；案件监督中，应全面客观地介绍案件事实、证据认定、法律适用以及对案件处理的不同观点和意见。必要时，人民监督员可以通过收听收看讯问犯罪嫌疑人相关录音录像了解当事人的意见。人民监督员对所监督案件独立进行评议和表决，制作《人民监督员表决意见书》，说明表决情况、结果和理由。

第四，它的集体监督决议对检察机关有相对的约束力。人民监督员的建议对于检察机关具有约束力，但检察机关对于建议不是必须接受，检察长不同意要提请检察委员会讨论决定，检察委员会应当根据案件事实和法律规定，全面审查、认真研究人民监督员的评议和表决意见，依法作出决定。检察长或者检察委员会的处理决定应及时告知参加监督的人民监督员。检察委员会的最终处理决定与人民监督员表决意见不一致的，应当向参加监督的人民监督员作出必要的说明。此外，还设置了复议的程序，人民检察院处理决定未采纳多数人民监督员评议表决意见，经反馈说明后，多数人民监督员仍有异议的，可以提请人民检察院复议一次。

人民监督员有怎样的社会功能？

人民监督员制度，是把人民群众纳入到检察工作当中去，发挥外部监督的作用，在加强对检察机关处理职务类犯罪案件的行为进行监督方面，可以说，人民监督员制度发挥了应有的监督作用。但与此同时，我们也不能忽略人民监督员的一些社会性的功能，主要表现在以下几个方面：

第一，人民监督员制度有利于促进社会的和谐发展。通过人民监督员制度，加强对检察机关职务犯罪类案件行为的监督，制约检察权力的滥用，有利于确保检察机关实现打击犯罪与保障人权的统一，实现司法公正，维护公平正义。一个充满公平正义的社会，自然也会是一个和谐的社会。

第二，有利于实现司法公正。有了人民监督员的监督，可以减少检察机关办案过程中出现徇私枉法、权钱交易等行为，增加检察机关办案行为的透明度，让每一个人民群众都能感受到公平正义，通过外部制约，规范检察机关执法行为，确保每一个案件都能做到公正处理，最终，确保司法公正的实现。

第三，有利于加强民主监督的力量。2015 年 12 月 21 日最高人民检察院第十二届检察委员会第四十六次会议通过的《最高人民检察院关于人民监督员监督工作的规定》，对人民监督员制度的监督主体、监督范围、监督程序、复议程序等都有明确的规定，可以说，人民群众可以通过该制度进行监督检察机关的执法行为。人民监督员制度本身体现的就是人民的利益，也是强化人民群众民主监督的力量。

第四，有利于提升司法文明。司法制度成熟、发达的国家，无不在司法过程中强调公众的参与性和司法活动的公开性。司法文明的实现，离不开公众的参与，通过公众的参与，可以实现集中人民群众的智慧，从而，也有利于司法活动中反映人民群众的意见，保证司法决策的民主化、防止司法行为的随意性，提升司法文明。与此同时，公众参与司法，对于司法公开也有很大的促进作用，公众既然参与，就要求司法公开，否则，公众难以全面了解司法行为是否合法、公正。

人民监督员的法律定位如何？

人民监督员制度是检察机关根据检查工作的特点，主动把自己的职权纳入人民监督的范围，可以说是一项制度上的创新，它回答了人们长期以来对检察机关自侦案件自我监督行为质疑。关于人民监督员制度的法律定位，可以从以下几方面来认识。

首先，人民监督员制度是一种社会监督。人民监督员制度，给人民群众参与司法活动，参与属于检察机关自侦案件的公诉前程序提供了一个渠道。这是司法民主的体现，人民监督员制度不同于人大监督等监督方式，人民监督员制度体现了监督的社会性。

其次，人民监督员制度是一种外部监督方式。检察机关对于自侦案件，有自己内部的监督方式，但是人们对内部监督存在质疑，那就是谁来监督监督者。基于上述的质疑，检察机关主动引入外部监督，建立人民监督员制度，和检察院内部监督相结合，共同保证检察机关正确履职行为。

最后，人民监督员制度是非讼程序监督。人民监督员制度是一种诉讼程序之外的监督，与此同时，人民监督员通过行使监督权，根据法律规定的监督范围、监督程序等进行监督，提出自己的意见，促进检察机关改正自己的行为，确保诉讼的顺利进行。人民监督员的监督不是通过诉讼程序进行的。

人民监督员制度有哪些基本原则？

人民监督员制度的基本原则是指贯穿于人民监督员监督活动始终的原则，指导人民监督员依法、独立、公正履行监督职责。人民监督员制度的基本原则对于人民监督员监督工作的展开具有非常重大的指导意义，所以，我们认为，人民监督员制度基本原则应包括以下四项，分别是依法独立行使监督权的原则，广泛代表性原则，独立监督原则和公平公正原则。广泛代表性原则即人民监督员的选任条件宽泛，选任方法民主，选任时的地域性均衡；独立监督原则就是不受任何机构或者个人的控制和影响，有独立的监督权力；公平公正就是在选任、实施监督等各个过程，都坚持公平和公正。

什么是广泛代表性原则?

人民监督员制度广泛代表性原则主要表现在以下几方面:

第一,人民监督员选任条件的宽泛性。人民监督员制度体现的是一种社会监督,强调人民群众参与到检察机关的司法活动中,要体现监督的广泛性,就需要在选任人民监督员时,把人民监督员的选任条件宽泛化,在保证广泛代表性程度下,选任条件既不能过高,也不能过低。根据《人民监督员选任管理办法》第八条规定:"拥护中华人民共和国宪法、品行良好、公道正派、身体健康的年满23周岁的中国公民,可以担任人民监督员。人民监督员应当具有高中以上文化学历。"这个选任条件一方面可以保证更多的人民群众参与到监督工作中来,另一方面也能保证人民监督员在构成上的广泛来源性,最终有助于保证人民监督员制度的广泛代表性。

第二,人民监督员选任方法的民主性。人民监督员选任方法的科学、民主,有利于选任出真正代表人民利益的人民监督员,选任方法民主性和选任条件宽泛化都有助于人民监督员制度的广泛代表性。另外,根据《人民监督员选任管理办法》第二条规定:"人民监督员的选任和培训、考核等管理工作由司法行政机关负责,人民检察院予以配合协助。"这个规定表明,司法行政机关是人民监督员的选任机关,把检察机关回避出去,防止出现对检察机关自我选择自我监督产生质疑。此外,司法行政机关应当发布人民监督员选任公告,接受公民自荐报名,商请有关单位和组织推荐人员报名参加人民监督员选任。同时,司法行政机关应当采取到所在单位、社区实地走访了解、听取群众代表和基层组织意见、组织进行面谈等多种形式,考察确定人民监督员人选，并进行公示。这些都体现了选任的民主性。

第三，地域代表性。根据《人民监督员选任管理办法》第九条规定："司法行政机关应当会同人民检察院，确定人民监督员的名额及分布，辖区内每个县（市、区）人民监督员名额不少于3名。"该条规定有利于保证人民监督员地域来源的广泛性，每一个辖区都有自己的人民监督员，不会出现有的地区人民监督员名额过多，有的地区没有人民监督员的极端情况。

如何实现"独立监督"原则？

《最高人民检察院关于人民监督员监督工作的规定》第三条规定："人民监督员依法、独立、公正履行监督职责。人民监督员行使监督权受法律保护。"独立监督原则是为了保障人民监督员能够对检察机关独立行使监督权，独立作出评议，提出意见，避免检察机关的干扰。所以，我们应该从以下几方面保证独立监督原则的实现。

第一，规范人民监督员选任程序。根据《人民监督员选任管理办法》规定，人民监督员的选任和培训、考核等管理工作由司法行政机关负责，人民检察院予以配合协助。并且，省级和设区的市级司法行政机关分别选任同级人民检察院人民监督员。今后要继续坚持这一选任模式，检察机关不能自己选任人民监督员监督自己。

第二，规范参与案件监督的人民监督员的产生程序。参与具体案件监督的人民监督员，由组织案件监督的人民检察院会同司法行政机关从人民监督员信息库中随机抽选产生。如果选出的人民监督员根据法律的规定需要回避，要重新选择。司法行政机关和检察机关要为人民监督员正确行使监督权提供必要条件。

第三，完善案件材料提供和案情介绍程序。案件监督前，案件承办人应向人民监督员提供有关案件事实、证据和法律适用等必要的材料；案件监督中，案件承办人要向人民监督员客观地介绍案件事实、证据认定、法律适用以及对案件处理决定，并回答人民监督员提出的问题。必要时，人民监督员可以通过收听收看讯问犯罪嫌疑人相关录音录像了解当事人的意见。要让人民监督员敢说、敢监督。

第四，完善人民监督员评议表决机制，保证人民监督员异议复议程序畅通。一旦人民监督员对所监督案件独立进行评议和表决，制作了《人民监督员表决意见书》，在《人民监督员表决意见书》中说明了表决情况、结果和理由。人民检察院要认真对待人民监督员提出的意见和建议，全面审查、认真研究人民监督员的评议和表决意见，依法作出决定。

此外，如果人民检察院处理决定未采纳多数人民监督员评议表决意见，并向参加监督的人民监督员作出了必要的说明，但多数人民监督员仍有异议的，可以提请人民检察院复议一次。负责审查的案件承办部门应当另行指定检察人员及时、全面进行审查，提出审查意见报本院检察长或者检察委员会研究决定。原处理决定与复议决定不一致的，依法及时予以变更或者撤销。复议决定与人民监督员的表决意见仍不一致的，负责复议的人民检察院应当向提出复议的人民监督员说明理由。

人民监督员制度与检务督察制度比较，有何不同之处？

人民监督员制度与检务督察制度都是为检察机关服务的，目的都在于规范检察机关及其工作人员的行为，以便于检察机关更好地开展工作。但两者并非彼此覆盖的关系，两种制度在性质、监督范围及监督效果上均存在一定的差异。

第一，制度的性质不同。人民监督员制度体现了一切国家机关都必须听取人民意见，接受人民监督的法律精神，经过对符合一定条件的社会人员的筛选，组成人民监督员，对检察机关在进行自侦案件时的相关行为进行监督，以保证处理自侦案件时的公平、公正，而且，从"人民"这两个字我们就可以看出，人民监督员制度是一种人民的外部监督，独立于检察机关，而且是一种社会监督，充分发挥了社会的力量；检务督察制度是为了保障检察机关及其工作人员更好的履行职务，而在检察机关内部设立检务督察机关，对检察机关及其工作人员履行职责、行使职权、遵章守纪、检风检容等方面进行的监督检查和督促落实，其本质属于检察机关的内部监督。

第二，制度的监督范围不同。人民监督员主要对检察机关在处理自侦案件时的行为进行监督，监督范围相对明确且比较具体；检务督察机关是依照法律和规定对督察对象履行职责、行使职权、遵章守纪、检风检容等方面进行的监督检查和督促落实，可见检务督察机关所监督的范围较为广泛，并不仅限于检察机关在处理自侦案件时的相关行为，还包括其他职务行为。

第三，监督效果存在一定差异。人民监督员是独立于检察机关的外部监督，在监督过程中往往较为中立，不受检察机关的领导，当发现问题时，能够及时的提出，有利于问题的解决，一般会达到一种很好的监督效果；而检务督察制度是一种内部监督，检务督察机关受检察长的领导，对检察机关及其工作人员的职务行为及其他相关行为进行监督，在这样的监督体系下，检务督察机关往往无法独立的开展监督工作，比较容易出现相互包庇现象，不利于问题的发现与解决。

人民监督员制度与现行监督制度有着怎样的衔接？

人民监督员制度与现行监督制度的衔接，主要体现在人民监督员制度与人大监督制度和检务督察制度的衔接。

人大监督是检察机关接受外部监督的重要途径，人民监督员制度与人大监督进行衔接，可以最大限度的提高人民监督员制度的效能，对于人大监督而言，也是提供了一个更为直接的监督途径。目前我们国家并没有对两种制度的衔接作出非常明确的规定，但是二者的衔接还是充满了可行性。关于如何衔接，可以从以下几个方面进行：

第一，可以出台一部相关的法律或者法规，虽然出台法律不能一蹴而就，但是可以先在地方制定规则，让人民监督员制度与人大监督制度有法律保障，有章可循。

第二，可以在人民监督员和人大代表的选任上入手，人民监督员可以从人大代表中选举而来。

第三，可以将人民监督员的办公室或者有关机构独立出来，或者与人大的某些机构相联系，体现出外部监督，拉近人民监督员和人大代表的距离。

第四，加强交流，人民监督员在工作中遇到问题或者将开展工作的有关情况及时向人大报告，双方也可以经常展开交流，促进彼此的监督力度，加强工作效能。

第五，人大对人民监督员的活动进行监督，防止人民监督员在履行职责的过程中存在违法乱纪或者失职等行为。

检务督察是检察机关内部自我监督的一项工作机制，作为检察机关内部的监督模式，和人民监督员制度看似不同，但是二者的目的都在于规范检察机关及其工作人员的行为，如果二者能实现良好地衔接，可以共同促进检察机关的廉洁和公正。实现二者的有效衔接，有以下几种方式：

第一，可以将人民监督员制度和检务督察的考核考评相挂钩。加强人民监督员和检务督察工作人员的联系，实现内部监督和外部监督的统一与结合。把与人民监督员的日常联络、交流工作等作为检务督察考核内容。

第二，可以邀请人民监督员旁听庭审、参加检察开放日、控申接待等活动，检务督察部门派员共同参加，增强检察机关透明度，让人民监督员代表更加具体、直观地了解检察工作，从而也能更加有针对性地提出意见和建议，保证人民监督员的监督质量和效果。

第三，人民监督员和检务督察人员可以进行座谈，对于违法违纪苗头或其他问题，及时进行处理。

总之，检务督察的内部制约与人民监督员的有效结合，可以共同推动检察工作健康有序的发展。

第二章 人民监督员制度的试点与改革

人民监督员制度经历了哪几个阶段？

我国人民监督员制度的产生和发展，大致经历了三个阶段，分别是试点阶段、全面推广阶段、深入与规范阶段。

第一阶段：人民监督员制度试点阶段的时间是从 2003 年 9 月到 2004 年 7 月。众所周知，职务犯罪类案件属于检察机关自己侦查办理的案件，对于这些案件的侦查和起诉行为，检察机关既是实施者，又是监督者，所以，社会上一直有一种声音，那就是检察机关这种自我监督行为是否能够起到应有的作用。为了回应这种质疑，2003 年 8 月 29 日，最高检召开了"人民监督员试点工作会议"，提出了要建立了人民监督员制度，以便加强外界对属于检察机关自侦案件的监督，确保检察机关正确行使手中的权力。9 月 2 日，最高人民检察院就制定和发布了《关于人民检察院直接受理侦查案件实行人民监督员制度的规定（试行）》。该《规定》对人民监督员的条件、人民监督员的监督范围、人民监督员的监督程序都进行了明确的规定。在上述《规定》的指导下，最高人民检察院决定率先在我国天津、辽宁、河北、内蒙古、黑龙江、浙江、福建、山东、湖北、四川等 10 个省、自治区、直辖市的检察机关先行试点。在上述 10 个省份之中，四川、福建、湖北三个省份进行的是全面的试点工作，也就是说，全省的检察机关都进行试点工作。而天津、辽宁、河北、内蒙古、黑龙江、浙江、山东等省份则是采取的选取自己省内部分地区进行先行试点工作。

第二阶段：2004 年 10 月至 2006 年 3 月是人民监督员制度在我国的全面推广阶段。2004 年 7 月 5 日，最高人民检察院发布了新的《关于实行人民监督员制度的规定（试行）》，与此同时，最高人民检察院还发布了《关于适用〈最高人民检察院关于实行人民监 督员制度的规定 （试行）〉若干问题的意见》《最高人民检察院关于进一步扩大人民监督员制度试点工作的方案》等两个文件。

其中，《关于实行人民监督员制度的规定（试行）》是对 2003 年《关于人民检察院直接受理侦查案件实行人民监督员制度的规定（试行）》的修改，修改后的《规定》涉及人民监督员制度适用范围和监督性质等 17 项内容。

另外，《最高人民检察院关于进一步扩大人民监督员制度试点工作的方案》对接下来人民监督员制度的试点工作的指导思想、试点范围、试点工作要求、试点工作的组织领导等方面都进行了明确的规定。根据《方案》的规定，在试点范围上，人民监督员制度试点工作在全国各省、自治区、直辖市检察机关进行。省级检察院全部进行试点；分、州、市和县检察院的试点范围，由省级检察院决定并报高检院备案。在试点工作时间要求上，先行试点的十三个省（自治区、直辖市）的检察机关从 9 月份开始按修订后的《规定》、《意见》实行人民监督员制度。9 月份进行启动准备工作，制定具体的实施方案、选任人民监督员等；10 月 1 日起全面开展监督工作。

上述文件施行后，意味着人民监督员制度进入了全面实施的阶段。在全面实施阶段，人民监督员发挥了更加重大的监督作用，更加有效的促进检察机关的职权行为。

第三阶段：从 2006 年 3 月份以后，我国的人民监督员制度步入了深化与规范阶段。在这一阶段，为了应对人民监督员制度在推广阶段中出现的缺陷、问题，中发〔2006〕11 号《中共中央关于进一步加强人民法院、人民检察院工作的决定》要求最高人民检察院深入推进人民监督员制度试点工作，适时加以推广，促进人民监督员制度规范化、法制化。全国各地的检察机关在人民监督员的选任主体、选任范围、产生方式、人民监督员监督案件的对象、监督工作运行模式、人民监督员制度规范化等各方面都进行了一些符合自己工作实际的改革，探索出自己的制度模式，比如四川广安模式等，这些地方的改革都有力的推进了人民监督员制度试点工作向着更加深入、规范的方向发展。

人民监督员制度现在是否已经进入了深入与规范阶段？

现如今，人民监督员制度在我国已经进入了深化改革新阶段。2015 年 2 月中央全面深化改革领导小组第十次会议审议通过了《深化人民监督员制度改革方案》，紧接着，最高人民检察院和司法部就发布了印发实施这一方案的通知，这就表示，人民监督员制度迈入了全面深化改革的阶段。

《深化人民监督员制度改革方案》对人民监督员制度全面深化改革的阶段指导思想和总体目标、重点任务、工作要求都做了明确的规定。

这一阶段的指导思想和总体目标是以党的十八大和十八届三中、四中全会精神为指导，深入贯彻习近平总书记系列重要讲话精神，按照中央关于全面深化改革、全面推进依法治国的战略部署，以健全确保依法独立公正行使检察权的外部监督制约机制为目标，改革人民监督员选任和管理方式，扩大人民监督员监督范围，完善人民监督员监督程序，进一步拓宽人民群众有序参与司法渠道，充分保障人民群众对检察工作的知情权、参与权、表达权、监督权，推进人民监督员制度法制化，提高检察工作透明度和司法公信力。

《深化人民监督员制度改革方案》提出的重点任务是改革人民监督员选任机制、改革人民监督员管理方式、拓展人民监督员监督案件范围、完善人民监督员监督程序、完善人民监督员知情权保障机制、推进人民监督员制度立法等六个方面。

《深化人民监督员制度改革方案》提出的工作要求是，检察机关、司法行政机关加强组织上的领导，要从全局和战略高度，充分认识深化人民监督员制度改革的重要意义，把思想和行动统一到中央司法体制改革决策部署上来；检察机关、司法行政机关在工作中向相互配合、沟通协调，形成工作合力；强化保障措施，将选任管理人民监督员相关工作经费纳入司法行政业务经费预算予以保障；加强督促指导，省级人民检察院和司法行政机关要在做好本级改革工作的同时，加强对下督促指导，及时掌握改革推进情况，研究解决有关困难和问题，确保人民监督员制度改革扎实有序开展。注重宣传引导，注重对实践经验和改革成果的总结和推广，通过报刊、广播、电视、网络等媒体及时宣传人民监督员制度改革的好经验、好做法和取得的成效，不断扩大人民监督员制度的社会影响，为深化人民监督员制度改革营造良好的舆论氛围。

各地检察院都推行了哪些改革措施？

为了促进人民监督员制度的良性、规范发展，发挥人民监督员监督的独立性和有效性，各地的检察院都结合本地实际推行了一些具体的实施方案。比如四川广安模式、上海等地区的上级检察院统一选任人民监督员模式、湖北武汉青山区主动向人民监督员汇报工作征求意见的模式。

（1）四川广安模式

四川是人民监督员制度的试点省份，在四川的广安市邻水县发生了第一起人民监督员参与监督的案件，广安市可以说走在了前沿。值得提出的是，2008年1月，四川省人民检察院和西南政法大学成立了"人民监督员制度实证研究"课题组，并在广安的岳池县，对人民监督员制度进行了深化的试点，形成了"岳池经验"。

广安市岳池县遵循相信人民群众、贯彻司法民主、通过试点推进改革的三大理念，并形成了自身的试点经验，"岳池经验"有很多亮点之处。比如，岳池县倡导"自荐为主、推荐为辅，鼓励自荐"的人民监督员产生原则，形成了大批的有代表性、积极性高的人民监督员。这样的模式更有助于了解民意，实现监督的制度作用。另外，岳池县坚持由人大选任、管理人民监督员的方式，把人民监督员的选任和检察机关脱离，这样能有效的避免"自己人监督自己人"的质疑。再者，在监督程序上颇具独立性。比如，为了保证人民监督员的知情权，岳池县要求检察机关制作关于要提交监督的案件的《简要案情》，方便人民监督员及时了解案情。

（2）上级检察院统一选任人民监督员模式

上海、广西、江苏、海南、重庆等地试行上级院统一选任人民监督员模式。这些地方的人民监督员由上级统一选任，这样的模式也有自身的优点。

由上级选任可以克服司法地方化问题,外区的人民监督员监督显得更加公正一些,检察机关也可以避地方化的不利因素的影响。此外,还可以对下级检察机关形成有力的监督。这种统一选任的模式也有利于集中资源,提高检察机关的工作效率。因为检察机关每年的职务犯罪案件数量不是很多,需要人民监督员监督的可能在数量上会更少,统一选任人民监督员相对于单独选任各自的人民监督员来说,可以避免浪费资源,节省人力、物力、财力。

(3)湖北武汉青山区检察院主动向人民监督员汇报工作征求意见

湖北武汉市青山区检察院采取邀请人民监督员参与举报宣传周、职务犯罪预防活动、信访接待、实名举报答复、办案区规范化检查、查封扣押涉案款物现场监督、羁押必要性审查、不立案或不批捕听证、案件回访等活动,让人民监督员"走进来",从案前、案中、案后三个层面,确保人民监督员对职务犯罪侦防工作的全面了解和监督。

此外,青山区检察院还在监督程序中引进平等对话,建立人民监督员评议厅,组织人民监督员评议案件,运用多媒体向人民监督员介绍检察知识、通报检察工作,把及时受理、移送的工作成果、整改结果、活动效果,以及未及时受理、移送、督办所造成后果,均纳入人民监督员的监督视野。他们还把监督案件引入公开审查。主动把"公开审查"作为人民监督员评议和表决的前置程序,固定在人民监督员提问环节,全程进行同步录音录像。评议完毕后,按时向人民监督员回告评议意见和表决结论执行情况,确保监督工作规范有序进行。

应当在哪些方面加强人民监督员履职保障？

加强人民监督员履职保障，是人民监督员制度改革的一个重要内容。应当在以下几个方面加强人民监督员的履职保障。第一，要加强履行监督权的时间保障。检察院在处理案件或者受理案件的第一时间，就应该安排特定的人民监督员参与其中。并且，人民监督员监督案件的时间应该视为工作时间，这需要检察机关与人民监督员所在的单位进行协调处理。第二，要保障人民监督员独立行使监督权。人民监督员独立行使监督权，不受检察机关以及其他部门的影响，这是人民监督员履职基础。对此，需要明确规定人民监督员在监督案件时所发表的观点和提出的建议以及意见不受他人的引导，表决结果不受追究，同时人民监督员所做的案件记录以及评议意见要保密，他人不得随意翻阅。第三，要保证人民监督员的人身安全。对于一切打击报复人民监督员或者阻碍人民监督员正常履行职责的行为，必须依法严厉打击。这是对于人民监督员履行职责最基本的保障。

除了上述三点，对于人民监督员履行职责的保障是一项系统化的工程。涉及因素还有很多，比如，完善相关的制度，加大人民监督员制度的宣传力度，畅通公众对人民监督员制度的参与渠道；在法律中加入对参与个案监督的人民监督员所应承担的保密义务的表述等等，还有规范对人民监督员的惩罚机制，这些都是加强监督员履行职责的保障。

如何平衡知情权与案件保密性的矛盾？

人民监督员在处理案件时，必然会享有知情权，但是知情权与案件的保密性之间的矛盾应该如何进行平衡呢？对此要做到两点，第一就是保障知情权。知情权是人民监督员行使监督权的基础，当人民监督员发现有需要监督的情形时，并不能自己去调查，因为法律并没有赋予人民监督员调查的权力。但是，人民监督员必须对案件知情，才能进行监督。而且，人民监督员一般都不是专业办案人员，其侦查能力以及分析案件的能力都决定着其会有许多发现不了的问题，这也意味着检察机关应该尽量保证人民监督员的知情权，通过各种客观条件尽可能弥补监督员自身存在的一些缺陷。除此以外，自侦案件中检察机关自侦查至审查起诉等各个环节都要向犯罪嫌疑人及其近亲属告知人民监督员制度，有举报人、控告人时也要向他们告知。在查办案件过程中还应定期向人民监督员公开，允许监督员查阅，利于其了解案件办理进程，发现监督线索。保障人民监督员知情权，是为了让案件更透明，也是让人民监督员正确认识到自己的使命。

第二就是让人民监督员对自己知情的案件进行保密。这一方面可以通过两点落实，一是加强人民监督员自身的职业素质。可以通过各种培训以及座谈会进行落实。让人民监督员知道自己的责任和义务。同时，在选取人民监督员时，也可以重点审查其职业素质。二是规范惩罚措施。如果人民监督员泄露秘密案件的线索，给人民的权益带来了损害，要及时对人民监督员进行惩罚。所有损害人民利益和公共利益的事情，都绝对不能姑息。除了人民监督员的工作以外，许多工作的知情权与案件的保密性之间都是有一定矛盾的，虽然有些矛盾不能避免，但是要尽力克服。

人民监督员制度改革与发展趋势是怎样的？

党的十八届三中全会中明确提出要广泛实行人民监督员制度，而在此之后，十八届四中全会明确提出要完善人民监督员制度。2015年2月27日中央全面深化改革领导小组第十次会议审议通过了《深化人民监督员制度改革方案》。3月7日，最高人民检察晓、司法部联合下发了该《深化改革方案》，本次方案明确了改革选任机制、改革管理方式、拓展监督范围、完善监督程序、完善知情权保障机制和推进人民监督员制度立法等六个方面的改革任务。

（1）改革选任机制

人民监督员的选任是人民监督员制度的基础，对于人民监督员这一制度的监督效果有着重要的影响。目前全国各地的人民监督员主要实行由上一级检察院选任和"选任委员会"选任两种方式，这种选任方式从本质上来说，并没有将选任权独立出检察系统，没有从根本上解决自己选任监督自己的矛盾。为了解决这一问题，促进人民监督员制度不断完善和发展，最高检对人民监督员选任管理方式改革进行了重大变革。最高检将人民监督员的选任机关由检察机关替换为司法行政机关进行试点。

（2）改革管理方式

明确司法行政机关要建立和人民检察院共享的人民监督员信息库，需要进行个案监督时在信息库中随机抽选，并建立人民监督员考核制度。随机抽选，可以尽量避免检查机关和人民监督员的通气，加强管理，可以让人民监督员的工作更具有公开性和透明性，也能让人民监督员更独立行使监督权，不受他人影响。

（3）拓展监督范围

在原有监督情形基础上，将查办职务犯罪案件中"犯罪嫌疑人不服逮捕决定的""采取指定居所监视居住强制措施违法的""阻碍律师或其他诉讼参与人依法行使诉讼权利的""应当退还取保候审保证金而不退还的"等四种情形纳入监督范围。扩大监督范围，一方面加大了对检察机关查办职务犯罪时的监督，另一方面也让民众透过监督了解了国家的反腐败工作。

（4）完善监督程序

完善监督程序包括完善参与案件监督的人民监督员的产生程序、案件材料提供和案情介绍程序、人民监督员评议表决和检察机关审查处理程序、设置复议程序、人民监督员监督意见的救济机制。同时，《深化人民监督员制度改革方案》第一次明确了人民监督员的回避制度，应当回避的人员范围包括当事人的近亲属、利害关系人和本案的其他诉讼参与人。回避制度为保证监督意见的中立性提供了前提条件，使人民监督员制度作为一项独立的监督机制在运行上更加规范。

（5）完善知情权保障机制

完善知情权保障机制的措施主要是建立职务犯罪案件台账制度、人民监督员监督事项告知和人民监督员参与案件跟踪回访、执法检查等机制。知情权是人民监督员行使监督权的基础，完善知情权保障机制，可以提高人民监督员的参与度，扩大人民监督员了解案情的渠道。

（6）推进人民监督员制度立法

由于人民监督员制度在目前还存在很多问题尚未得到解决，理论上也存在一些不成熟的地方，所以对该制度进行立法的实践一直尚未开展。但是《深化人民监督员制度改革方案》将推进人民监督员制度立法作为重要任务是该制度发展的必然，但是选择制定规范的单行法之外，还应当考虑将该制度原则性地写入《刑事诉讼法》或《人民检察院组织法》以提高其法律效力。

各省市都推行了哪些人民监督员选任管理改革方案?

2016 年 7 月 5 日,最高人民检察院、司法部发布了关于印发《人民监督员选任管理办法》的通知,根据最新研究制定的《人民监督员选任管理办法》的规定,各省、自治区、直辖市人民检察院、司法厅(局),新疆生产建设兵团人民检察院、司法局等单位都展开了新一轮的人民监督员选任管理改革工作。据统计截至 2016 年 11 月底,全国就已经有 25 个省(区、市)开展了人民监督员选任工作,已选任人民监督员 13490 名。

各地选任改革方案有一些共同点,比如,在人民监督员的选任工作中,全国各地普遍采取举办初任培训班,为人民监督员发放参考书籍等方式提升人民监督员的能力、素质,其中,内蒙、浙江、山东等地,创办《人民监督员通讯》《人民监督员工作专刊》等杂志,促进人民监督员的选任工作开展。选任机关上强调由司法行政机关进行选任管理,防止检察机关自己选人监督自己,不利于公正性。在名额比例上,各地都严格控制公职人员所占比重,具有公务员或事业单位在编工作人员身份的人员不超过选任名额的 50%;在构成上,注重在人民监督员队伍中,吸收一部分的人大代表、政协委员、民主党派以及法学专家、律师等专业人员,以及具有一定社会阅历和相关工作经历的人员;各地都注重人民监督员选任程序的规范性,促进公平公正;在人民监督员的名额分配上,各地都强调司法行政机关和检察机关综合考量当地因素后进行确定。

下面介绍几个特色的省市地区人民监督员的选任改革方案。

(1)2016 年 8 月 3 日,湖南省召开了全面推进人民监督员选任管理改革工作会议,在全省全面开展人民监督员管理改革工作，并在会议上制定了《湖南省人民监督员选任管理改革工作实施方案》。湖南省的人民监督员选任改革方案主要有以下特点：首先，人民监督员的选任由司法行政机关负责。根据《湖南省人民监督员选任管理改革工作实施方案》规定，湖南省人民检察院的人民监督员和各市州人民检察院的人民监督员，分别由省司法厅和各市州司法厅选任管理。而且，当需要人民监督员监督案件时，人民监督员的产生采取随机抽选的方式，由司法机关进行确认，保证监督的公平性。其次，强调提级监督，跨行政区域监督。湖南省一级的人民监督员监督省一级人民检察院和市一级人民检察院办理的直接受理的案件，市一级人民监督员监督县一级人民检察院的案件。与此同时，湖南省司法厅和湖南省各司法局还建立了人民监督员信息库，以便随机抽取人民监督员监督案件。最后，在结构、数量、考查方式上，人民监督员的分配更加合理。根据《湖南省人民监督员选任管理改革工作实施方案》规定，人民监督员的整体结构应当体现群众性、广泛性和代表性，要有民主党派和无党派人士代表、基层一线的代表、女性代表、少数民族代表、法学研究和法律实务工作者代表等。积极吸纳在本地、本行业、本党派有一定影响力、有意愿且有能力参加监督工作的人员为人民监督员。选任的人民监督员中具有公务员或者事业单位在编工作人员身份的人员，不超过选任名额的 50%。另外，湖南省人民监督员以 1:1.2 的比例确定人民监督员候选人，在考察上强调采取实地走访了解、听取群众代表和基层组织意见、组织进行面谈等多种形式对人民监督员候选人进行考察。

（2）2017 年 2 月 24 日，河南省启动了人民监督员的选任管理改革工作，为了推动全省的人民监督员的改革工作，河南省司法厅和河南省检察院共同成立了人民监督员选任管理使用工作领导小组，并建立了选任管理工作联席会议制度，这是河南省的独特之处。

根据《河南省人民监督员选任管理实施办法》，河南省的人民监督员选任改革方案，也有自己的一些特点，比如，也注重由司法行政机关负责人民监督员的选任管理，杜绝检察机关"自己选人监督自己"，强调对检察权力运行的监督制约；强调把人民监督员分为省市两级，河南省人民检察院直接办理的案件由省级人民监督员进行监督，市一级人民监督员监督市（区、县）一级人民检察院及省直管县（市）人民检察院办理的直接受理立案侦查的案件；也强调人民监督员来源的广泛性和群众代表性，河南省司法厅在和河南省人民检察院协商后，根据河南省的案件数量、人口、地域等综合因素，以每个县（市、区）不少于 3 名人民监督员的比例，进行确定；在人民监督员的考察方式上，也要求河南省各司法行政机关采取多种方式对人民监督员进行考察，比如，实地走访、听取群众意见等。

（3）2016 年 8 月 26 日，山西省召开人民监督员制度改革工作电视电话会议。会议上确定人民监督员选任机制和管理方式，由人民检察院交由司法行政机关承担，实现了对人民监督员管理和使用的分离。山西省出台《人民监督员选任管理方式改革工作实施方案》，对人民监督员的选任程序，从确定名额、发布公告、报名审查和公示等环节，进行了一系列严格的程序规定；为确保人民监督员来源的广泛性、民主性、专业性，对人民监督员的来源性也进行了明确的规定，比如，强调人民监督员队伍中人大代表、政协委员、民主党派、基层群众都要有一定的数量。

（4）根据中央关于全面深化司法改革以及最高人民检察院、司法部要求，2016 年 11 月 15 日，上海也进行了新一轮的人民监督员的改革工作，上海市检察院和上海市司法局联合或单独制定出 5 份相关制度规范，助力、指导深化人民监督员制度改革的工作。根据这些制度规范的有关规定，上海市人民监督员将实行公开政策、公开报名、公开信息、公开监督的选任方式；上海市改变过去选任以单位组织推荐为主，实行公民自荐报名为选任主要方式；在比例上，上海市也强调在人民监督员选任时，将严控公职人员比例，具有公务员或者事业单位在编工作人员身份的人员一般不超过选任名额的 50%，使更多的民众特别是基层和非公职民众具有更多的选任机会并对人民监督员抽选监督评议的公正性、培训、管理、考核等作出制度规定。

第三章 立案监督制度与侦察监督制度

立案监督是如何启动的？

检察机关是依法对刑事诉讼实行法律监督的机关，我国《刑事诉讼法》第一百一十一条规定："人民检察院认为公安机关对应当立案侦查的案件而不立案侦查的，或者被害人认为公安机关对应当立案侦查的案件而不立案侦查，向人民检察院提出的，人民检察院应当要求公安机关说明不立案的理由。人民检察院认为公安机关不立案理由不能成立的，应当通知公安机关立案，公安机关接到通知后应当立案。"根据上述规定，检察机关依法行使立案监督职能，可以要求公安机关说明不立案的理由或立案的理由，当理由不成立的还可以要求公安机关立案或者撤销案件。

关于检察机关何时启动立案监督程序，2012 修订的《人民检察院刑事诉讼规则（试行）》有着详细的规定。根据《人民检察院刑事诉讼规则（试行）》第五百五十三条规定："被害人及其法定代理人、近亲属或者行政执法机关，认为公安机关对其控告或者移送的案件应当立案侦查而不立案侦查，或者当事人认为公安机关不应当立案而立案，向人民检察院提出的，人民检察院应当受理并进行审查。人民检察院发现公安机关可能存在应当立案侦查而不立案侦查情形的，应当依法进行审查。人民检察院接到控告、举报或者发现行政执法机关不移送涉嫌犯罪案件的，应当向行政执法机关提出检察意见，要求其按照管辖规定向公安机关或者人民检察院移送涉嫌犯罪案件。"从该规定可以看出，被害人及其法定代理人、近亲属或者行政执法机关等主体有权向检察机关提出控告、举报，检察机关启动立案监督程序，另一方面，检察机关如果发现公安机关可能存在应当立案侦查而不立案侦查情形的，也可以主动启动立案监督程序。

立案监督是刑事立案程序必经的法定监督吗？

刑事立案监督是一种司法救济程序，而不是刑事立案程序必经的法定监督。在我国，立案监督案件一般来说是通过两种方式受理的，一是人民检察院在办理审查批准逮捕和审查起诉案件时，发现公安机关对应当立案侦查的案件而不立案侦查的，启动立案监督；另一方面，被害人及其法定代理人、近亲属或者行政执法机关不服公安机关不立案的决定，向检察机关进行申诉、控告的。

检察机关并不是对所有的立案活动都进行立案监督，检察机关只有在发生上述规定的情况下才进行法律监督，即当出现刑事立案活动可能造成司法不公时，检察机关进行司法救济。

检察机关自侦案件也需要立案监督吗？

对于检察机关自侦的案件，也是需要进行立案监督的。检察机关自侦案件的立案监督，主要表现为以下几个特点：

第一，具有强制力。检察机关的法律监督是一种专门性的监督，这种监督是有强制力的。检察机关对于自侦案件，有自己的监督部门。检察机关在发现自侦案件存在违法行为时，必须及时通过法律的强制力来制止这种违法行为，从而确保立案活动能够合理合法。其实自侦案件的立案监督，不仅是检察机关的权力，也是一种职责。

第二，主要内容是进行程序监督。检察机关自侦案件的立案监督其核心是一种程序性的监督。对于检查机关自侦的案件立足于程序监督，才能确保自侦立案活动的公正性和实体的客观性。为使自侦立案活动得到有效制约，检察机关自侦案件的监督包括事后监督、事前监督、事中监督，既可以通过审查逮捕、审查起诉对自侦部门立案活动的合法性进行静态的、事后的监督，同时也可以适时提前，如在自侦部门的初查过程中进行同步、动态的监督。

第三，这是一种内部监督。检查机关自侦案件的监督，其本质上是一种内部监督。虽然是内部监督，但这并不意味着检察机关内部会相互包庇，不遵守法律。检察机关设置了专门的侦查部门，从原来侦查工作中分离出案件受理、逮捕、起诉工作，对不立案、撤案进行报备，逐步形成较为合理的自侦案件分工协作和监督制约机制。同时，检察机关实行上级对下级的领导和监督机制，监督包括程序性问题和实体性问题，上下级检察院是一种上下级领导关系，本质上仍属于内部监督。

人民检察院应该如何履行其侦查监督职能？

人民检察院履行侦查监督职能，主要是通过对批捕、起诉进行审查，以及对侦查过程中违法情况提出纠正意见进行监督。

在范围上，人民检察院侦查监督职能的发挥，主要是发现和纠正以下违法行为：采用刑讯逼供以及其他非法方法收集犯罪嫌疑人供述的；采用暴力、威胁等非法方法收集证人证言、被害人陈述，或者以暴力、威胁等方法阻止证人作证或者指使他人作伪证的；伪造、隐匿、销毁、调换、私自涂改证据，或者帮助当事人毁灭、伪造证据的；徇私舞弊，放纵、包庇犯罪分子的；故意制造冤、假、错案的；在侦查活动中利用职务之便谋取非法利益的；非法拘禁他人或者以其他方法非法剥夺他人人身自由的；非法搜查他人身体、住宅，或者非法侵入他人住宅的；非法采取技术侦查措施的；在侦查过程中不应当撤案而撤案的；对与案件无关的财物采取查封、扣押、冻结措施，或者应当解除查封、扣押、冻结不解除的；贪污、挪用、私分、调换、违反规定使用查封、扣押、冻结的财物及其孳息的；应当退还取保候审保证金不退还的；违反刑事诉讼法关于决定、执行、变更、撤销强制措施规定的；侦查人员应当回避而不回避的；应当依法告知犯罪嫌疑人诉讼权利而不告知，影响犯罪嫌疑人行使诉讼权利的；阻碍当事人、辩护人、诉讼代理人依法行使诉讼权利的；讯问犯罪嫌疑人依法应当录音或者录像而没有录音或者录像的；对犯罪嫌疑人拘留、逮捕、指定居所监视居住后依法应当通知家属而未通知的；在侦查中有其他违反刑事诉讼法有关规定等行为。

另外，对于公安机关重大刑事案件，人民检察院可以派员参加重大案件的讨论和其他侦查活动。根据《人民检察院刑事诉讼规则（试行）》第五百六十七条的规定："人民检察院根据需要可以派员参加公安机关对于重大案件的讨论和其他侦查活动，发现违法行为，情节较轻的可以口头纠正，情节较重的应当报请检察长批准后，向公安机关发出纠正违法通知书。"

在审查批捕阶段，检察机关也通过对批捕的审查工作，进行侦查监督工作。根据《人民检察院刑事诉讼规则（试行）》第五百六十八条的规定："对于公安机关执行人民检察院批准或者不批准逮捕决定的情况，以及释放被逮捕的犯罪嫌疑人或者变更逮捕措施的情况，人民检察院发现有违法情形的，应当通知纠正。"根据《人民检察院刑事诉讼规则（试行）》第五百六十九条的规定："人民检察院发现侦查机关或者侦查人员决定、执行、变更、撤销强制措施等活动中有违法情形的，应当及时提出纠正意见。人民检察院对于情节较轻的违法情形，由检察人员以口头方式向侦查人员或者公安机关负责人提出纠正意见，并及时向本部门负责人汇报；必要的时候，由部门负责人提出。对于情节较重的违法情形，应当报请检察长批准后，向公安机关发出纠正违法通知书。"从这两条规定可知，在批捕阶段，检察机关对公安机关不履行逮捕决定以及强制措施的使用上有违法行为的，轻微的可以口头提出纠正意见，情节较重的，可以发出纠正违法通知书。另外，对于发出的纠正违法通知书，人民检察院应当根据公安机关的回复，监督落实情况；没有回复的，应当督促公安机关回复。

对于侦查过程中的违法情况，根据《人民检察院刑事诉讼规则（试行）》第五百六十六条的规定："人民检察院发现公安机关侦查活动中的违法行为，对于情节较轻的，可以由检察人员以口头方式向侦查人员或者公安机关负责人提出纠正意见，并及时向本部门负责人汇报；必要的时候，由部门负责人提出。对于情节较重的违法情形，应当报请检察长批准后，向公安机关发出纠正违法通知书。构成犯罪的，移送有关部门依法追究刑事责任。监所检察部门发现侦查中违反法律规定的羁押和办案期限规定的，应当依法提出纠正违法意见，并通报侦查监督部门。"根据该规定可知，人民检察院可以针对侦查机关违法侦查行为提出纠正意见，履行监督职能。

侦查监督在刑事诉讼中有怎样的意义？

侦查监督是指人民检察院依法对侦查机关的侦查活动是否合法进行的监督。根据我国刑事诉讼法的规定，有侦查权的机关除公安机关外，国家安全机关、监狱、军队保卫部门以及人民检察院的侦查部门也依法行使侦查权。侦查监督是人民检察院刑事诉讼法律监督的重要组成部分,在刑事诉讼中具有十分重要的意义。

（一）侦查监督有利于公平正义的实现

侦查作为刑事诉讼的起始阶段,其侦查过程是否公正,将会直接影响到整个审判结果是否公正。因此,侦查监督在整个诉讼程序中十分关键,而人民检察院对侦查活动是否能够合法进行监督,决定着侦查机关在侦查活动中违反法律规定的行为,能否得以及时发现和有效纠正。所以,侦查监督可以有效保证侦查活动严格依照法定程序和要求进行,尽可能防止和避免出现冤假错案,有利于实现公平和正义。

（二）侦查监督有利于维护公民的合法权益

在司法实践中,办案机关为了获取证据,采用刑讯逼供、诱供、骗供等非法方法,或进行非法拘禁等行为时有发生,这严重损害了公民的民主权利和其他合法权益。甚至出现了躲猫猫死、洗澡死、喝水死一些严重违法的行为。检察机关对侦查活动实行法律监督,就可以及时发现、制止和纠正上述违法行为,从而切实维护公民的合法权益。侦查监督的作用主要是为了防止侦查权被肆意滥用,侦查监督必须做到及时、有力的监督,才能防止一些不法侦查行为的发生。

（三）侦查监督有利于维护法律的权威。

检察机关通过侦查监督,可以及时纠正侦查人员滥用职权的违法行为,避免损害人民权益的事件发生。同时,也是在运用法律约束办案人员的行为,提高办案机关的执法水平。通过侦查监督,提高对公安司法机关办理案件公正性、合法性的认识,让实践中少一点冤案,多一些公平正义,也是对于法律权威性的维护。

第二篇
人民监督员及其工作

第一章　人民监督员的资格及其管理

人民监督员必须满足什么学历？

根据我国《人民监督员选任管理办法》第八条的规定，担任人民监督员，至少要具备高中以上学历。

以案说法

2016年9月，某市的司法局准备选任两名监督员，于是，便向社会发布选任公告，公告称公民可以自愿报名参加选任。某社区居民李某是该社区居民委员会的一员，其在该社区的名望非常高，帮助该社区的人民化解了很多的纠纷。当地的人们都认为李某政治素质高，对待工作认真负责，办事公道正派。因此，在这次司法局发布选任公告之后，李某便想报名参加选任。但是，李某想到自己只是高中毕业，不清楚以自己的文化程度是否具有选任人民监督员的资格，觉得自己的学历可能达不到选任的要求。

我国《人民监督员选任管理办法》第八条规定："拥护中华人民共和国宪法、品行良好、公道正派、身体健康的年满23周岁的中国公民，可以担任人民监督员。人民监督员应当具有高中以上文化学历。因犯罪受过刑事处罚的或者被开除公职的人员，不得担任人民监督员。"由此可见，公民只要具有高中以上的学历即可担任人民监督员。法律之所以对于人民监督员的学历只是规定了高中学历，是因为人民监督员除了具有较高的政治素质之外，其还必须在群众中具有扎实的基础，具有广泛的代表性。该学历的要求主要是从人民监督员的职责定位出发，同时考虑到基层中的实际情况。因此，人民监督员只需具有高中以上的学历即可。所以，即使李某是高中毕业，仍具有担任人民监督员所要求的学历。

哪些情形下应该被免除人民监督员资格？

根据我国《人民监督员选任管理办法》第二十条规定，如果人民监督员出现丧失中国国籍、违法犯罪、丧失行为能力、弄虚作假、年度考核不合格、妨碍案件公正处理、泄露秘密或者个人隐私等行为时，就会被免除监督员的资格。

以案说法

2017年3月，吴某被某市的司法局选任为市检察院的人民监督员。在被选任为人民监督员之后，由于吴某并不是法学专业出身，其对于人民监督员的相关法律规定也并不是很清楚。此时，吴某的一个好朋友董某告诉他，成为了人民监督员之后就要事事小心，否则一旦触犯了相关规定就会被免除人民监督员的资格。因此，吴某便想知道在哪些情形之下人民监督员会被免除资格。而董某却说，法律并未规定具体的免除人民监督员资格的情形，他只要万事小心就可以了。那么，董某的说法是否正确？

董某的说法是错误的。对于人民监督员被免除资格的情形，我国《人民监督员选任管理办法》第七条、第二十条作出了明确的规定，人民监督员具有下列情形之一的，作出选任决定的司法行政机关应当免除其人民监督员资格：（1）丧失中华人民共和国国籍的；（2）违法犯罪的；（3）丧失行为能力的；（4）在选任中弄虚作假，提供不实材料的；（5）年度考核不合格的；（6）妨碍案件公正处理的；（7）泄露案件涉及的国家秘密、商业秘密、个人隐私和未成年人犯罪信息；（8）披露其他依照法律法规和有关规定不应当公开的案件信息。由此可知，在人民监督员具有上述情形时，就会被作出选任决定的司法行政机关免除其资格。因此，在本案中，董某的说法是不正确的。

可以同时担任两个以上人民检察院的人民监督员吗？

根据我国《人民监督员选任管理办法》第六条第二款的规定，人民监督员是不可以同时在两个以上的人民检察院任职的。

以案说法

2017 年 1 月，王某凭借着自己在当地较高的声望被某区的区司法局选任为人民监督员。然而，在 2017 年 3 月，由于该市的另一个区也需要选任一名人民监督员，因此，便发布选任公告。此时，王某在看到另一个区司法局所发出的选任公告后，便也想去报名参加选任。王某觉得这样自己可以为更多的人服务，更好地履行自己的职责。后来，在他回家之后向家人说出了自己想同时担任两个区检察院的人民监督员之后，王某的儿子小王告诉他，人民监督员是不能在两个以上的检察院同时任职的。王某不相信，觉得是自己的儿子在撒谎。那么，小王的说法是否正确？

小王的说法是正确的。对于人民监督员是否可以同时在两个以上的检察院同时任职，我国《人民监督员选任管理办法》第六条第二款有明确规定："人民监督员不得同时担任两个以上人民检察院人民监督员。"由此可知，人民监督员只能在一个检察院中任职。因此，在本案中，小王的说法是正确的。

人民监督员的具体管理工作由谁负责？

根据我国《人民监督员选任管理办法》第三条、第四条的规定，人民监督员的具体管理工作是由司法行政机关来负责的。

以案说法

2017 年 2 月，王某被选任为某区检察院的人民监督员。王某在担任人民监督员一职后，听说监督员也会有相应的考核。因此王某便认为自己的考核等相关的管理工作应该是由区检察院来负责的。理由是自己虽然是由司法局选任出来的，但是是在区检察院担任监督员的职务。

在上述案例中，王某的想法是错误的，人民监督员的具体管理工作应该是由司法行政机关来负责的。人民监督员的具体管理工作包括人民监督员的选任、日常的工作考核、奖惩、免职等内容。我国《人民监督员选任管理办法》第三条规定："人民监督员的选任和培训、考核等管理工作由司法行政机关负责，人民检察院予以配合协助。司法行政机关、人民检察院应当建立工作协调机制，为人民监督员履职提供相应服务，确保人民监督员选任、管理和使用相衔接，保障人民监督员依法充分履行职责。"第四条规定："人民监督员由省级和设区的市级司法行政机关负责选任管理。县级司法行政机关按照上级司法行政机关的要求，协助做好本行政区域内人民监督员选任和管理具体工作。司法行政机关应当健全工作机构，选配工作人员，完善制度机制，保障人民监督员选任和管理工作顺利开展。"由此可见，人民监督员的具体管理工作是由司法行政机关来负责的，而不是检察院。在具体的管理工作中，人民检察院只是起到配合协助的作用。法律之所以要如此规定，是因为人民监督员制度是人民群众参与司法、监督司法的直接形式，由司法行政机关来负责人民监督员的具体管理工作可以实现管理的外部化，有利于推动人民监督员制度的法治化，可以使人民监督员制度更好地发挥自身的监督作用。所以，在上述案例中，王某的想法是错误的，其在担任人民监督员期间的具体管理工作应该是由司法行政机关来负责的。

哪些机关负责对人民监督员的培训？

根据我国《人民监督员选任管理办法》第十七条规定，司法行政机关与人民检察院负责对人民监督员的培训工作。

以案说法

2017年1月，某市为了提高人民监督员的工作水平，准备对人民监督员组织一次为期三天的专项培训，使得人民监督员可以增长更多的法律知识，增强履行职责的责任感。季某是该市检察院的一名监督员，由于其刚刚被选任为人民监督员，因此他并不清楚人民监督员的培训工作应该是由哪一个机关来负责的。所以，他便问与自己一起在市检察院任职的另一名人民监督员何某，他们的培训会到底是由哪个机关来负责。而何某告诉他，称因为他们是由司法局选任的，所以应该是由司法局来组织培训。

人民监督员的培训分为初任培训与专项培训。这两项培训都是由司法行政机关会同人民检察院共同开展的。对此，我国《人民监督员选任管理办法》第十七条第一款规定："司法行政机关会同人民检察院组织开展人民监督员初任培训和专项业务培训。"由此可见，人民监督员的培训是由司法行政机关与人民检察院这两个部门来组织的。因此，在本案中，何某的说法是不正确的。人民监督员虽然是由司法行政机关选任的，但是其主要是在人民检察院任职，培训的目的不仅是为了便于司法行政机关对人民监督员的管理，更是为了让人民监督员的工作水平有所提高。因此，培训应该由司法行政机关与检察院共同开展。

人民监督员犯错以后谁来处理？

根据《人民监督员选任管理办法》第二十条、第二十二条的规定，人民监督员在触犯法律规定之后，应该由司法行政机关来进行处理。

以案说法

2016 年 9 月，赵某被当地的司法局选任为某区检察院的人民监督员。在赵某担任了两个月的人民监督员之后，司法局收到了关于赵某的举报信，称赵某只是初中毕业，其并不具有人民监督员所要求的高中以上的学历。后来，司法局便展开调查，发现赵某的高中学历证书确实是伪造。于是，便准备免除赵某的人民监督员的资格。但是，赵某认为，自己是某区检察院的人民监督员，即便是被免除资格也应该是该区检察院来免除，而不应该是司法局。

在本案中，司法行政机关的做法是正确的。因为《人民监督员选任管理办法》第二十条明确规定："人民监督员具有下列情形之一的，作出选任决定的司法行政机关应当免除其人民监督员资格：（一）丧失中华人民共和国国籍的；（二）违法犯罪的；（三）丧失行为能力的；（四）在选任中弄虚作假，提供不实材料的；（五）年度考核不合格的；（六）违反本办法第七条第二款规定的。"同时该法第二十二条规定："司法行政机关应当及时将考核结果、免除资格决定书面通知人民监督员本人及其工作单位、推荐单位，并通报人民检察院。"可见，在人民监督员的行为违反相关规定之后，是由司法行政机关来处理的，在处理之后，司法行政机关只需将结果通报给检察院即可。所以，在本案中，赵某在选任中伪造学历，属于该办法第二十条第四项规定的弄虚作假，提供不实材料的行为，是符合免除人民监督员资格的条件的，应该由司法行政机关作出免除其人民监督员资格的决定。

人民监督员的考核标准是什么？

根据各地方政府部门出台的规定，人民监督员的考核标准一般都是实行百分制。

以案说法

2017年2月，谢某被选任为安徽省合肥市某区检察院的人民监督员。谢某在任职以后，听到司法局的工作人员称人民监督员每年都会有相关的考核，通过考核来评价当年的工作情况。但是，谢某并不清楚人民监督员的考核标准是什么，其考核要包含哪些内容。

我国《人民监督员选任管理办法》第十八条规定："司法行政机关应当建立人民监督员履职台账，对人民监督员进行年度考核和任期考核。人民检察院应当定期将人民监督员参加监督评议情况和其他履职情况通报司法行政机关。"同时，根据《合肥市人民监督员考核及奖惩暂行办法》第三条规定："本暂行办法从培训、工作、纪律、作风等方面确定考核内容，实行年度百分制考核。"该办法第九条规定了工作考核，即："市人民监督员在履行监督职责时出现下列情形之一的，经核实，每件（次）扣10分：（一）应当监督人民检察院执行法律、法规和作出司法决定的情况而没有监督的；（二）应当监督人民检察院工作人员在办案工作中公正司法的情况而没有监督的；（三）应当监督人民检察院工作人员审理作风、廉洁自律以及遵守职业道德的情况而没有监督的；（四）参加审理案件监督活动，无正当理由不发表表决意见的；（五）未及时反映或转递人民群众对人民检察院和检察院工作人员批评、意见、建议、举报材料的。"第十条规定了培训考核："市人民监督员应当按照要求参加培训。培训采取集中授课、专题研讨、庭审观摩、实地考察学习等多种形式进行。（一）未参加初任培训的扣10分，迟到或早退的扣5分。凡未参加初任培训的人民监督员，待补课后方能履职。（二）未参加市司法局组织的业务培训的每次扣10分；迟到或早退的每次扣2分。"第十一条规定纪律考核："市人民监督员在履职中，应当严格遵守法律和有关纪律规定，按照规定的权限和程序，独立公正地对列入监督范围的案件进行监督，自觉接受司法行政机关的管理。（一）无正当理由，未参加人民检察院邀请或司法行政机关要求参加的工作会议的每次扣10分；迟到或早退的每次扣2分。（二）无正当理由，未参加人民检察院邀请参加的跟踪回访、执法检查、执法评查、现场监督等活动的每次扣10分；迟到或早退的每次扣2分。（三）无正当理由，未参加审理案件监督活动（以随机抽选方式确定人民监督员监督的）的每次扣10分；迟到或早退的每次扣5分。（四）市人民监督员有下列情形之一的每次扣 15 分，并由市司法局给予劝诫：1. 利用人民监督员身份发表、从事与履职无关的言行，未造成较大影响或后果的；2. 在案件监督过程中，对其他人民监督员施加不正当影响的；3. 私自会见案件当事人及其委托人的；4. 违反应当实行回避规定的。（五）市人民监督员有下列情形之一的，由市司法局免除其人民监督员资格；1. 丧失中华人民共和国国籍的；2. 违法犯罪的；3. 丧失行为能力的；4. 在选任中弄虚作假，提供不实材料的；5. 妨碍案件公正处理的；6. 泄露案件涉及的国家秘密、商业秘密、个人隐私和未成年人犯罪信息的；7. 披露其他依照法律法规和有关规定不应当公开的案件信息的。8. 年度考核被确定为不称职或两次被确定为基本称职等次的；9. 其他不适宜担任人民监督员情形的。"由此可见，人民监督员的考核标准一般是实行百分制，主要是将工作、培训、纪律、作风等方面的表现作为考核标准。

考核结果对于人民监督员有何影响？

根据我国《人民监督员选任管理办法》第十八条第一款规定，考核结果作为对人民监督员进行表彰奖励、免除资格或者续任的重要依据。

以案说法

2016 年 12 月，北京市某区司法局决定让黄某担任人民监督员。由于黄某是第一次担任人民监督员一职，因此，对于人民监督员的相关管理规定，他并不是很清楚。在他入职之后，便听到其他的人民监督员说在实际的工作中，人民监督员要从工作、纪律作风、培训等方面进行考核。但是，黄某想知道，在实际工作中人民监督员的考核结果对于其本身有什么样的影响。

根据《人民监督员选任管理办法》第十八条第一款的规定："司法行政机关应当建立人民监督员履职台账，对人民监督员进行年度考核和任期考核。考核结果作为对人民监督员表彰奖励、免除资格或者续任的重要依据。"由此可知，对于人民监督员来说，考核结果的好坏对其本身是有重要影响的。因为一个好的考核的结果可能会决定人民监督员会获得表彰奖励、连任，而一个差的考核结果可能会使得人民监督员被免除资格。所以，人民监督员在实际的工作中，应该认真遵守相关的规定，在工作中认真负责，积极参加相关培训，遵守人民监督员的纪律，以便在考核中获得一个比较好的成绩。

第二章　人民监督员的选任与离职

人民监督员应当具备哪些条件？

根据我国《人民监督员选任管理办法》第八条的规定，担任人民监督员要年满 23 周岁，拥护宪法、品行良好，并具有高中以上的文化学历。

以案说法

2017 年 1 月，某市的区司法局发布选任一名人民监督员的公告。某社区的钱某为人正直，品行良好，办事公正，经常帮助社区的居民处理一些矛盾，深得社区群众的喜爱。在看到选任公告之后，社区的居民都觉得钱某应该参加报名选任人民监督员，认为他非常适合这份工作。钱某在看到之后也想报名参加，但是，钱某觉得自己的大学专业并不是法学，不知道自己是否符合人民监督员的条件。

我国《人民监督员选任管理办法》第八条第一款规定："拥护中华人民共和国宪法、品行良好、公道正派、身体健康的年满23 周岁的中国公民，可以担任人民监督员。人民监督员应当具有高中以上文化学历。"从该办法中可以看出，选任人民监督员并没有要求具备一定的法律知识。对于人民监督员的选任条件，侧重的是品行良好。因为人民监督员的职责是对人民检察院办理直接受理立案侦查案件实施监督，并不是让其参加疑难案件的讨论。因此，对于人民监督员的选任条件，具备法律知识并不是强制要求。当然，人民监督员具备一定的法律知识是更有利于工作的，但是相对来说，人民监督员的公道正派、品行良好更为重要。所以，在上述案例中，钱某是具备参加选任人民监督员的条件的。

哪些人员不得担任人民监督员？

《人民监督员选任管理办法》第八条第二款中明确规定了两种人是不可以担任人民监督员的，一种是因犯罪受过刑事处罚的人，另一种是被开除过公职的人。

以案说法

2017年3月，某市司法局准备选任一名人民监督员，在发布通知之后，郑某报名参加了人民监督员的选任。后来，司法局便根据报名的情况到郑某的工作单位以及其所居住的社区了解情况，听取人民群众的意见，从而确定人选。由于郑某平时对待工作认真负责，办事公道，单位的同事和社区的居民都同意他当选。但是，此时，郑某的妻子想到他曾经因为开车闯红灯而受到过行政处罚，担心他会因此而受到影响，无法担任人民监督员。

根据《人民监督员选任管理办法》第八条第二款规定："因犯罪受过刑事处罚的或者被开除公职的人员，不得担任人民监督员。"由此可知，禁止担任人民监督员的情况是：（1）因犯罪受过刑事处罚；（2）被开除公职。因此，在上述案例中，郑某只是受到过行政处罚，而法律规定的是受到过刑事处罚的人才不得担任人民监督员。所以，受到过行政处罚并不影响郑某担任人民监督员。

哪些人员不宜担任人民监督员？

根据我国《人民监督员选任管理办法》第十条第二款规定，人民法院、人民检察院、公安机关、国家安全机关、司法行政机关的在职工作人员和人民陪审员是不参加人民监督员选任的。

以案说法

2016 年 9 月，重庆市某区司法局需要选任两名人民监督员。因此，司法局便发布了选任人民监督员的通知。该区的居民徐某是该市某区基层法院的一名人民陪审员，徐某觉得正好自己经常会参加一些案件的审理，因此，便准备报名参加人民监督员的选任。后来，徐某听到自己的好朋友季某说人民陪审员是不宜担任人民监督员的。

根据我国《人民监督员选任管理办法》第十条的规定："司法行政机关应当发布人民监督员选任公告，接受公民自荐报名，商请有关单位和组织推荐人员报名参加人民监督员选任。人民代表大会常务委员会组成人员，人民法院、人民检察院、公安机关、国家安全机关、司法行政机关的在职工作人员和人民陪审员不参加人民监督员选任。"上述人员不能参加人民监督员的选任的，因为如果一旦让这些部门的人员参加选任，可能就会让对于案件的监督工作流于形式，不能从实质上让人民监督制度发挥其本身应有的作用。所以，人民陪审员等是不宜担任人民监督员的。在本案中，由于徐某是某区法院的人民陪审员，其不宜担任监督员，因此，他是不可以参加人民监督员的选任的。

人民监督员可以任期几年？

根据我国《人民监督员选任管理办法》第六条第一款的规定，人民监督员每届任期五年，最多只能连任两届。

以案说法

2006 年 6 月，杨某开始担任河北省保定市某区检察院的人民监督员。到 2016 年 6 月，杨某已经任期 10 年。后来，在任期结束之后，2017 年 1 月，该区的司法局需要再选任一名人民监督员。杨某觉得自己在人民监督员这个岗位上已经工作了多年，有着丰富的经验。因此，他便想继续参加此次人民监督员的选任报名。

杨某不能在继续参加人民监督员的选任。因为《人民监督员选任管理办法》第六条第一款中明确规定："人民监督员每届任期五年，连续担任人民监督员不超过两届。"也就是说，人民监督员的连续任期不得超过十年。因此，在本案中，杨某已经连续担任人民监督员 10 年，他的任期已经达到了法律规定的最高限制。所以，杨某是不可以再继续担任人民监督员的。

什么情况下人民监督员可以辞去职务？

根据我国《人民监督员选任管理办法》第二十一条的规定，人民监督员可以因工作变动、身体健康等原因而辞去职务。

以案说法

2016 年 3 月，王某被某市的司法局选任为人民监督员。他在担任人民监督员一年之后，由于单位的人事调动，王某要到另一个城市去工作。此时，王某准备辞去人民监督员的职务。但是，王某的同事却说人民监督员是不可以随便辞去职务的，其一旦担任，就必须要担任到任期届满。对此，王某非常担心，因为王某想到如果不让自己辞去职务，他在另一个城市是没有办法再在这里工作的。

在符合法律规定的情况下，人民监督员是可以辞去职务的。根据我国《人民监督员选任管理办法》第二十一条的规定："人民监督员因工作变动不能担任人民监督员，或者因身体健康原因不能正常履职，或者出现其他影响履职的重大事项的，应当及时向作出选任决定的司法行政机关辞去担任的人民监督员。"据此可知，在下列情况下人民监督员是可以辞去职务的：（1）工作出现变动不能担任人民监督员；（2）身体健康原因不能正常履职；（3）其他影响履行职务的重大事项。因此，只要人民监督员具有上述情形之一，其就可以辞去人民监督员的职务。在本案中，王某因为工作变动要到另一个城市工作，此时，王某符合辞去职务的条件。

谁有权解除人民监督员的职务?

根据我国《人民监督员选任管理办法》第二十条、第二十二条的规定，解除人民监督员职务的权利应由司法行政机关来行使。

以案说法

孙某是某市检察院的一名人民监督员，2016年6月，其在监督某刑事案件的过程中，将该案件被害人的相关信息泄露，给该案件当事人的生活造成重大影响。后来，孙某在被举报之后，便被决定解除人民监督员的职务。后来，该市的司法局将免除人民监督员的资格决定书送达了孙某，从而解除其人民监督员的职务。此时，孙某觉得司法局下达通知书的行为是违法的越权行为，他认为自己一直在市检察院工作，即便是解除职务也应该是由检察院来行使解除权，而不是司法局。

司法行政机关是有权利将人民监督员的职务解除的。因为我国《人民监督员选任管理办法》第二十条规定，在人民监督员出现符合解除职务的情形时，作出选任决定的司法行政机关应当免除其人民监督员资格。同时，该办法第二十二条明确规定："司法行政机关应当及时将考核结果、免除资格决定书面通知人民监督员本人及其工作单位、推荐单位，并通报人民检察院。"由此可知，有权作出解除人民监督员职务的是司法行政机关，而不是检察院。因此，在本案中，司法局是有权解除孙某的职务的。而司法局在作出决定之后，需要将结果通报给检察院。

在确定人民监督员名额时，每个县区的名额至少要有几人？

根据我国《人民监督员选任管理办法》第九条的规定，确定人民监督员的名额及分布时，辖区内每个县（市、区）人民监督员名额不少于3名。

以案说法

A县是该市的一个小县城，与该市辖区内的其他县城相比，无论是人口数量还是辖区面积，都属于较小的县城。近日，该市会同当地的人民检察院准备选任人民监督员，并确定各县区人民监督员的名额分布等问题，该市司法行政机关考虑到A县在人口数量上和辖区面积上与其他县城相比较小，于是计划给A县分配两个人民监督员的名额。该市将A县确定的人民监督员名额传达给 A 县的司法行政机关后，负责该工作的 A 县司法行政机关工作人员小李认为该市分配给 A 县两个人民监督员的名额是不符合法律规定的。那么县司法行政机关工作人员小李的想法正确吗，该市分配给 A 县两个人民监督员的名额是否符合法律规定呢？

《人民监督员选任管理办法》第九条："司法行政机关应当会同人民检察院，确定人民监督员的名额及分布，辖区内每个县（市、区）人民监督员名额不少于 3 名"。因此只分配给 A 县两名人民监督员是不符合法律规定的。我国法律上已明确规定，每个县区的人民监督员数量不少于 3 人。法律上对此作出规定，主要是为了更好的保证人民监督员地域分布的广泛性，以使得人民监督员更好地履行职责，更好地发挥监督作用。因为我国监督员分为省级和市级监督员，市级监督员只有在该市的每个县内都有一定名额的人员分布，才能保证人民监督员地域分布的广泛性，才能更好地实际工作，进行监督。

对人民监督员人选进行考察一般有哪些形式？

根据我国《人民监督员选任管理办法》第十一条第一款的规定，对人民监督员人选进行考察一般有哪些形式有到所在单位、社区实地走访了解、听取群众代表和基层组织意见、组织进行面谈等多种。

以案说法

刘某是某村的村支部书记。刘某为人正直，热心助人，对待村工作认真负责，受到了村民和周围人的一致好评。近日，市司法局发出公告，拟在该市范围内选任市级人民检察院人民监督员，鼓励自荐报名参加该选任工作。村民们知道该消息后，纷纷鼓励刘某报名参加，以更好地发挥刘某的个人能力和监督作用。在村民们的鼓励下，刘某报名参加了人民监督员的选任工作，并按照司法机关的要求，提交了相关的报名材料。经过司法机关的初步资格审查，刘某被确认为市级人民监督员候选人。后来，刘某接到司法机关要对人民监督员人选进行考察的通知。刘某想知道，对人民监督员如何进行考察，考察的形式都有哪些？

《人民监督员选任管理办法》第十一条第一款规定："司法行政机关应当采取到所在单位、社区实地走访了解、听取群众代表和基层组织意见、组织进行面谈等多种形式，考察确定人民监督员人选，并进行公示"。从上述法律规定可以看出，对人民监督人选进行考察主要是组织面谈、实际走访、听取群众意见等。之所以对监督人选进行考察，是为了了解人民监督人员的个人基本情况、政治表现、现实表现、工作能力、工作履历以及参与社会活动等情况，以便对人民监督员人选有全面的了解，并选出综合素质等各方面优秀的人选。

在选任名额中，对公职人员有限制吗？

根据我国《人民监督员选任管理办法》第十一条第二款的规定，人民监督员人选中具有公务员或者事业单位在编工作人员身份的人员，一般不超过选任名额的 50%。

以案说法

孙某和魏某是好朋友，孙某是一名国家公务人员，魏某是一名中学教师，同在一个县，都十分关心国家大事。近日，孙某看到该县司法机关网站上发布了关于自荐报名参加人民监督员选任的公告，公告上明确写明，市司法行政机关拟在该县范围内选任3名市检察院人民监督员。孙某将此消息告诉了魏某，两个人都对该人民监督员选任产生了兴趣，并相约一同报名参加人民监督员的选任，两个人都希望能够成为人民监督员。在这样情况下，依照法律规定两个人是否都能选任为人民监督员？

《人民监督员选任管理办法》第十一条第二款规定："人民监督员人选中具有公务员或者事业单位在编工作人员身份的人员，一般不超过选任名额的50%"。法律中明确规定，人民监督员中具有公务员或者事业单位在编工作人员身份的人员，不超过选任名额的50%。该县拟选任3名人民监督员，也就是说只有1个人可以是公务员或者事业单位在编工作人员，因此孙某作为国家公务人员，魏某作为初中教师，两个人不可能同时被选为人民监督员。法律上对此作出明确规定，主要是考虑到让人民监督员更具有广泛性和代表性，让各行各业不同的人员参与到人民监督过程中，更好地发挥人民监督员的作用。

第三章 人民监督员的职责保障

因有人民监督员进行监督，人民检察院就可以超期办案吗？

根据我国《最高人民检察院关于人民监督员监督工作的规定》第七条的规定，人民检察院应当根据案件诉讼程序、办案期限等情况，及时接受人民监督员的监督，不得因人民监督员的监督而超过法定办案期限；犯罪嫌疑人在押的，不得因人民监督员的监督而超期羁押。

以案说法

2017年4月13日，周某向某县检察院举报称：某县司法局社区矫正科科长胡某对社区矫正人员吕某疏于监管，吕某私自开车到外县并发生交通事故，致使周某儿子被吕某撞死，要求依法制裁胡某。某县人民检察院对该问题进行了简单调查后作出不予立案的决定，人民监督员了解该情况后认为应当对胡某进行立案侦查，遂依法启动了监督程序。但是，三名办案人员在调查过程中遭遇车祸，造成一死两重伤的严重后果。后因该案相关工作没有及时进行交接，致使案件一直处于调查阶段。那么，是不是有人民监督员进行监督，人民检察院就可以超期办案？

即便是有人民监督员对案件进行监督，人民检察院也不可以超期办案。超期办案不仅严重侵害了犯罪嫌疑人、被告人的合法权益，而且严重损害了司法机关在人民群众中的良好形象，对此，我国《刑事诉讼法》及相关法律明确规定了查办案件的期限，任何司法机关及工作人员都应当遵守，如果实施了超期办案的行为，将会受到法律的处罚。同时，检察机关是我国的法律监督机关，为防止和纠正检察机关工作中执法不公的问题，才建立人民监督员制度对监督机关进行监督，以此来规范检察机关的司法行为，促进司法公正。如果在人民监督员的监督之下，还存在超期办案、超期羁押等违法现象，这不仅违背了人民监督员制度设立的目的，而且严重破坏了法律的尊严，将带来十分恶劣的社会影响，因此，不管有没有人民监督员的监督，检察机关都不应当超期办案。

"程序性信息台账"对人民监督员的工作有何重要意义？

根据我国《最高人民检察院关于人民监督员监督工作的规定》第二十八条规定，人民检察院应当对直接受理立案侦查案件的立案情况，对犯罪嫌疑人采取强制措施情况，查封、扣押、冻结涉案财物的处理情况，以及刑事赔偿案件办理情况等程序性信息建立台账，供人民监督员查阅。

以案说法

赵某是某市 2016 年的金牌调解员，调解了很多纠纷，在当地有很高的名望。2017 年赵某被选任为该县人民监督员后，深感责任重大，就自学关于人民监督员的相关法律规定。在学到《最高人民检察院关于人民监督员监督工作的规定》第二十八条"人民检察院应当对直接受理立案侦查案件的立案情况，对犯罪嫌疑人采取强制措施情况，查封、扣押、冻结涉案财物的处理情况，以及刑事赔偿案件办理情况等程序性信息建立台账，供人民监督员查阅"这一规定时，不明白这一规定对人民监督员的工作有何重要意义。

该县司法局相关人员向赵某解释到：这一规定对保障人民监督员的知情权具有重大意义。因为，知情是监督的前提，人民监督员要正确行使监督权就必须先保障其知情权。人民监督员制度是一种外部权利监督权力的监督形式，人民监督员的知情权主要依靠检察机关来保障，但检察机关在查办案件过程中，因法纪、保密等相关规定和办案实际需求，许多案件信息无法或不能全部对外公布，而人民监督员由于对案件知情渠道少等原因，制约了监督工作的开展。所以，《最高人民检察院关于人民监督员监督工作的规定》第二十八条关于检察机关建立"程序性信息建立台账"的规定，着重保障了人民监督员的知情权，便于人民监督员能够及时掌握案件办理情况和发现监督线索，最终达到提高检察工作透明度和执法公信力，提高执法办案水平和质量的社会效果。

人民监督员可以受邀参加一些检查、审查工作吗?

根据我国《最高人民检察院关于人民监督员监督工作的规定》第二十九条规定，人民检察院对直接受理立案侦查案件开展跟踪回访、执法检查、案件评查工作，或者举行案件公开审查等活动，可以邀请人民监督员参加。

以案说法

2017 年 8 月 19 日，某县教育局招生办主任刘某因涉嫌贪污罪、受贿罪被该县人民检察院立案侦查。为提升案件办理的公正性和透明度，在扣押刘某的有关财产和文件时，县人民检察院主动邀请了三名人民监督员到场监督。小黄是该县检察院去年新招录的公务员，最近因工作需要被分到反贪污贿赂部门协助办理该案，其认为本案的执法过程应当由检察人员进行，检察院邀请人民监督员到场监督似乎有点不妥，随即向检察长蔡某请教后才明白其中原委。

我国《最高人民检察院关于人民监督员监督工作的规定》第二十九条规定："人民检察院对直接受理立案侦查案件开展跟踪回访、执法检查、案件评查工作，或者举行案件公开审查等活动，可以邀请人民监督员参加。"因此，某县人民检察院邀请人民监督员对执法过程进行监督是可以的。相反地，检察机关主动邀请人民监督员对检察工作进行监督，是检察机关主动将自己置于人民监督员的监督之下，是自愿接受人民群众监督的表现，这样不仅提升了案件处理的透明度，而且增强了检察机关的执法公信力，同时可以打破以前事后审查的"惯例"，把监督的关口往前移动，做到事前监督、事中监督和事后监督有机结合，使人民监督员的监督工作更具有针对性、科学性。其实，在实践工作中，检察机关应当适当主动邀请人民监督员对其工作进行监督，想办法拓宽人民监督员监督检察机关执法的渠道，丰富人民监督员对检察机关相关工作监督形式，这样才有利于人民监督员开展更有效的监督，进一步加强和规范检察机关执法办案活动。

案件当事人有权获知人民监督员监督事项吗？

根据我国《最高人民检察院关于人民监督员监督工作的规定》第三十条规定，人民检察院在办理直接受理立案侦查案件中，应当在第一次讯问犯罪嫌疑人或者对其采取强制措施时告知犯罪嫌疑人有关人民监督员监督事项。人民检察院在接待属于本院办理的直接受理立案侦查案件的控告人、举报人、申诉人时，应当告知其有关人民监督员监督事项。

以案说法

张某到某县人民检察院举报该县农牧局某副局长贪污受贿，县检察院接待了张某并作了相关记录，但是未告知其有关人民监督员监督事项。张某要求接待人员告知有关人项，接待人员却以张某不是案件当事人没有权利知道为由拒绝。那么案件当事人有权获知人民监督员监督事项吗？张某有权获知人民监督员监督事项吗？

案件当事人是有权获知人民监督员监督事项的，同时，张某作为案件的举报人，其也是有权获知人民监督员监督事项的，所以某县人民检察院的做法是不对的。检察机关应当严格执行人民监督员监督事项告知制度，这样才能保证案件当事人就有关情况向人民监督员反映，从而由人民监督员启动监督程序，促进人民监督员主动作为。不仅如此，检察机关严格执行人民监督员监督事项告知制度还能扩大人民监督员工作的公众知晓度，促使人民监督员更好的发挥监督作用。

当然，根据我国《最高人民检察院关于人民监督员监督工作的规定》第三十一条的规定，本案当中，如果县检察院告知了张某有关人民监督员监督事项，而张某向案件承办部门提出人民监督员监督申请的，案件承办部门就应当及时将该申请事项及相关材料移送本院控告检察部门按照有关规定办理。

人民检察院应该如何配合人民监督员"独立"行使监督评议权?

我国《最高人民检察院关于人民监督员监督工作的规定》第三十二条、第三十三条规定,人民检察院应当为人民监督员提供履行监督职责所必需的工作场所以及其他必要条件,不得诱导、限制、规避人民监督员对案件的监督,不得干扰人民监督员对案件的评议和表决,不得泄露人民监督员的评议、表决情况。

以案说法

2017 年 9 月 20 日,某县司法局工作人员在单位门口张贴选任某县人民监督员的公告,周某路过便驻足观看。其之前就听说要从群众中选任监督员去监督检察院的工作,只是心中十分疑惑:检察院权力那么大,不知是怎么配合监督员"独立"行使监督评议权的。

人民监督员是独立于司法机关、政府部门之外的人员,其对检察机关相关工作的监督,是代表人民群众对监督机关进行的外部监督。因此,人民检察院应当配合人民监督员"独立"行使监督评议权。人民监督员只有"独立"行使监督评议权,排除监督过程中一些阻力干扰和外部因素的影响,才能起到真正的监督作用,切实提高检察工作透明度和司法公信力。

人民监督员办事机构的职责有哪些?

根据我国《最高人民检察院关于人民监督员监督工作的规定》第三十六条规定,人民监督员办事机构应当履行下列职责:(一)协助司法行政机关做好人民监督员选任管理工作;(二)

受理案件监督材料，组织人民监督员监督案件，通报案件监督情况，反馈监督案件处理结果；（三）协助做好人民监督员参加案件跟踪回访、执法检查、案件评查、案件公开审查等活动的相关工作；（四）承办检察长和上级人民检察院人民监督员办事机构交办的其他相关工作。

以案说法

2017 年 10 月 12 日，某县人民检察院就苏某玩忽职守一案启动了人民监督员监督程序，后由人民监督员办事机构组织人民监督员对案件进行监督。那么，人民监督员办事机构除了组织人民监督员监督案件外，还有什么职能？

人民监督员办公室是人民监督员行使监督权的办事机构，是人民监督员和检察机关联系的桥梁和纽带，设在检察机关内部。其职责被规定在《最高人民检察院关于人民监督员监督工作的规定》第三十六条中。人民监督员办事机构的职能几乎贯穿整个人民监督员制度和人民监督员监督的全过程，其作用发挥的好坏，直接影响着人民监督员开展工作的成效和人民监督员制度设立的初衷、目的和作用，因此各级检察机关应当重视人民监督员办事机构的规范化建设，配强领导班子，充实力量，切实保证相关工作落到实处。

人民监督员因参加监督评议工作而产生的费用等，由谁来承担？

根据我国《人民监督员选任管理办法》第二十三条第二款规定，人民监督员因参加监督评议工作而支出的交通、就餐等费用，由司法行政机关按相关规定予以补助。

以案说法

谢某 2017 年被选任为某县人民监督员，2017 年 3 月，谢某对该县检察院办理的白某挪用公款一案进行了监督评议，这期间产生了交通费和就餐费用共计 500 元。谢某不知道产生的这些费用该由谁来承担。

我国《人民监督员选任管理办法》第二十三条规定："司法行政机关应当将人民监督员选任管理及履职相关工作经费申报纳入同级财政经费预算，严格经费管理。人民监督员因参加监督评议工作而支出的交通、就餐等费用，由司法行政机关按相关规定予以补助。"因此，谢某因参加监督评议工作产生的 500 元交通、就餐费，应当由该县司法行政机关按相关规定予以补助。

人民监督员监督评议工作是通过随机抽选监督员来参与案件监督评议的，这可能需要人民监督员在住所地与案件监督地之间往返，因而就会产生交通费、就餐费及住宿费等费用支出。为保障和促进人民监督员依法履行监督职责，我国《人民监督员选任管理办法》第二十三条，《最高人民检察院关于人民监督员监督工作的规定》第三十四条、第三十五条分别对司法行政机关、人民监督员、检察机关的相关经费承担作出了明确规定：司法行政机关应当将人民监督员选任管理及履职相关工作经费申报纳入同级财政经费预算，严格经费管理；人民监督员因参加监督评议工作而支出的交通、就餐等费用，由司法行政机关按相关规定予以补助；人民检察院开展人民监督员工作所必需的经费，列入人民检察院检察业务经费保障范围。当然，各地应当根据相关规定结合当地的实际情况，制定具体有效的经费管理办法，调动人民监督员的积极性和主动性，确保人民监督员监督工作正常、有序开展。

第四章 人民监督员的监督工作的启动和承办

谁有权要求或申请启动人民监督员监督程序？

根据我国《最高人民检察院关于人民监督员监督工作的规定》第八条的规定，人民监督员有权要求启动人民监督员监督程序。而当事人及其辩护人、诉讼代理人或者控告人、举报人、申诉人也可以申请启动人民监督员监督程序。

以案说法

几天前，刘某与郑某因一些琐事发生了口角，并发生了厮打。郑某的父亲是该辖区派出所的所长，郑某将此事告诉了其父亲，希望父亲给其讨回公道。一天郑某父亲找到了刘某，希望刘某给郑某赔礼道歉，但是刘某执意不道歉，认为错在郑某。郑某父亲一气之下，便将刘某非法拘禁在该地的一个废旧修理厂内，直到其给郑某道歉为止。被非法拘禁三天后，刘某给郑某赔礼道歉后，郑某父亲释放了刘某。刘某认为自己的人身自由受到了侵害，便到当地的检察院检举揭发郑某父亲的行为，但是当地的人民检察院迟迟不立案。刘某无奈之下，想寻找一些救济程序。朋友告诉刘某，朋友张某是当地该市检察院人民监督员，可以向他寻求帮助，让他启动人民监督员程序，刘某疑惑，不知道朋友张某是否有权要求启动人民监督员监督程序？

《最高人民检察院关于人民监督员监督工作的规定》第八条规定，人民监督员认为人民检察院办理的案件具有本规定第二条第一款情形之一，要求启动人民监督员监督程序的，由人民检察院人民监督员办事机构受理。

当事人及其辩护人、诉讼代理人或者控告人、举报人、申诉人认为人民检察院办理的案件具有本规定第二条第一款情形之一或者第三款第三项情形，申请启动人民监督员监督程序的，由人民检察院控告检察部门受理。由上述法律规定，可以看出，张某作为当地市人民监督员，可以要求启动人民监督员监督程序。此外依照上述法律规定，本案属于应当立案而不予以立案的情形，在该种情形下，刘某作为本案的当事人，也可以申请启动人民监督员监督程序。当然，刘某的辩护人、诉讼代理人等，也可以启动该程序，以维护刘某的合法权益。法律上对启动人民监督员监督程序的主体作出明确规定，以保障案件当事人的合法权益，使案件公正处理。

人民监督员或者申请人对人民检察院的答复意见有异议的，应该怎么办？

根据我国《最高人民检察院关于人民监督员监督工作的规定》第十条的规定，当人民监督员或申请人对人民检察院的答复意见有异议的，经检察长批准，控告检察部门或者其他承办部门应当将处理意见及主要证据目录、相关法律规定等材料及时移送本院人民监督员办事机构，或者通过本院人民监督员办事机构报送上一级人民检察院，并做好接受监督评议的准备。

以案说法

赵某是当地公安机关的工作人员，因犯非法拘禁罪被当地检察院立案侦查起诉。检察院对其作出了逮捕决定。依照法律规定，赵某逮捕后的侦查羁押期限不得超过二个月。赵某被羁押两个月后，当地人民检察院对其作出了延长羁押期限的决定。赵某认为自己的犯罪事实清楚，证据确实充分，案件应审理完结，对其作出延长羁押期限的决定违法，于是便与家人商量，申请启动人民监督员监督程序，希望人民检察院的控告检察部门对延长羁押期限的决定进行详细的审查。赵某提交申请后一个月内，当地检察院的控告检察部门作出了答复意见，认为对赵某延长羁押期限的决定合法，不存在任何的违法行为。赵某对该答复意见有异议，在这种情况下，赵某应该怎么办？

依照《最高人民检察院关于人民监督员监督工作的规定》第十条规定，我国对人民监督员或者申请人对人民检察院的答复意见有异议时应如何处理的问题，作出了详细的法律规定。法律上之所以明确规定，一方面为了更好地调动人民监督员监督的积极性，更好地行使权利，另一方面也是为了更好地维护申请人的合法权益，给申请人更多的救济权利。因此在本案中，赵某提出异议后，经检察长批准，可以将该案的相关材料移送人民监督员办事机构，或者报送上一级人民检察院，接受他们的监督评议和处理决定。

需要监督评议的案件，如何确定人民监督员？

根据我国《人民监督员选任管理办法》第十四条和第十五条的规定，人民检察院办理的案件需要人民监督员进行监督评议的，由司法行政机关从人民监督员信息库中随机抽选，联络确定参加监督评议的人民监督员，并通报检察机关。

以案说法

杨某是该市新选任的人民监督员。杨某的朋友郑某在该市的人民检察院工作。一天，杨某和郑某在一块喝酒聊天。郑某提起了最近正在办理的一起案件，称该案件法律规定比较模糊，对于起诉不起诉这个问题有争议，需要进行监督评议。杨某作为该市新选任的人民监督员，对该案产生了浓厚的兴趣，希望作为人民监督员参与该案件的监督评议工作。杨某想知道如何确定人民监督员，其是否有机会参与该案件的监督评议工作？

《人民监督员选任管理办法》第十四条规定，人民检察院办理的案件需要人民监督员进行监督评议的，人民检察院应当在开展监督评议三个工作日前将需要的人数、评议时间、地点以及其他有关事项通知司法行政机关。第十五条规定，司法行政机关从人民监督员信息库中随机抽选，联络确定参加监督评议的人民监督员，并通报检察机关。依照上述法律可知，人民监督员是由司法行政机关随机选任的，杨某可能有机会参与该案件的监督评议工作。法律之所以如此规定，主要是因为通过随机选任人民监督员，可以减少人为因素对人民监督员参与案件评议的干预，以保证人民监督员参与案件的处理结果可以公平公正。

对于拟撤销或不起诉的案件，案件承办部门有义务给予人民监督员怎样的配合？

根据我国《最高人民检察院关于人民监督员监督工作的规定》第十一条的规定，对于拟撤销案件或不起诉的案件，案件承办部门应当在作出拟处理决定之日起三日以内将拟处理决定及相关材料移送本院人民监督员办事机构，或者通过本院人民监督员办事机构报送上一级人民检察院，并做好接受监督评议的准备。

以案说法

孙某大学毕业后，便考入当地的检察院，成为了一名年轻的检察官。近日孙某接到举报，称某机关工作人员魏某收受贿赂，为他人谋取不正当利益。孙某便对此案进行了立案侦查。在对此案侦查过程中，孙某发现，证明犯罪嫌疑人魏某收受贿赂的犯罪事实不清楚，收受贿赂的证据也不充分，因此依照法律规定，属于不予起诉的情形。于是孙某在与相关负责人沟通之后，决定对魏某作出不起诉决定。在孙某拟对魏某作出不起诉决定时，依照法律规定，该案所有材料都应移送人民监督员办事机构，做好接受人民监督员监督评议的准备，在这种情况下孙某需要给予人民监督员怎样的配合？

《最高人民检察院关于人民监督员监督工作的规定》第十一条的规定，人民检察院办理的案件具有本规定第二条第三款第一项、第二项情形之一的，经检察长批准，案件承办部门应当在作出拟处理决定之日起三日以内将拟处理决定及主要证据目录、相关法律规定等材料移送本院人民监督员办事机构，或者通过本院人民监督员办事机构报送上一级人民检察院，并做好接受监督评议的准备。本案犯罪事实不清，犯罪证据不充分，属于证据不足不起诉的情形，因此依照上述法律规定，孙某作为相关承办人员需要将与不起诉案件相关的证据材料等全部移送本院或者上一级人民监督员办事机构，并做好接受监督评议的准备，使得这类案件在人民监督员监督下依法处理，维护各方当事人的合法权益。

对于案件承办部门所给的材料，如果不齐备，人民监督员有权要求其补充吗？

根据我国《最高人民检察院关于人民监督员监督工作的规定》第十二条的规定，人民监督员办事机构收到的案件承办部门移送的拟接受监督评议的案件材料不齐备的，可以要求案件承办部门补充。

以案说法

刘某、李某、郑某是该市的人民监督员。近日，刘某、李某、郑某受人民监督员办事机构的委托，对一起人民检察院移送过来的拟撤销的刑事案件进行监督评议，三人在对案件材料审查的过程中，发现该案的材料并不齐备，缺少一个重要的证据材料，在该种情况下，三人无法继续对该案件进行监督评议。此时，李某提出将案件搁置，刘某不同意李某的意见，刘某认为在这种情况下，三人应要求移送该案件的人民检察院补充相关材料后，再继续评议。刘某的想法正确吗？他们可以要求相关的承办部门补充材料吗？

《最高人民检察院关于人民监督员监督工作的规定》第十二条规定，人民监督员可以要求案件承办部门补充。法律之所以如此规定，一方面是赋予人民监督员一定的权利，使其能够履行职责，做好监督评议工作。另一方面，也是让相关承办部门履行义务，自觉将需要监督评议的案件材料移送到人民监督员办事机构，接受监督评议。因此依照上述法律规定，在本案中当监督评议的案件材料不齐全时，刘某、郑某等人作为人民监督员，有权利要求相关的人民检察院补充材料，以保证监督评议工作的顺利进行。

监督评议案件时，对人民监督员的人数有要求吗？

根据我国《最高人民检察院关于人民监督员监督工作的规定》第十四条的规定，监督评议案件，应当有三名以上单数的人民监督员参加。但是重大案件或者在当地有重大影响的案件，应当有五名以上单数的人民监督员参加。

以案说法

赵某是该市今年新选任的人民监督员。在一个月前，赵某与其他两名人民监督员接到通知，参与了一件是否需要起诉案件的监督评议工作，这是赵某第一次参加监督评议案件。前不久，赵某又接到通知，需要其参加另一起案件的监督评议工作。这次赵某发现有 5 名人民监督员都一同参加了该案的评议工作，与上次参与案件评议的人民监督员人数不一致。赵某很是疑惑，不知道需要监督评议的案件，对人民监督员的人数是否有要求？

法律上对人民监督员参与的监督评议案件有明确规定。一般情况下，应当有三名以上单数的人民监督员，属于重大案件或者重大影响案件，应当有五名以上单数的人民监督员。这样，就可以保证在监督评议过后，能够得到确定的监督评议结果，保证监督评议的效率和效果。

案件监督评议工作的步骤是什么？

根据我国《最高人民检察院关于人民监督员监督工作的规定》第十五条的规定，案件监督评议工作应当依照下列步骤进行：首先，人民监督员办事机构向人民监督员提交拟处理意见

（决定）书及有关材料，并告知相关的纪律规定和保密要求；其次，案件承办人向人民监督员介绍案件相关情况，说明拟处理意见（决定）的理由和依据；再次，案件承办人回答人民监督员提出的问题；最后人民监督员进行评议和表决。

以案说法

杨某是一家公司的总经理，同时是该市的人民监督员。近日，杨某接到该市人民监督员办事机构的通知，告知杨某在本周五参加一起案件的监督评议工作。杨某是今年刚刚选上的人民监督员，这是他第一次作为人民监督员参与案件的监督评议工作。杨某很是激动，希望在监督评议的过程中能够很好的履行人民监督员的工作职责，同时也希望多了解关于监督评议的相关工作，那么杨某参与案件监督评议工作的具体步骤是什么呢？

根据《最高人民检察院关于人民监督员监督工作的规定》第十五条规定，杨某在监督评议案件时主要分四步进行，首先人民监督员办事机构告知杨某等人监督评议案件的纪律和保密等要求；其次由案件承办人向杨某等人介绍案件的基本情况，让杨某等人民监督员对案件有基本的了解；再次由杨某等人就案件情况向案件承办人发问，以加深对案件的了解程度；最后杨某等人对该案件进行表决。总的来说，这四个步骤有很强的连贯性和逻辑性，以保证案件监督评议工作顺利进行。

经监督评议后承办案件的人民检察院所做出的决定与监督意见不一致的，人民监督员有权获得说明吗？

《最高人民检察院关于人民监督员监督工作的规定》第二十条规定，当承办案件的人民检察院作出的决定与人民监督员表决意见不一致的，人民监督员办事机构应当会同案件承办部门向参加监督评议的人民监督员作出必要的说明。

以案说法

夏某是该市的人民监督员，经常参与该市一些案件的监督评议工作。在上个礼拜，夏某在人民监督员办事机构的组织下，参与了一件是否决定起诉案件的监督评议工作。包括夏某在内的三名监督员在进行表决后，得到一致结果，对该案件进行起诉。可是二日后，承办该案件的人民检察院作出了对该案件不起诉的决定。夏某等三人对人民检察院的决定很是疑惑。在这种情况下，夏某作为人民监督员，可以要求承办该案件的人民检察院作出说明吗？

《最高人民检察院关于人民监督员监督工作的规定》第二十条规定，组织案件监督的人民检察院人民监督员办事机构应当在本院或者承办案件的人民检察院作出决定之日起三日以内，将决定告知参加监督评议的人民监督员。决定与人民监督员表决意见不一致的，人民监督员办事机构应当会同案件承办部门向参加监督评议的人民监督员作出必要的说明。因此依照上述法律规定，在本案中，当人民监督员的表决意见与承办案件的人民检察院作出的决定不一致时，夏某作为人民监督员，可以要求案件承办部门作出必要的说明，以保证夏某的监督权和知情权，使案件能够得到公正的结果。

人民监督员是如何开展复议程序的？

我国《最高人民检察院关于人民监督员监督工作的规定》第二十一条、第二十二条、第二十三条和第二十四条对人民监督员所开展的复议程序作出了规定。首先，人民监督员对案件承办部门的决定有异议时，应在三日以内向组织案件监督的人民检察院提出复议。其次，人民监督员办事机构接到复议后，由负责审查的案件承办部门另行指定检察人员进行审查并提出审查意见和决定，并将复议决定反馈给要求复议的人民监督员和承办案件的人民检察院。

以案说法

郑某是某市的人民监督员。近日郑某参与一起关于是否撤销案件的案件监督评议工作。郑某等人民监督员认为，应该撤销该案件。但承办该案件的检察部门作出了不予撤销的决定。事后，在郑某等人民监督员的要求下，承办该案件的检察部门对不予撤销的决定作出了相关详细说明。可是即使这样，郑某等人民监督员仍有异议，决定向组织案件监督的人民检察院提出复议，那么复议程序应如何进行呢？

《最高人民检察院关于人民监督员监督工作的规定》的第二十一条至第二十四条对检察监督案件的复议程序作出了详细规定。包括人民监督员向谁提出复议，由谁对复议案件进行审查，以及关于复议结果审查的时间规定等，以保证复议程序的顺利进行。

复议决定与原处理决定不一致时，哪一个为最终决定？

根据我国《最高人民检察院关于人民监督员监督工作的规定》第二十五条和第二十六条的规定，当原处理决定与复议决定不一致的，人民检察院作出的复议决定为最终决定。

以案说法

近日，宋某参与了该市一起关于诉与不起诉案件的监督评议工作。各人民监督员、承办案件的相关部门对该监督评议案件的争议很大，宋某等人民监督员作出不起诉的评议结果，而承办案件的相关部门决定起诉。后在宋某等人民监督员的申请下，该监督评议案件进入了复议程序。人民检察院作出了复议决定，决定对该案件不起诉，这与原处理决定不一致，在这种情况下，应以哪个处理决定为准？

《最高人民检察院关于人民监督员监督工作的规定》第二十五条规定，原处理决定与复议决定不一致的，由作出原处理决定的人民检察院依法及时予以变更或者撤销。第二十六条规定，人民检察院作出的复议决定为最终决定。复议决定与人民监督员的表决意见仍不一致的，负责复议的人民检察院应当向提出复议的人民监督员说明理由。上述法条明确的指出了，复议决定为最终决定。因此依照上述法律规定，在本案中，应以复议决定为准，复议决定为最终决定。因为复议决定是经过慎重审查后作出的决定，因此具有终局性，以其为最终决定。

对于应当不公开的案件信息，人民监督员有义务保密吗？

根据我国《人民监督员选任管理办法》第七条的规定，人民监督员应当严格遵守法律和有关纪律规定，按照规定的权限和程序，独立公正地对列入监督范围的案件进行监督。不得披露其他依照法律法规和有关规定不应当公开的案件信息。

以案说法

邓某是该市的人民监督员。近日，邓某参与了一起案件的监督检察程序。在该案件进入监督检察程序之前，人民监督员办事机构告诉邓某等人民监督员，该案涉及到该市两家大型公司的商业秘密问题，因此不应对外公布案件信息。案件监督评议工作结束后不久，邓某的朋友杨某向邓某询问该监督评议案件情况，想了解该案件的详细信息。在这种情况下，邓某应该怎么做，其能否将该案件信息告知朋友杨某？

《人民监督员选任管理办法》第七条规定，人民监督员依法行使监督权受法律保护。人民监督员应当严格遵守法律和有关纪律规定，按照规定的权限和程序，独立公正地对列入监督范围的案件进行监督。不得有下列情形：（一）妨碍案件公正处理；（二）泄露案件涉及的国家秘密、商业秘密、个人隐私和未成年人犯罪信息；（三）披露其他依照法律法规和有关规定不应当公开的案件信息。也就是说，人民监督员在对案件进行监督时，不得妨碍案件，不得泄露案件信息等，这是法律上规定的人民监督员应遵守的法律义务。依照上述法律规定，在本案中，邓某在行使人民监督员的权利时，也应履行义务，不能将案件中涉及的商业秘密和信息透露给其朋友杨某。因为权利与义务是相对的，在享有权利的同时，也应履行一定的义务。

第五章 人民监督员监督案件范围与回避

人民监督员对哪些案件可以进行监督？

根据《最高人民检察院关于人民监督员监督工作的规定》第二条的规定，人民监督员可以对人民检察院办理直接受理立案侦查案件工作中的 11 类情形行使监督权。

以案说法

2016 年 10 月，李某因为职务犯罪被检察机关逮捕，后来，当地的人民监督员张某认为检察院侦查案件工作中存在刑讯逼供情形，要求启动监督程序，在这种情形下，人民监督员张某是否可以对检察院工作进行监督呢？除此以外，人民监督员还可以对哪些案件进行监督呢？

我国《最高人民检察院关于人民监督员监督工作的规定》第二条规定："人民监督员认为人民检察院办理直接受理立案侦查案件工作中存在下列情形之一的，可以实施监督：（一）应当立案而不立案或者不应当立案而立案的；（二）超期羁押或者延长羁押期限决定违法的；（三）采取指定居所监视居住强制措施违法的；（四）违法搜查、查封、扣押、冻结或者违法处理查封、扣押、冻结财物的；（五）阻碍当事人及其辩护人、诉讼代理人依法行使诉讼权利的；（六）应当退还取保候审保证金而不退还的；（七）应当给予刑事赔偿而不依法予以赔偿的；（八）检察人员在办案中有徇私舞弊、贪赃枉法、刑讯逼供、暴力取证等违法违纪情况的。人民监督员对当事人及其辩护人、诉讼代理人或者控告人、举报人、申诉人认为人民检察院办理直接受理立案侦查案件工作中存在前款情形之一的，可以实施监督。人民监督员对人民检察院办理直接受理立案侦查案件工作中的下列情形可以实施监督：（一）拟撤销案件的；（二）拟不起诉的；（三）犯罪嫌疑人不服逮捕决定的。"由此可见，人民检察院在办理直接受理立案侦查案件时，如果存在上述 11 种情形之一，人民监督员是可以实施监督的。法律之所以规定这 11 种监督情形，正是为了规范司法行为，促进司法公正，保障犯罪嫌疑人、被告人的诉讼权利，强化对检察权运行的外部监督制约。该案中，检查人员刑讯逼供等行为，正是第二条第一款规定的第八种情形，即检察人员在办案中有徇私舞弊、贪赃枉法、刑讯逼供、暴力取证等违法违纪情况的，人民监督员张某有权进行监督。

人民监督员案件的管辖模式是怎样的？

在我国，省级以下人民检察院办理的应当接受人民监督员监督的案件，由上一级人民检察院组织人民监督员进行监督。省、自治区、直辖市人民检察院办理的或者根据下级人民检察院的报请作出决定的案件，应当接受人民监督员监督的，由本院组织人民监督员进行监督。

以案说法

2016 年 8 月，某市人民检察院办理了某副市长贪污受贿的案件，并依法对该副市长进行逮捕，与此同时，犯罪嫌疑人不服逮捕决定，申请启动人民监督员监督程序，该市人民检察院控告检察部门进行了受理。那么在该案件中人民监督员案件的管辖模式是怎么样的呢？

根据我国《最高人民检察院关于人民监督员监督工作的规定》第六条规定："省级以下人民检察院办理的应当接受人民监督员监督的案件，由上一级人民检察院组织人民监督员进行监督。省、自治区、直辖市人民检察院办理的或者根据下级人民检察院的报请作出决定的案件，应当接受人民监督员监督的，由本院组织人民监督员进行监督。"根据本条规定，区一级的人民检察院办理的应当接受人民监督员监督的案件，由市级人民检察院组织人民监督员进行监督；市一级人民检察院办理的应当接受人民监督员监督的案件，由省一级人民检察院组织人民监督员进行监督；但是省、自治区、直辖市人民检察院办理的或者根据下级人民检察院的报请作出决定的案件，应当接受人民监督员监督的，由省一级人民检察院组织人民监督员进行监督。具体到本案，该案是由市一级人民检察院办理的，应该由省人民检察院选任人民监督员对市人民检察院办理的案件进行监督。法律之所以这样规定，是为了加强上级检察机关对下级检察机关的监督，克服司法区域化的弊端，防止人民监督员受到地方上不利因素的影响，规范下级机关的司法行为，维护司法公正，保护犯罪嫌疑人的人权。

人民监督员如何进行评议与表决？

根据我国《最高人民检察院关于人民监督员监督工作的规定》第十七条的规定，人民监督员在进行评议和表决时，应该推举一人主持评议和表决工作，并且应该根据案件情况独立进行评议和表决。人民监督员在评议时，可以对案件事实、证据和法律适用情况、办案程序、是否同意检察机关拟处理意见（决定）及案件的社会反映等充分发表意见。在评议后，形成一个书面的表决意见，说明表决情况、结果和理由。最后人民监督员在书面表决意见上署名。

以案说法

2017 年 3 月，张某报名参选该县司法局组织选任的人民监督员，并且很幸运地入选。在成为人民监督员以后，县司法局对张某等人进行了培训，张某深知自己作为人民监督员责任重大，在培训时十分认真。后来，张某参加了第一个案子的监督。在进行案件的评议和表决时，张某总担心自己是第一次参加，会说错话，于是总想问问旁边小王什么意见。但是小王说，这需要独立进行表决。那么，小王说的对吗，人民监督员是否应该独立进行评议和表决呢？人民监督员到底应该如何进行评议和表决呢？

小王的说法是对的，对于人民监督员进行评议和表决的具体操作，我国《最高人民检察院关于人民监督员监督工作的规定》第十七条有明确规定："人民监督员推举一人主持评议和表决工作。人民监督员根据案件情况独立进行评议和表决。人民监督员在评议时，可以对案件事实、证据和法律适用情况、办案程序、是否同意检察机关拟处理意见（决定）及案件的社会反映等充分发表意见。人民监督员在评议后，应当形成书面表决意见，说明表决情况、结果和理由。书面表决意见应当由人民监督员署名。人民监督员进行评议和表决时，案件承办人应当回避。"上述是我国法律对人民监督员如何进行评议和表决的具体规定，应该严格按照法律要求的步骤和模式进行。评议和表决是人民监督员工作的一个重要部分。挂荐一人主持评议和表决工作，是为了让工作更加有序地完成，而为了让案件的表决评议更加公平公正，法律规定必须由监督员独立表决。这样还可以充分听取每个监督员不同的意见，对案件的认识才能够更加客观。本案中，小王的说法是正确的，张某应该独立进行表决。

哪些情形下应该回避？

根据我国《人民监督员选任管理办法》第十六条的规定，人民监督员是当事人的近亲属、与监督案件有利害关系或者担任过监督案件诉讼参与人时，应该回避。

以案说法

2016 年 8 月，某区人民检察院对某局长贪污受贿一案依法进行侦查办理，并对犯罪嫌疑人张某依法进行逮捕，侦办案件的过程中，根据法律有关规定，该案件属于人民监督员依法进行监督的案件，检察院遂组织人民监督员依法进行监督。监督员刘某的老丈人曾经被张某以莫须有的名义拘留过，给老丈人一家人带来了很大苦恼，刘某的老丈人郁郁寡欢，郁闷而死。那么在该案中刘某需要进行回避吗？

根据我国《人民监督员选任管理办法》第十六条规定："人民监督员是监督案件当事人近亲属、与监督案件有利害关系或者担任过监督案件诉讼参与人的，应当自行回避。人民检察院发现人民监督员有需要回避情形的，应当及时通知司法行政机关决定人民监督员回避，或者要求人民监督员自行回避。"由此可知，当存在人民监督员是监督案件当事人近亲属、与监督案件有利害关系或者担任过监督案件诉讼参与人等三种情形时，人民监督员都需要进行回避。在本案中，刘某的老丈人因为张某的迫害，最终郁郁寡欢而死，刘某属于与监督案件有利害关系的情形，根据该规定，刘某需要自行进行回避。人民检察院也可以在发现后及时通知当地司法行政机关决定人民监督员回避，或者要求人民监督员自行回避。法律之所以进行回避的有关规定，正是为了维护当事人的合法权益，防止司法不公行为，避免出现对犯罪嫌疑人和被告人的打击报复行为。

回避的目的是什么？

回避的目的是为了保证监督的公平公正性，并维护当事人的合法权益。

以案说法

韩某是某个司法局的监督员。某日，韩某和同为监督员的林某相遇，林某告知韩某，自己本来参加了一个案子，后来因为一些原因回避了，但是自己还是很想参加这个案子的。看到失望的林某，韩某开始劝诫，并称回避制度是有一定好处的，而且回避也是有一定的目的的。那么，回避的目的到底是什么呢？

当出现人民监督员是监督案件当事人近亲属、与监督案件有利害关系或者担任过监督案件诉讼参与人等情形的，人民监督员是需要进行回避的。法律之所以规定回避，是因为如果人民监督员是案件当事人的近亲属，有可能出于亲属关系，在监督案件中，对人民检察院侦查行为造成干扰，不利于案件公正处理，影响司法工作效率。另外，当存在与监督案件有利害关系或者担任过监督案件诉讼参与人等情形的，人民监督员可能会因为这些情形，出现对案件当事人打击报复，或袒护的情形，不利于当事人合法权利的保护。

总之，回避的目的一方面是为了促进检察机关快速、公正的处理好自侦案件，另一方面也是为了保护好案件当事人的合法权益，做好人权保护工作。本案中，韩某有需要回避的情形时，应该自行回避。

可以不主动申请回避吗？

根据我国《人民监督员选任管理办法》第十六条的规定，当发生需要回避的情形，人民监督员应当进行回避，不得拒绝回避。

以案说法

2016 年 10 月，某地区人民检察院侦查办理了程某受贿一案，监督员张某与程某有一些过节，因为张某的一个亲人就是被程某害死的。本来张某依法应当自行回避，但是张某以为检察机关不知情，未主动申请回避，不回避其实也是为了报复程某。那么，针对张某的行为，该如何处理呢？

根据我国《人民监督员选任管理办法》第十六条第二款规定："人民检察院发现人民监督员有需要回避情形的，应当及时通知司法行政机关决定人民监督员回避，或者要求人民监督员自行回避。"根据该规定，人民检察院可以要求人民监督员张某自行回避，张某如果还不进行回避，就是违反法律规定，检察机关有权通知当地的司法行政机关，由当地的司法行政机关依法决定人民监督员张某的回避，强制张某进行回避，并重新选择合适的人民监督员，依法对该案件进行监督，防止出现不利于当事人的情况发生。法律之所以规定对人民监督员应当回避而拒绝回避的处理方法，正是出于保护当事人合法权利的考虑，防止出现因人民监督员的不当行为，侵害当事人利益，这也是违背人民监督员设立的初衷和目的。

第三篇

人民监督员常用法律知识

第一章　立案

遇到哪些情形时，应当提请批准不予立案？

《人民检察院刑事诉讼规则（试行）》第一百七十六条规定：

侦查部门对举报线索初查后，认为有犯罪事实需要追究刑事责任的，应当制作审查报告，提请批准立案侦查，报检察长决定。

对具有下列情形之一的，提请批准不予立案：（一）具有刑事诉讼法第十五条规定情形之一的；（二）认为没有犯罪事实的；（三）事实或者证据尚不符合立案条件的。

《中华人民共和国刑事诉讼法》第十五条规定：

有下列情形之一的，不追究刑事责任，已经追究的，应当撤销案件，或者不起诉，或者终止审理，或者宣告无罪：（一）情节显著轻微、危害不大，不认为是犯罪的；（二）犯罪已过追诉时效期限的；（三）经特赦令免除刑罚的；（四）依照刑法告诉才处理的犯罪，没有告诉或者撤回告诉的；（五）犯罪嫌疑人、被告人死亡的；（六）其他法律规定免予追究刑事责任的。

以案说法

刘某是某市的人民警察，2017 年 3 月 12 日，刘某在执勤时接到群众举报，某街道一栋民宅内有人正在集体吸毒，接到报警后，刘某和另外两名协警到现场进行调查，但在现场并未搜索到任何毒品。一个星期后，当地人民检察院接到举报称刘某违法搜查，人民检察院进行了初查后，认为刘某的出警程序符合法律规定，不存在违法搜查的情形，因此不符合立案条件，于是提请不予立案。人民监督员认为人民检察院不应不予立案，于是提起了监督意见。

我国的刑事诉讼法律体系不仅对应当立案的标准做出了明确规定，即只要有犯罪事实，应当承担刑事责任，就应当按照管辖范围立案侦查，同时还对那些不应立案的案件范围做了限制，根据我国《人民检察院刑事诉讼规则（试行）》第一百七十六条的规定，如果犯罪嫌疑人有法定的不予追究刑事责任的情形（包括不认为犯罪、犯罪已过追诉期、经特赦免除刑罚、被害人应亲自向法院提起告诉的刑事案件、犯罪嫌疑人或被告人已死亡这几类）、没有犯罪事实或者事实或者证据尚不符合立案条件的应当经过批准不予立案。至于批准不予立案的程序，首先，应由侦查部门制作审查报告，对所审查的案件事实进行陈述并说明建议不予立案的理由；其次，上报给检察长决定是否准予不予立案。

在本案中，刘某因接到群众举报称某民宅内有人在集体吸毒，因此而出警进行调查，但并未搜索到任何毒品，据此，被搜查的民众认为刘其的行为属于违法搜查，向检察院举报，但检察院进行调查后认为刘某的出警程序符合法律规定，即认定刘某并无犯罪事实，于是向检察长提请不予立案，由于符合法律规定的不予立案情形，因此检察院的不予立案申请并不违法。

对于符合不予立案情形的刑事案件应当严格执行不予立案的程序，若对检察院不予立案的情形不服的，根据《人民检察院刑事诉讼规则（试行）》第一百八十四条的规定，如果控告人对不予立案决定不服，可以在收到不立案通知书后十日以内申请复议。

在哪些情形下，行贿应被立案追究刑事责任？

《最高检察院关于行贿罪立案标准》第一条规定：

行贿罪是指为谋取不正当利益，给予国家工作人员以财物的行为。

在经济往来中，违反国家规定，给予国家工作人员以财物，数额较大的，或者违反国家规定，给予国家工作人员以各种名义的回扣、手续费的，以行贿罪追究刑事责任。

涉嫌下列情形之一的，应予立案：1. 行贿数额在一万元以上的；2. 行贿数额不满一万元，但具有下列情形之一的：（1）为谋取非法利益而行贿的；（2）向三人以上行贿的；（3）向党政领导、司法工作人员、行政执法人员行贿的；（4）致使国家或者社会利益遭受重大损失的。

因被勒索给予国家工作人员以财物，已获得不正当利益的，以行贿罪追究刑事责任。

以案说法

高某是某市某区人民检察院的一名监督员。2017年6月，在某区人民检察院办理的一起某区政府人员受贿案中，犯罪嫌疑人范某给了某区政府部门的副处长徐某人民币8000元，让徐某在公务员面试中帮助自己的女儿通过考试。某区检察院认为范某构成行贿罪，因此，便以行贿罪立案。但是，在立案之后，高某认为某区检察院的立案错误，范某并不符合行贿罪的立案标准，故准备实施监督，提出监督意见。

上述案件中，高某主要是准备针对检察院对范某行贿罪的立案是否符合法定标准提出监督意见。对于行贿案件的立案标准，根据《最高检察院关于行贿罪立案标准》第一条的规定可知，行贿罪的立案标准主要是三个：（1）行贿数额在一万元以上的必须立案；（2）虽然行贿的数额没有满一万元，但是犯罪嫌疑人具有为非常利益而行贿、向多人行贿或者是向党政机关领导行贿等法定情形的，也要立案；（3）犯罪嫌疑人是被迫行贿，但是其已经获得了不正当利益的，同样属于立案范围。

而在上面的案件中，犯罪嫌疑人范某虽然行贿的数额只有8000元，但是，因其是向政府部门的副处长进行行贿的，其行贿的对象属于党政领导，所以，范某的行贿行为也是构成行贿罪的，属于上述三种情形中的第二种。因此，在上述案件中，检察院对范某以行贿罪进行立案的做法是符合法律规定的，其并不属于不应当立案而立案的情形，故高某是无需对检察院的此种行为提出监督意见的。

由此我们也可得知，在行贿案件中，其立案条件除了以行贿的数额为标准之外，还要具体参考一下行贿的对象或者是行贿的目的，行贿数额并不是唯一的立案标准。所以，作为人民监督员，我们在实际工作中，针对行贿案件的立案标准，要进行全面的把握，注意每一件具体案件是否符合法律规定的立案标准。

在哪些情形下，对单位行贿的，应被立案追究刑事责任？

《最高检察院关于行贿罪立案标准》第二条明确规定：对单位行贿罪是指为谋取不正当利益，给予国家机关、国有公司、企业、事业单位、人民团体以财物，或者在经济往来中，违反国家规定，给予上述单位各种名义的回扣、手续费的行为。涉嫌下列情形之一的，应予立案：1. 个人行贿数额在十万元以上、单位行贿数额在二十万元以上的；2. 个人行贿数额不满十万元、单位行贿数额在十万元以上不满二十万元，但具有下列情形之一的：（1）为谋取非法利益而行贿的；（2）向三个以上单位行贿的；（3）向党政机关、司法机关、行政执法机关行贿的；（4）致使国家或者社会利益遭受重大损失的。

以案说法

2017 年 9 月 6 日，某区人民检察院得到线索，某建筑公司向某国有企业以"回扣"的名义行贿 15 万元，以便暗中操作，帮助其在招投标的过程中拿下一个建筑工程的项目。于是，检察院便开始展开侦查。经过侦查后，某区人民检察院认为该企业行贿的数额没有达到立案标准，因此，对该案并未立案受理。但是，检察院的监督员任某认为，某建筑公司向某国有企业进行行贿的数额已经达到了立案的标准。因此，任某便向某区人民检察院提出了监督意见。

在上述案件中，涉及的主要是对单位行贿罪的立案标准。

具体到案例中，对某国有企业进行行贿的是某建筑公司，而不是个人。根据上述法律规定，单位对国家机关、国有企业等单位进行行贿的立案标准一般情况下是数额在二十万元以上。案例中的某建筑公司属于单位对单位行贿，其行贿的数额为 15 万元，未达到法律规定的第一种标准。同时，该单位也不具有《最高检察院关于行贿罪立案标准》第二条第二款规定的四种法定情形，所以，某建筑公司对某单位进行行贿的数额是不符合法律规定的立案标准的。因此，检察院在经过侦查之后，作出不予立案的决定是正确的。人民监督员任某提出的监督意见于法无据。

由此可知，作为人民监督员，在对人民检察院的立案工作进行监督时，需要注意，在对单位行贿罪的立案标准中，除了有两个立案标准之外，更要注意不同的主体立案的行贿数额标准也是不同的。在具体的案件中，一定注意区分对单位行贿罪的主体是单位还是个人。

在哪些情形下，单位行贿的，应被立案追究刑事责任？

《最高检察院关于行贿罪立案标准》第三条规定：单位行贿罪是指公司、企业、事业单位、机关、团体为谋取不正当利益而行贿，或者违反国家规定，给予国家工作人员以回扣、手续费，情节严重的行为。

涉嫌下列情形之一的，应予立案：1. 单位行贿数额在二十万元以上的；2. 单位为谋取不正当利益而行贿，数额在十万元以上不满二十万元，但具有下列情形之一的：（1）为谋取非法利益而行贿的；（2）向三人以上行贿的；（3）向党政领导、司法工作人员、行政执法人员行贿的；（4）致使国家或者社会利益遭受重大损失的。

因行贿取得的违法所得归个人所有的，依照本规定关于个人行贿的规定立案，追究其刑事责任。

以案说法

2017 年 9 月，某百货公司在某县工商局进行检查时，被查出销售假货，因此，某工商局准备对百货公司进行行政处罚。但是，某百货公司为了免除行政处罚，向某县工商局局长行贿 18万元。经过侦查之后，某县人民检察院认为该公司向某工商局局长进行行贿的数额未达到法定立案标准，因此，针对此案作出不予立案的决定。但是，该检察院的人民监督员罗某认为检察院应当进行立案，因为某百货公司行贿的目的是牟取非法利益。所以，罗某便向某县人民检察院提出了监督意见。

上述案例，主要涉及的是单位行贿罪的立案标准。

某百货公司向某县工商局局长行贿18万元，虽然其行贿的数额未达到一般情形下的立案数额标准，但是，某百货公司向工商局局长行贿的目的是为了免除行政处罚，其谋取的是非法的利益。所以，百货公司进行行贿的行为应当属于《最高检察院关于行贿罪立案标准》第三条第二款规定的第二种立案标准的情形。因此，某县人民检察院以百货公司未达到立案标准的行贿数额决定不予立案的做法是错误的，其应当进行立案，某县人民检察院的行为属于"应当立案而不予立案"。检察院人民监督员罗某有进行监督的权利，其提出监督意见的行为是正确的。

可见，对于单位行贿罪的立案标准，我们不能一概而论，单位行贿罪案件也并不是只有一个立案标准。在行贿人员没有达到法律规定的行贿数额时，一定要注意其是否具备法律规定的目的性情形，是否符合第二种情形的立案标准。

滥用职权涉及哪些情形的，应予立案？

《最高人民检察院关于渎职侵权犯罪案件立案标准的规定》第一部分渎职犯罪案件第一条规定：

滥用职权罪是指国家机关工作人员超越职权，违法决定、处理其无权决定、处理的事项，或者违反规定处理公务，致使公共财产、国家和人民利益遭受重大损失的行为。

涉嫌下列情形之一的，应予立案：1.造成死亡1人以上，或者重伤2人以上，或者重伤1人、轻伤3人以上，或者轻伤5人以上的；2.导致10人以上严重中毒的；3.造成个人财产直接经济损失10万元以上，或者直接经济损失不满10万元，但间接经济损失50万元以上的；4.造成公共财产或者法人、其他组织财产直接经济损失20万元以上，或者直接经济损失不满20万元，但间接经济损失100万元以上的；5.虽未达到3.4两项数额标准，但3.4两项合计直接经济损失20万元以上，或者合计直接经济损失不满20万元，但合计间接经济损失100万元以上的；6.造成公司、企业等单位停业、停产6个月以上，或者破产的；7.弄虚作假，不报、缓报、谎报或者授意、指使、强令他人不报、缓报、谎报情况，导致重特大事故危害结果继续、扩大，或者致使抢救、调查、处理工作延误的；8.严重损害国家声誉，或者造成恶劣社会影响的；9.其他致使公共财产、国家和人民利益遭受重大损失的情形。

国家机关工作人员滥用职权，符合刑法第九章所规定的特殊渎职罪构成要件的，按照该特殊规定追究刑事责任；主体不符合刑法第九章所规定的特殊渎职罪的主体要件，但滥用职权涉嫌前款第1项至第9项规定情形之一的，按照刑法第397条的规定以滥用职权罪追究刑事责任。

以案说法

谢某是某区人民检察院的一名监督员。2017年9月，某市政府食品药品监督管理部门的负责人徐某，在对某食品公司进行检查的过程中，利用职权故意放纵某食品公司采用过期原材料的行为，从而导致某百货商场在出售该公司的产品后，很多消费者出现呕吐的现象。为此，给某百货商场造成直接经济损失共计人民币 15 万元。之后，某区人民检察院在经过侦查之后，认为徐某的行为没有达到滥用职权罪的立案标准，故决定不予立案。而谢某认为，检察院的行为是错误的，应当对徐某滥用职权的行为进行立案追究刑事责任，于是，谢某便准备向某区人民检察院提出监督意见。

在上述案例中，谢某准备针对检察院对于徐某滥用职权罪一案决定不予立案的行为提出监督意见。而关于滥用职权罪的立案标准，我国《最高人民检察院关于渎职侵权犯罪案件立案标准的规定》第一部分渎职犯罪案件第一条规定了九种滥用职权罪应予立案的法定情形，这九种情形基本上是根据犯罪嫌疑人滥用职权造成的后果进行界定的，其中行为人犯罪造成的后果或者是实施犯罪的手段不同，立案的标准也是不同的。

具体到上面的案件中，徐某作为食品药品监督管理部门的负责人，因其利用职权放纵某食品公司采用过期违法原料，导致某百货商场直接经济损失人民币 15 万元。根据上述法律第一条第一款规定的滥用职权的第四种立案情形可知，徐某滥用职权给某百货公司造成的经济损失是 15 万元，并未达到 20 万元的立案标准。所以，徐某的行为并不能以滥用职权罪进行立案并追究刑事责任，检察院决定不予立案的行为是正确的。谢某无需提出针对此案的立案监督意见。

由此可知，由于滥用职权罪的立案标准情形较多，故人民监督员在对滥用职权案的立案监督过程中，一定要注意每种情形所适用的条件，是否达到立案的标准。有时由于损害主体的不同，其立案的标准也是不一样的，这就需要我们在实际工作中予以注意。

哪些情形下，滥用职权案会成为重大案件或特大案件？

《人民检察院直接受理立案侦查的渎职侵权重特大案件标准（试行）》第一条规定了滥用职权案的两种情形。（一）重大案件：1. 致人死亡二人以上，或者重伤五人以上，或者轻伤十人以上的；2. 造成直接经济损失五十万元以上的。（二）特大案件：1. 致人死亡五人以上，或者重伤十人以上，或者轻伤二十人以上的；2. 造成直接经济损失一百万元以上的。

以案说法

杜某是某市人民检察院的人民监督员。2017 年 3 月，某市的工商局在对某餐厅进行检查时，该餐厅使用的部分食材已经过期。但是，由于某餐厅的经理与某市工商局局长郝某是好朋友，因此，郝某便滥用职权没有对该餐厅采取任何行政处罚措施。然而，该餐厅使用过期食材导致两位顾客在该餐厅吃饭之后，因食物中毒而死亡。在事情曝光之后，某市检察院开始对郝某滥用职权的行为进行侦查。经过侦查后，某市人民检察院只是将此案作为一般案件进行立案。而杜某认为，郝某滥用职权的行为造成了严重的后果，此案应当被作为重大案件进行处理。

上述案件中，人民监督员杜某主要是对于人民检察院针对郝某滥用职权一案界定的案件的性质产生异议。而对于滥用职权案被界定为重大案件或者是特大案件的立案标准，《人民检察院直接受理立案侦查的渎职侵权重特大案件标准（试行）》第一条第一款规定在犯罪嫌疑人滥用职权发生严重的后果时，会被界定为滥用职权的重大案件或者是重大案件。

具体到案例中，郝某滥用职权的行为导致两人因食物中毒而死亡，符合重大案件的立案标准。因此，某市人民检察院在立案时，应该将郝某滥用职权一案作为重大案件进行处理，而不能以一般案件的标准进行立案。所以，杜某的做法是正确的，其作为人民监督员，是有权对人民检察院立案错误的行为提出监督意见的。

由此可知，在滥用职权案件中，除了存在一般法定情形下的立案标准之外，如果犯罪嫌疑人造成严重的后果时，还会被认定为重大案件，甚至是特大案件。如果在行为人造成的损害后果达到法律规定的重大案件或者是特大案件的立案标准时，那么人民检察院在立案时就要以重大案件或者是特大案件的标准进行立案。所以，作为人民监督员，除了要了解滥用职权案件一般情形下的立案标准外，还要明确滥用职权案件被界定为重大案件或者是特大案件时的情形。在滥用职权案件中，针对检察院的立案情况，要注意区分犯罪嫌疑人所造成的损失是否会构成重大案件、特大案件的立案标准，以保证检察院立案的准确性。

玩忽职守在符合什么样的情况时应当立案追究刑事责任？

《最高人民检察院关于渎职侵权犯罪案件立案标准的规定》第一部分渎职犯罪案件第二条规定：

玩忽职守罪是指国家机关工作人员严重不负责任，不履行或者不认真履行职责，致使公共财产、国家和人民利益遭受重大损失的行为。

涉嫌下列情形之一的，应予立案：1. 造成死亡 1 人以上，或者重伤 3 人以上，或者重伤 2 人、轻伤 4 人以上，或者重伤 1 人、轻伤 7 人以上，或者轻伤 10 人以上的；2. 导致 20 人以上严重中毒的；3. 造成个人财产直接经济损失 15 万元以上，或者直接经济损失不满 15 万元，但可接经济损失 75 万元以上的；4. 造成公共财产或者法人、其他组织财产直接经济损失 30 万元以上，或者直接经济损失不满 30 万元，但间接经济损失 150 万元以上的；5. 虽未达到 3.4 两项数额标准，但 3.4 两项合计直接经济损失 30 万元以上，或者合计直接经济损失不满 30 万元，但合计间接经济损失 150 万元以上的；6. 造成公司、企业等单位停业、停产 1 年以上，或者破产的；7. 海关、外汇管理部门的工作人员严重不负责任，造成 100 万美元以上外汇被骗购或者逃汇 1000 万美元以上的；8. 严重损害国家声誉，或者造成恶劣社会影响的；9. 其他致使公共财产、国家和人民利益遭受重大损失的情形。

国家机关工作人员玩忽职守，符合刑法第九章所规定的特殊渎职罪构成要件的，按照该特殊规定追究刑事责任；主体不符合刑法第九章所规定的特殊渎职罪的主体要件，但玩忽职守涉嫌前款第 1 项至第 9 项规定情形之一的，按照刑法第 397 条的规定以玩忽职守罪追究刑事责任。

以案说法

余某是某市人民检察院的人民监督员。2017 年 7 月，某市财政局的局长傅某在该市对落后企业进行奖励时，因其在领款单上签字时没有进行审查，玩忽职守，导致出现错误拨款，造成公共财产直接经济损失 20 万元，间接经济损失 200 万元。针对此案，某市人民检察院在案发之后，便以玩忽职守罪立案侦查。但是，余某认为，傅某玩忽职守造成的经济损失并未达到追究刑事责任的立案标准。因此，余某准备向检察院提出监督意见，让检察院撤销对傅某的立案决定。

在上述案件中，余某主要是对人民检察院就傅某玩忽职守造成的经济损失是否达到法律规定的立案标准而产生异议。对此，《最高人民检察院关于渎职侵权犯罪案件立案标准的规定》第一条第二款明确规定了玩忽职守案刑事案件的立案标准，从这九种立案情形中可以看出，玩忽职守案与滥用职权案件的立案标准相同，也是根据犯罪嫌疑人所造成的后果，如人员伤亡的数量、经济损失的数额等来决定是否立案追究玩忽职守行为人的刑事责任的。

具体到上述案例中，傅某玩忽职守造成公共财产直接损失20万元，间接损失200万元，其所造成的经济损失符合上述法律规定的玩忽职守案立案标准的第四种法定情形。因此，傅某没有尽到对领款单真实性的审查义务，由于其疏于履行职务的行为给公共财产造成的损害后果，符合玩忽职守罪的立案标准。所以，某市人民检察院对此案进行立案侦查的行为是正确的，余某无需对此提出监督意见。

通过上述案例可知，在玩忽职守罪的立案标准中，人民监督员需要注意，玩忽职守行为人所造成的直接经济损失的数额与玩忽职守罪中数额的区分。玩忽职守罪立案标准所要求的直接经济损失或间接经济损失的数额是大于滥用职权罪的。也就是说，玩忽职守案构成刑事犯罪的要求相对与滥用职权案而言是比较低的。

玩忽职守案在哪些情形下会被界定为重大案件或者特大案件？

《人民检察院直接受理立案侦查案件立案标准的规定（试行）》第二条规定了玩忽职守案的两项标准：（一）重大案件：

1. 致人死亡三人以上，或者重伤十人以上，或者轻伤十五人以上的；2. 造成直接经济损失一百万元以上的。（二）特大案件：1. 致人死亡七人以上，或者重伤十五人以上，或者轻伤三十人以上的；2. 造成直接经济损失二百万元以上的。

以案说法

杨某是某市人民检察院的人民监督员。2017 年 6 月，某县防疫站的负责人吴某，在对某养猪场运往外地的猪没有进行检疫的情况下，就为该养猪场出具了《动物产地检疫合格证明》，从而导致大量没有经过检疫、消毒和"瘦肉精"检测的生猪流向市场。为此，购买该县猪肉的多个企业被当地的工商局责令停产停业，造成经济损失高达 300 万元。此事在曝光之后，某市人民检察院开始立案侦查。由于该事件造成了重大的经济损失，因此，人民检察院便以特大案件进行立案。而杨某却对此提出异议，认为吴某玩忽职守的行为并没有导致消费者的生命健康遭受损害，不需要将此案作为特大案件进行处理。

在上述案例中，杨某主要是对于吴某玩忽职守案是否应该被界定为特大案件提出了异议。吴某因玩忽职守，在未给出县境的猪肉进行检疫的情况下就出具产地合格证明，给相关企业造成直接经济损失高达 300 万元。因此，根据上述法律规定，吴某玩忽职守造成的损害后果是符合特大案件立案标准的第二种情形的。因此，某市人民检察院将此案作为特大案件进行处理的做法是正确的。

据此可知，针对玩忽职守案中重大案件和特大案件的立案标准，主要是对于行为人造成的人身伤亡或者是直接经济损失特别严重的情形。换言之，玩忽职守的行为人造成的损害后果除了出现人身伤亡特别严重的后果外，如果其所导致的直接经济损失数额巨大时，也有可能会被界定为重大案件或者特大案件。对此，人民监督员在立案工作中需要注意。

在哪些情形下，泄露国家秘密的行为应当立案追究刑事责任？

《最高人民检察院关于渎职侵权犯罪案件立案标准的规定》第一部分渎职犯罪案件第三条规定：

故意泄露国家秘密罪是指国家机关工作人员或者非国家机关工作人员违反保守国家秘密法，故意使国家秘密被不应知悉者知悉，或者故意使国家秘密超出了限定的接触范围，情节严重的行为。

涉嫌下列情形之一的，应予立案：1. 泄露绝密级国家秘密 1 项（件）以上的；2. 泄露机密级国家秘密 2 项（件）以上的；3. 泄露秘密级国家秘密 3 项（件）以上的；4. 向非境外机构、组织、人员泄露国家秘密，造成或者可能造成危害社会稳定、经济发展、国防安全或者其他严重危害后果的；5. 通过口头、书面或者网络等方式向公众散布、传播国家秘密的；6. 利用职权指使或者强迫他人违反国家保守秘密法的规定泄露国家秘密的；7. 以牟取私利为目的泄露国家秘密的；8. 其他情节严重的情形。

以案说法

薛某是某区人民检察院的监督员。2017 年 6 月，薛某针对某市人民检察院就赵某泄露国家秘密一案的立案决定提出了监督意见。赵某是某市教育局的局长，因他自己的女儿要在当年参加中考，因此，赵某利用职权强迫该市命题组的命题人员路某将当年的数学考试题泄露。在赵某的行为被发现后，某市人民检察院以赵某涉嫌泄露国家秘密罪、滥用职权罪对该案作出了立案的决定。而薛某则认为，泄露国家秘密的是路某而非赵某，因此，对于赵某应当以滥用职权罪进行立案侦查即可，其并不符合泄露国家秘密罪的立案标准。

在上面的案例中，人民监督员薛某主要是针对赵某的行为是否构成泄露国家秘密罪的立案标准向人民检察院提出了监督意见。对此，《最高人民检察院关于渎职侵权犯罪案件立案标准的规定》第一部分渎职犯罪案件第三条规定了泄露国家秘密罪的八种立案情形。总体来说分为两种标准：一种标准是有数量要求，即行为人泄露的是绝密级国家秘密、机密级国家秘密、秘密级国家秘密，且达到法律规定的泄露相应级别的数量就要立案追究刑事责任；而另一种标准则是没有数量的要求，此种标准包括四种情形，即（1）向非境外机构、组织、人员泄露国家秘密，造成或者可能造成危害社会稳定、经济发展、国防安全等严重危害后果的；（2）通过口头、书面或者网络等方式向公众散布、传播国家秘密的；（3）利用职权指使或者强迫他人违反国家保守秘密法的规定泄露国家秘密的；（4）以牟取私利为目的泄露国家秘密的等。也就是说，一旦出现这些行为，不管行为人所泄露的国家秘密是何种级别，是否达到规定的数量，都构成泄露国家秘密罪。

具体到上面的案例中，赵某利用职权强迫命题组人员路某将当年的中考试题予以泄露。赵某的此种行为属于《最高人民检察院关于渎职侵权犯罪案件立案标准的规定》第一部分渎职犯罪案件第三条规定的八种立案情形中的第六种。因此，赵某利用自己教育局局长这一职权迫使他人泄露考试试题的行为是符合泄露国家秘密罪的立案标准的，人民检察院对赵某以泄露国家秘密罪进行立案侦查的行为是合法的。

由此可知，在泄露国家秘密案的立案情形中，我们需要对案例中所涉及的此种情形予以注意。此种情形较为特殊，行为人是利用职权强迫他人泄露国家秘密的人，而非真正的实施此种行为的人。所以，我们人民监督员在实际工作中需要对此引起注意，在泄露国家秘密案中，有时承担刑事责任的主体并非是真正实施泄露国家秘密的人。对于泄露国家秘密案的每一种立案情形，我们需要进行精确的把握，了解每一种情形构成立案标准的条件。

出现哪些法定情形时，泄露国家秘密案会被界定为重大案件或者特大案件？

《人民检察院直接受理立案侦查案件立案标准的规定（试行）》第三条规定，在下列情形下，泄露国家秘密案会被界定为重大案件：

（一）重大案件：1.故意泄露绝密级国家秘密一项以上，或者泄露机密级国家秘密三项以上，或者泄露秘密级国家秘密五项以上的；2.故意泄露国家秘密造成直接经济损失五十万元以上的；3.故意泄露国家秘密对国家安全构成严重危害的；4.故意泄露国家秘密对社会秩序造成严重危害的。

（二）特大案件：1.故意泄露绝密级国家秘密二项以上，或者泄露机密级国家秘密五项以上，或者泄露秘密级国家秘密七项以上的；2.故意泄露国家秘密造成直接经济损失一百万元以上的；3.故意泄露国家秘密对国家安全构成特别严重危害的；4.故意泄露国家秘密对社会秩序造成特别严重危害的。

以案说法

童某是某市人民检察院的人民监督员。2017 年 7 月，国家统计局办公室的工作人员方某在工作期间，将国家未正式公布的一组统计数据泄露给某证券公司。其中涉及机密级国家秘密三项，秘密级国家秘密两项。因方某的行为触犯了泄露国家秘密罪，故某市人民检察院对此案以一般案件的性质立案。但是，人民监督员童某认为，方某泄露了多项国家秘密，给社会秩序造成严重的混乱，检察院应当将此案作为重大案件予以处理。因此，其对人民检察院将此案界定为一般案件的决定提出了监督意见，建议某市检察院将此案作为重大案件。

在上述案例中，童某对于检察院就方某泄露国家秘密罪一案未界定为重大案件提出了异议。而针对泄露国家秘密案，《人民检察院直接受理立案侦查案件立案标准的规定（试行）》第三条明确规定了泄露国家秘密案成为重大案件、特大案件的立案标准。而在上述规定的情形中，我们可知，主要是针对案件行为人泄露国家秘密的数量或者是造成的经济损失达到法律规定的数额时，就会被升级为"重大案件"或者是"特大案件"。

根据案例中描述的情形，行为人方某泄露的国家尚未正式公布的统计数据中，有三项为机密级国家秘密，两项为秘密级国家秘密。根据《人民检察院直接受理立案侦查案件立案标准的规定（试行）》第三条第一款第一项的规定，故意泄露绝密级国家秘密一项以上，或者泄露机密级国家秘密三项以上，或者泄露秘密级国家秘密五项以上就会被认定为"重大案件"。而方某的行为是符合泄露机密级国家秘密三项以上这一条件的，所以，针对方某泄露国家秘密一案，某市人民检察院不应当将此案作为一般案件，而应当将此案视为"重大案件"进行立案侦查。案例中人民监督员童某的做法是正确的，某市人民检察院应当予以采纳。

由上述案例我们可知，在国家秘密案中，也是要区分案件的性质的。在行为人泄露国家秘密的行为达到法律规定的标准时，案件的性质就会升级。因此，在实际工作的过程中，人民监督员在进行立案监督时，针对泄露国家秘密案的立案，除了要注意检察院的立案行为是否符合立案标准外，还要注意人民检察院是否将此案的性质定性准确。

过失泄露国家秘密的刑事立案标准是什么？

《最高人民检察院关于渎职侵权犯罪案件立案标准的规定》第一部分渎职犯罪案件第四条规定：过失泄露国家秘密罪是指国家机关工作人员或者非国家机关工作人员违反保守国家秘密法，过失泄露国家秘密，或者遗失国家秘密载体，致使国家秘密被不应知悉者知悉或者超出了限定的接触范围，情节严重的行为。

涉嫌下列情形之一的，应予立案：1.泄露绝密级国家秘密1项（件）以上的；2.泄露机密级国家秘密3项（件）以上的；3.泄露秘密级国家秘密4项（件）以上的；4.违反保密规定，将涉及国家秘密的计算机或者计算机信息系统与互联网相连接，泄露国家秘密的；5.泄露国家秘密或者遗失国家秘密载体，隐瞒不报、不如实提供有关情况或者不采取补救措施的；6.其他情节严重的情形。

以案说法

钟某是某区人民检察院的一名监督员。2017年3月，某单位的工作人员张某在上班时，用自己涉及国家秘密的电脑与互联网进行连接，导致一项国家秘密被泄露。经鉴定，此项保密信息为机密级国家秘密。在张某的行为被发现后，某区人民检察院对张某进行传唤，在张某供述自己的行为之后，人民检察院对此案以涉嫌过失泄露国家秘密罪立案，并准备提起公诉。但是，人民监督员钟某认为，张某泄露国家秘密的行为并未达到追究刑事责任的标准，因此，钟某建议某区人民检察院撤销对张某的立案决定。

在上述案例中，钟某主要是对于张某是否构成过失泄露国家秘密罪的立案标准向某区人民检察院提出了监督意见。我国《最高人民检察院关于渎职侵权犯罪案件立案标准的规定》第一部分渎职犯罪案件第四条规定了过失泄露国家秘密的行为需要立案追究刑事责任的六种法定情形。在这六种法定情形中，除了泄露绝密级、机密级、秘密级国家秘密达到法律规定的标准会被立案追究刑事责任外，行为人违反保密规定，将涉及国家秘密的计算机或者是计算机系统与互联网连接，导致国家秘密泄露，或者是在泄露或者遗失国家秘密载体后隐瞒不报、不采取补救措施的行为，也会构成过失泄露国家秘密罪。

具体到上面的案例中，张某作为某单位的工作人员，其对所接触到的国家秘密具有保密义务。而张某却疏于履行自己的保密义务，将涉及国家秘密的电脑与互联网连接，从而导致国家秘密被泄露。因此，张某的行为属于法律规定的第四种情形，是符合过失泄露国家秘密案的立案标准的。所以，某区人民检察院的立案决定是正确的，人民监督员钟某提出的撤销案件的建议是错误的。

据此可知，在过失泄露国家秘密案的立案标准中，我们人民监督员在实际的立案监督工作中，不能只着眼于犯罪嫌疑人泄露国家秘密的数量是否达到立案的标准；还要注意其泄露国家秘密的行为是否符合法律规定的其他情形。此外，还需要注意的是，在过失泄露国家秘密案件中，其犯罪主体不一定是国家机关工作人员，非国家机关的工作人员过失泄露国家秘密，符合立案标准的，也要承担刑事责任。

过失泄露国家秘密案在何种情况下会成为重大案件或者特大案件？

《人民检察院直接受理立案侦查的渎职侵权重特大案件标准（试行）》第四条规定了过失泄露国家秘密案的标准。

（一）重大案件：1.过失泄露绝密级国家秘密一项以上，或者泄露机密级国家秘密五项以上，或者泄露秘密级国家秘密七项以上并造成严重危害后果的；2.过失泄露国家秘密造成直接经济损失一百万元以上的；3.过失泄露国家秘密对国家安全构成严重危害的；4.过失泄露国家秘密对社会秩序造成严重危害的。

（二）特大案件：1.过失泄露绝密级国家秘密二项以上，或者泄露机密级国家秘密七项以上，或者泄露秘密级国家秘密十项以上的；2.过失泄露国家秘密造成直接经济损失二百万元以上的；3.过失泄露国家秘密对国家安全构成特别严重危害的；4.过失泄露国家秘密对社会秩序造成特别严重危害的。

以案说法

钱某是某市人民检察院的监督员。2017年3月，朱某作为某高新技术产业区的研发人员，因工作疏忽将部分科学研究的成果予以泄露。为此，给国家造成直接经济损失150万元。其中，经过鉴定，涉及机密级国家秘密三项。因此，某市人民检察院经过对犯罪嫌疑人朱某讯问后，准备将案件以过失泄露国家秘密罪的重大案件进行立案侦查。但是，某市人民检察院在立案后，人民监督员钱某认为朱某的行为属于过失犯罪，并不存在界定为重大案件的情形。因此，钱某便准备对某市人民检察院提出监督意见，建议其将此案作为一般案件进行处理。

在上述案例中，钱某主要针对朱某过失泄露国家秘密一案是否构成重大案件而提出了异议。

朱某虽然过失泄露机密级国家秘密三项，并未达到法律规定的认定为重大案件的第一项标准，但是，朱某的行为导致国家直接经济损失 150 万元，符合过失泄露国家秘密案的重大案件的第二种立案标准。因此，某市人民检察院将其以重大案件的性质进行立案是符合法律规定的，人民监督员钱某是无需提出监督建议的。

可见，对于过失泄露国家秘密案的立案标准，也存在一般案件、重大案件、特大案件之分。尤其是要注意根据犯罪嫌疑人所造成的危害后果来界定其案件性质。在对待此类案件时，除了要看行为人所造成的后果是否符合过失泄露国家秘密案的立案标准外，还要看行为人过失泄露国家秘密所导致的后果是否符合将案件确定为"重大案件"乃至"特大案件"的立案标准。具体到我们的实际工作中，在接触到相关案件后，首先看其行为是否符合特大案件的立案标准，若不构成，再看是否符合重大案件的立案标准，以此类推，这样也在一定程度上避免将案件定性错误的现象出现。

徇私枉法案的刑事立案标准是什么？

《最高人民检察院关于渎职侵权犯罪案件立案标准的规定》第一部分渎职犯罪案件第五条规定：徇私枉法罪是指司法工作人

员徇私枉法、徇情枉法，对明知是无罪的人而使他受追诉、对明知是有罪的人而故意包庇不使他受追诉，或者在刑事审判活动中故意违背事实和法律作枉法裁判的行为。

涉嫌下列情形之一的，应予立案：1. 对明知是没有犯罪事实或者其他依法不应当追究刑事责任的人，采取伪造、隐匿、毁灭证据或者其他隐瞒事实、违反法律的手段，以追究刑事责任为目的立案、侦查、起诉、审判的；2. 对明知是有犯罪事实需要追究刑事责任的人，采取伪造、隐匿、毁灭证据或者其他隐瞒事实、违反法律的手段，故意包庇使其不受立案、侦查、起诉、审判的；3. 采取伪造、隐匿、毁灭证据或者其他隐瞒事实、违反法律的手段，故意使罪重的人受较轻的追诉，或者使罪轻的人受较重的追诉的；4. 在立案后，采取伪造、隐匿、毁灭证据或者其他隐瞒事实、违反法律的手段，应当采取强制措施而不采取强制措施，或者虽然采取强制措施，但中断侦查或者超过法定期限不采取任何措施，实际放任不管，以及违法撤销、变更强制措施，致使犯罪嫌疑人、被告人实际脱离司法机关侦控的；5. 在刑事审判活动中故意违背事实和法律，作出枉法判决、裁定，即有罪判无罪、无罪判有罪，或者重罪轻判、轻罪重判的；6. 其他徇私枉法应予追究刑事责任的情形。

以案说法

2017 年 6 月，某市公安分局警察王某在办理胡某交通肇事案中，因胡某是醉酒驾驶，并在肇事后逃逸，构成交通肇事罪。按照规定，王某应当根据事故鉴定报告对此案进行立案侦查，追究胡某的刑事责任。但是，王某却在接受了胡某的"好处"之后，将事故鉴定报告中的结果进行更改，导致胡某未被追究刑事责任。之后，王某的行为被发现，某区人民检察院准备对王某徇私枉法一案进行立案侦查。但是，在某区人民检察院作出立案决定后，该检察院的人民监督员向某却提出了立案监督意见，认为王某的行为并没有造成严重后果，并不符合徇私枉法案的立案标准，故建议人民检察院撤销此案。

在上述案例中，人民监督员向某主要是针对王某是否构成徇私枉法案的立案标准向人民检察院提出了监督意见。而关于徇私枉法案追究行为人刑事责任的立案标准，《最高人民检察院关于渎职侵权犯罪案件立案标准的规定》第一部分渎职犯罪案件第五条作出了规定，该法对于徇私枉法案的立案标准规定了六种法定情形。在这六种法定情形中，徇私枉法的行为并不仅仅是发生在审判阶段，在刑事诉讼的立案、侦查、起诉、审判等阶段都有可能发生。换言之，只要司法机关的工作人员在刑事诉讼过程中对行为人的刑事责任追究不当，那么其就可能会被以涉嫌徇私枉法罪而立案追究刑事责任。

具体到案例中，王某作为公安机关的工作人员，明知道胡某涉嫌交通肇事罪，应当被追究刑事责任，但是，其却通过将事故鉴定报告进行更改的方式使得胡某未被追究刑事责任。因此，根据上述法律规定，王某的行为符合徇私枉法案立案标准的第二种法定情形。故某区人民检察院对王某以徇私枉法罪进行立案侦查的做法是符合法律规定的，而人民监督员向某提出的监督意见是错误的。

因此，对于徇私枉法案的立法标准，我们需要注意，只要司法机关的工作人员实施了此种行为，无论其是否造成了严重后果，都需要立案追究刑事责任。

哪些情形下，徇私枉法案会被界定为重大案件或特大案件？

《人民检察院直接受理立案侦查案件立案标准的规定（试行）》第五条规定了枉法追诉、裁判案的立案标准。

（一）重大案件：1. 对依法可能判处三年以上七年以下有期徒刑的犯罪分子，故意包庇不使其受追诉的；2. 致使无罪的人被判处三年以上七年以下有期徒刑的。

（二）特大案件：1. 对依法可能判处七年以上有期徒刑、无期徒刑、死刑的犯罪分子，故意包庇不使其受追诉的；2. 致使无罪的人被判处七年以上有期徒刑、无期徒刑、死刑的。

以案说法

2017年9月，某市公安机关刑警队的涂某在办理张某涉嫌故意伤害致人死亡罪一案中，因张某是过失导致被害人死亡的，本应被判处有期徒刑六年。但是，因涂某的父亲与张某曾存在着过节，涂某怀恨在心，认为自己的父亲是被张某害死的。所以，在侦查的过程中故意伪造证据，导致张某被判处无期徒刑。后来，涂某徇私枉法的行为被发现。某区人民检察院以涂某涉嫌徇私枉法罪进行立案侦查。在人民检察院立案后，该区检察院人民监督员顾某提出了监督意见，认为检察院应当将此案作为特大案件进行处理。但是，人民检察院却并未采纳顾某的意见。

上述案例中，人民监督员顾某针对涂某涉嫌徇私枉法一案是否构成特大案件提出了监督意见。对于徇私枉法案件被界定为重大案件、特大案件的标准，《人民检察院直接受理立案侦查案件立案标准的规定（试行）》第五条有明确规定。在该规定中，针对徇私枉法案构成重大案件、特大案件的情形主要有两个：（1）应该被判处有期徒刑的犯罪分子因行为人的故意包庇而未被追究刑事责任，其中对依法可能判处三年以上七年以下有期徒刑的犯罪分子进行包庇的为重大案件；而对依法可能判处七年以上有期徒刑、无期徒刑、死刑的犯罪分子，故意包庇不使其受追诉的，则为特大案件；（2）是无罪的人被错误追究刑事责任，其中致使无罪的人被判处三年以上七年以下有期徒刑的，为重大案件；致使无罪的人被判处七年以上有期徒刑、元期徒刑、死刑的，为特大案件。

具体到案例中，因为涂某徇私枉法的行为导致本应被判处有期徒刑六年的张某被错误判处无期徒刑。也就是说，涂某徇私枉法的行为导致张某受到罪名比较重的追诉。表面上看，似乎涂某的行为符合界定为特大案件的第二种情形。但是，根据上述法律规定，界定为重大案件、特大案件的第二种情形的条件是使无罪的人被追究刑事责任，而不是本应该承担较轻刑事责任的而被错误的追诉导致承担较重刑事责任的人。因此，某区人民检察院的做法是正确的，而顾某提出的监督意见是不符合法律规定的。

根据上述案例可知，针对被界定为重大案件、特大案件的立案标准，我们除了要注意被错误追究的刑罚的刑期之外，还要注意这两种情形适用的条件，即应当承担刑事责任的人最后没有承担刑事责任，或无罪的人被错误追诉，并且刑罚符合法律规定的刑期的。换言之，无论是轻罪重罚或者是重罪轻罚，都不符合重大案件、特大案件的立案标准。

哪些情形下，民事、行政枉法裁判的行为会被追究刑事责任？

《最高人民检察院关于渎职侵权犯罪案件立案标准的规定》第一部分渎职犯罪案件第六条：民事、行政枉法裁判罪是指司法工作人员在民事、行政审判活动中，故意违背事实和法律作枉法裁判，情节严重的行为。

涉嫌下列情形之一的，应予立案：1. 枉法裁判，致使当事人或者其近亲属自杀、自残造成重伤、死亡，或者精神失常的；2. 枉法裁判，造成个人财产直接经济损失 10 万元以上，或者直接经济损失不满 10 万元，但间接经济损失 50 万元以上的；3. 枉法裁判，造成法人或者其他组织财产直接经济损失 20 万元以上，或者直接经济损失不满 20 万元，但间接经济损失 100 万元以上的；4. 伪造、变造有关材料、证据，制造假案枉法裁判的；5. 串通当事人制造伪证，毁灭证据或者篡改庭审笔录而枉法裁判的；6. 徇私情、私利，明知是伪造、变造的证据予以采信，或者故意对应当采信的证据不予采信，或者故意违反法定程序，或者故意错误适用法律而枉法裁判的；7. 其他情节严重的情形。

以案说法

2017 年 8 月，某区人民法院审判员余某就徐某与朱某离婚纠纷一案作出判决。在该案中，余某明知道徐某与朱某具备法定离婚的理由。但是，朱某私下却给余某送了 2 万元人民币，请求余某不要对徐某提供的其出轨的证据予以采信。因此，最后余某以原告证据不足驳回了徐某离婚的诉讼请求。随后，余某的行为被发现。然而，某区人民检察院认为此案没有造成严重后果，因此，并未立案追究余某的刑事责任。但是，该区检察院的人民监督员杨某认为余某的行为是符合民事枉法裁判罪的立案标准的，因此，建议某区人民检察院立案侦查。

在上述案例中，人民监督员杨某主要是针对余某民事枉法裁判的行为是否符合民事枉法裁判罪的立案标准而产生了不同意见。对此，《最高人民检察院关于渎职侵权犯罪案件立案标准的规定》第一条第六款规定了构成民事、行政枉法裁判罪的七种法定情形。而这七种情形可以归结为两种立案标准：（1）司法人员枉法裁判给当事人或者近亲属造成了精神损害或者一定数额的直接经济损失或者间接经济损失的；（2）司法人员在裁判案件的过程中有伪造证据等故意违背法律的行为而枉法裁判的。

具体到案例中，余某枉法裁判的行为虽然没有导致当事人出现自杀或者是精神失常等人身损害，也未给其造成经济损失。但是，余某作为司法机关的工作人员，为了私利而对徐某的提供的合法证据不予采信，导致徐某败诉。余某的此种行为属于上述七种法定情形中的第六种，即故意对应当采信的证据不予采信而枉法裁判。因此，余某的行为是符合民事枉法裁判罪的立案标准的，故某区人民检察院作出不予立案的决定是不符合法律规定的，而人民监督员杨某提出的立案监督意见是正确的，人民检察院应当采纳，并进行立案。

通过上述案例，我们可知，在民事、行政枉法裁判罪的立案标准中，如果行为人通过毁灭、伪造证据等行为枉法裁判的，并不需要其枉法裁判造成一定的法律后果，一旦司法人员在裁判案件中存在此种枉法裁判的行为，则构成民事、行政枉法裁判罪。所以，我们人民监督员在实际的工作过程中需要对此予以注意。

哪些情形下，民事、行政枉法裁判案会被界定为重大案件或特大案件？

《人民检察院直接受理立案侦查的渎职侵权重特大案件标准（试行）》第六条规定了民事行政枉法裁判案特大案件标准。

（一）重大案件：1. 枉法裁判，致使公民的财产损失十万元以上、法人或者其他组织财产损失五十万元以上的；2.枉法裁判，引起当事人及其亲属精神失常或者重伤的。（二）特大案件：1.枉法裁判，致使公民的财产损失五十万元以上、法人或者其他组织财产损失一百万元以上的；2.引起当事人及其亲属自杀死亡的。

以案说法

2017年5月，某县人民法院审判员陈某在审理某百货公司与某服装公司的买卖合同纠纷案中，因某服装公司答应陈某为其儿子找一份高薪工作，故在此案的判决中，陈某故意违反法律规定判决某百货公司败诉。为此，导致某百货公司财产损失二百万元。陈某的行为在被揭发之后，某区人民检察院决定以涉嫌民事枉法裁判罪对此案立案侦查。但是，在某区人民检察院作出立案决定后，该检察院的人民监督员许某提出监督意见，许某建议人民检察院应当将此案作为枉法裁判案的特大案件进行办理。

在上述案件中，人民监督员许某认为陈某的行为构成枉法裁判罪，但是其针对该案件是否应界定为特大案件向人民检察院提出了意见。对于民事、行政枉法裁判案被界定为重大案件或特大案件的情形，《人民检察院直接受理立案侦查的渎职侵权重特大案件标准（试行）》第六条作出了规定。在该条法律中，民事、行政枉法裁判案造成以下两种严重后果时则会成为重大案件或特大案件：（1）给公民或者是单位的财产造成一定数额的经济损失的；（2）导致当事人或者其近亲属精神失常或者是重伤，甚至是自杀等严重后果的。

具体到案例中，陈某在某百货公司与某服装公司的买卖合同纠纷案中，因其枉法裁判的行为给某百货公司造成财产损失二百万元。根据《人民检察院直接受理立案侦查的渎职侵权重特大案件标准（试行）》第六条的规定，陈某的行为符合特大案件的立案标准中的第一种情形。因此，人民检察院应当将此案作为特大案件进行立案侦查，人民监督员许某的立案监督意见是正确的，人民检察院应当采纳。

由此可知，作为人民监督员，在涉及此类案件时，不仅要对人民检察院对案件立案的标准是否符合民事、行政枉法裁判案的情形进行监督，在行为人枉法裁判的行为导致严重后果时，还要监督人民检察院是否将符合法定规定标准的案件界定为重大案件或特大案件。

哪些情形下，执行判决、裁定失职案会被立案追究刑事责任？

《最高人民检察院关于渎职侵权犯罪案件立案标准的规定》第一部分渎职犯罪案件第七条规定：执行判决、裁定失职罪是指司法工作人员在执行判决、裁定活动中，严重不负责任，不依法采取诉讼保全措施、不履行法定执行职责，或者违法采取保全措施、强制执行措施，致使当事人或者其他人的利益遭受重大损失的行为。

涉嫌下列情形之一的，应予立案：1. 致使当事人或者其近亲属自杀、自残造成重伤、死亡，或者精神失常的；2. 造成个人财产直接经济损失 15 万元以上，或者直接经济损失不满 15 万元，但间接经济损失 75 万元以上的；3. 造成法人或者其他组织财产直接经济损失 30 万元以上，或者直接经济损失不满 30 万元，但间接经济损失 150 万元以上的；4. 造成公司、企业等单位停业、停产 1 年以上，或者破产的；5. 其他致使当事人或者其他人的利益遭受重大损失的情形。

以案说法

2017 年 9 月，某区人民法院针对张某与宋某民间借贷纠纷一案作出判决，要求被告宋某偿还其所欠贷款 5 万元。但是，因宋某在判决生效后未按时履行义务，张某申请强制执行。然而，某区人民法院的司法工作人员吴某等人在强制执行过程中，强行将宋某家所有的生活必需品都搬走，准备拍卖。为此，导致宋某的母亲自杀。之后，吴某等人被抓获，某区人民检察院以执行判决、裁定失职罪进行立案侦查。但是，在人民检察院作出立案决定后，人民监督员时某认为吴某等人的行为并未给当事人宋某自身造成损害，其母亲的自杀行为并不符合立案标准。

在上述案例中，人民监督员时某针对吴某等人违反法律规定强制执行，导致当事人宋某母亲自杀的行为是否符合执行判决、裁定失职案的立案标准提出异议。对此，《最高人民检察院关于渎职侵权犯罪案件立案标准的规定》第一部分渎职犯罪案件第七条规定了执行判决、裁定失职案的三种立案标准：（1）司法工作人员执行判决、裁定的行为引起当事人或者其近亲属自杀、重伤、自残或者精神失常等严重后果的；（2）司法工作人员执行判决、裁定的行为给个人或者单位造成一定数额的经济损失的；（3）司法工作人员执行判决、裁定的行为导致公司、企业等单位停产停业一年以上或者破产的。即在出现上述三种损害后果的情形下，司法工作人员执行判决、裁定的失职行为则会构成追究刑事责任的立案标准。

具体到案例中，我国《民事诉讼法》第二百四十四条规定："被执行人未按执行通知履行法律文书确定的义务，人民法院有权查封、扣押、冻结、拍卖、变卖被执行人应当履行义务部分的财产。但应当保留被执行人及其所扶养家属的生活必需品。"吴某等人在强制执行的过程中，强行搬走宋某家里的生活必需品的行为，违反了该条的规定。而《最高人民检察院关于渎职侵权犯罪案件立案标准的规定》第一部分渎职犯罪案件第七条规定的五种立案情形之一则是，司法工作人员执行判决、裁定的行为导致当事人的近亲属自杀、自残或者精神失常等后果的，应予立案追究刑事责任。因此，吴某等人强制执行中违反法律规定的行为导致了宋某的母亲自杀身亡，符合此种立案标准。所以，某区人民检察院的立案决定是正确的。人民监督员时某的想法是错误的。

由上述案例可知，在司法工作人员执行判决、裁定的失职行为引起当事人的近亲属出现人身伤亡的情况时，也要被追究刑事责任。对此，人民监督员在实际立案监督的过程中要走出误区，不能错误地认为司法工作人员的行为只有导致当事人本人的人身损害或者财产损失时才会构成执行判决、裁定失职罪。此外，我们还需要注意的是，在针对该案的立案标准中，给个人或单位造成的直接经济损失与间接经济损失，主体不同以及经济损失的性质不同，立案标准所要求的数额也是不一样的。

执行判决、裁定滥用职权案的立案标准是什么？

《最高人民检察院关于渎职侵权犯罪案件立案标准的规定》第一部分渎职犯罪案件第八条规定：执行判决、裁定滥用职权罪是指司法工作人员在执行判决、裁定活动中，滥用职权，不依法采取诉讼保全措施、不履行法定执行职责，或者违法采取保全措施、强制执行措施，致使当事人或者其他人的利益遭受重大损失的行为。

涉嫌下列情形之一的，应予立案：1.致使当事人或者其近亲属自杀、自残造成重伤、死亡，或者精神失常的；2. 造成个人财产直接经济损失 10 万元以上，或者直接经济损失不满 10 万元，但间接经济损失 50 万元以上的；3. 造成法人或者其他组织财产直接经济损失 20 万元以上，或者直接经济损失不满 20 万元，但间接经济损失 100 万元以上的；4. 造成公司、企业等单位停业、停产 6 个月以上，或者破产的；5. 其他致使当事人或者其他人的利益遭受重大损失的情形。

以案说法

2017 年 3 月，某区人民法院院长费某在武某诉某建材公司的借款纠纷案执行的过程中，因被申请执行人某建材公司的资金已经被某县人民法院冻结，故建材公司向该区人民法院以及某市中级人民法院递交了执行异议书。某市中级人民法院在收到异议书后，通知该区人民法院暂缓执行此案，并称此案由中级其立案审理。但是，费某仍然在明知的情形下，将被申请人账户上的资金重复冻结，并命令某区人民法院的司法人员继续强制执行此案，扣划某建材公司账户上的资金。费某的行为给某建材公司造成直接经济损失 10 万元，间接经济损失 200 万元。但某区人民检察院在讯问费某之后，却以费某执行判决、裁定滥用职权的行为不符合追究刑事责任的标准而决定不予立案。对此，人民监督员房某提出了检察监督意见，认为人民检察院应当追究费某的刑事责任。

在上述案例中，人民监督员房某针对某区人民检察院关于费某执行判决、裁定滥用职权一案不予立案的决定提出了检察监督意见。而对于执行判决、裁定滥用职权案的立案标准，根据《最高人民检察院关于渎职侵权犯罪案件立案标准的规定》第一部分渎职犯罪案件第八条的规定可知，执行判决、裁定滥用职权案的刑事立案标准与执行判决、裁定失职案的立案标准是非常类似的，都是在引起当事人或者其近亲属自杀、自残造成重伤、死亡以及精神失常，或者给个人或者企业造成一定数额损失的情形下，会被追究刑事责任。

具体到案例中，某区人民法院院长费某明知被执行人已经申请了执行异议，而上某市中级人民法院已经进行了通知的情况下，仍然超越职权，要求司法工作人员继续执行案件，扣划被执行人账户上的资金。费某的此种行为造成某建材公司直接经济损失 10 万元，间接经济损失 200 万元。符合执行判决、裁定滥用职权案立案标准中的第三种情形，应当被追究刑事责任。所以，人民监督员房某所提出的立案监督意见是正确的，某区人民检察院应该对此案进行立案侦查，追究费某的刑事责任。

由上述案例我们可知，司法工作人员在执行判决、裁定中，不仅其严重不负责任的行为会被追究刑事责任，如果其滥用职权，造成经济损失的，也会承担相应的刑事责任。但是，作为人民监督员，我们在立案监督的过程中，需要全面了解执行判决、裁定滥用职权案件中立案标准的五种法定情形，尤其要与执行判决、裁定失职案的立案标准予以区分。

哪些情形下，私放在押人员的行为会被立案追究刑事责任？

《最高人民检察院关于渎职侵权犯罪案件立案标准的规定》第一部分渎职犯罪案件第九条规定：私放在押人员罪是指司法工作人员私放在押（包括在羁押场所和押解途中）的犯罪嫌疑人、被告人或者罪犯的行为。

涉嫌下列情形之一的，应予立案：1. 私自将在押的犯罪嫌人、被告人、罪犯放走，或者授意、指使、强迫他人将在押的犯罪嫌疑人、被告人、罪犯放走的；2.伪造、变造有关法律文书、证明材料，以使在押的犯罪嫌疑人、被告人、罪犯逃跑或者被释放的；3.为私放在押的犯罪嫌疑人、被告人、罪犯，故意向其通风报信、提供条件，致使该在押的犯罪嫌疑人、被告人、罪犯脱逃的；4.其他私放在押的犯罪嫌疑人、被告人、罪犯应予追究刑事责任的情形。

以案说法

董某是某监狱的司法工作人员。2017年6月，某监狱的罪犯夏某在住院治疗期间，董某强迫正在履行看管职责的狱警杜某放走夏某，让夏某回家去看望父母，导致夏某在此期间脱离监管。在夏某离开后，因及时被发现，因此，马上被羁押回监狱。之后，董某的行为被揭发，某区人民检察院以私放在押人员罪立案追究董某的刑事责任。但是，某区人民检察院的监督员谢某却对此提出监督意见，认为并不是董某放走夏某的。因此，是不需要追究董某的刑事责任的。

在上述案例中，人民监督员谢某针对董某的行为是否符合私放在押人员罪的立案标准提出了监督意见。而对于私放在押人员案件的立案标准，《最高人民检察院关于渎职侵权犯罪案件立案标准的规定》第一部分渎职犯罪案件第九条作出了规定，针对此案的立案标准是一旦司法工作人员有采用不法手段，帮助在押的犯罪嫌疑人，使得其逃脱或者被释放的行为，则就构成私放在押人员罪。

具体到上述案例中，董某强迫正在履行监管职责的狱警杜某放走罪犯夏某，让其回家看望父母。其强迫他人将在押的罪犯放走的行为是符合私放在押人员罪的立案标准的，该行为属于《最高人民检察院关于渎职侵权犯罪案件立案标准的规定》第一部分渎职犯罪案件第九条规定的第一种情形，即"授意、指使、强迫他人将在押的犯罪嫌疑人、被告人、罪犯放走"。因此，某区人民检察院立案追究董某的刑事责任的决定是正确的，而人民监督员谢某提出的立案监督意见是错误的。

通过上述案例，需要注意的是，对于私放在押人员的案件，只要司法工作人员通过不法行为，为在押人员提供帮助，导致其逃跑或者是被释放的，那么就要承担刑事责任。换言之，即便是司法工作人员并不是亲自所为，而是通过强迫他人实施此种行为的，也是符合私放在押人员罪的立案标准的。此外，还需要注意，司法工作人员所帮助的在押人员不仅包括已经被判刑的罪犯，还包括在刑事诉讼的其他阶段被依法羁押的犯罪嫌疑人、被告人。

哪些情形下，私放在押人员案会被界定为重大案件与特大案件？

《人民检察院直接受理立案侦查案件立案标准的规定（试行）》第七条规定了私

（一）重大案件：1. 私放三人以上的；2. 私放可能判处有期徒刑十年以上或者余刑在五年以上的重大刑事犯罪分子的；3. 在押人员被私放后又实施重大犯罪的。

（二）特大案件：1. 私放五人以上的；2. 私放可能判处无期徒刑以上的重大刑事犯罪分子的；3. 在押人员被私放后又犯罪致人死亡的。

以案说法

齐某因盗窃罪可能被依法判处有期徒刑三年至五年，在其被关押在看守所时，齐某的家人为了能够让其逃跑，给了负责看管齐某的工作人员书某4万块钱，让书某帮助齐某逃跑。后来，书某告诉齐某他将被送到法院接受审判的时间等相关信息，让齐某趁机逃跑。在书某的帮助下，齐某顺利脱逃。然而，齐某在出狱不久后，又与他人实施抢劫行为，导致两人死亡。在齐某再次被逮捕之后，书某曾经帮助齐某逃跑的违法行为被发现。为此，某区人民检察院对书某私放在押人员一案立案侦查。但是，在立案之后，该区检察院的人民监督员赵某提出监督意见，认为人民检察院应该以特大案件的标准予以立案。然而，人民检察院并未采纳赵某的意见。

在上述案例中，人民监督员赵某主要针对书某私放在押人员一案是否应界定为特大案件提出异议。书某通风报信，使得被羁押的齐某逃跑。根据《最高人民检察院关于渎职侵权犯罪案件立案标准的规定》第一条第九款的规定可知，书某是构成私放在押人员罪的立案标准的。同时，齐某在被释放之后，又实施抢劫等重大犯罪行为，并导致两人死亡。所以，根据《人民检察院直接受理立案侦查案件立案标准的规定（试行）》第七条第二款第三项的规定，书某私放在押人员一案符合特大案件的立案标准。因此，人民检察院应该将此案界定为特大案件。

由此可见，对于行为人实施的私放在押人员等犯罪行为，在一定的情形下也是会成为重大案件，乃至特大案件的。而针对私放在押人员案成为重大案件、特大案件的情形，作为人民监督员，我们在工作的过程中，需要注意其界定的三种标准。一旦犯罪嫌疑人符合上述标准，则要将案件的性质升级。

失职致使在押人员脱逃案的立案标准是什么？

《最高人民检察院关于渎职侵权犯罪案件立案标准的规定》第一部分渎职犯罪案件第十条规定：失职致使在押人员脱逃罪是指司法工作人员由于严重不负责任，不履行或者不认真履行职责，致使在押（包括在羁押场所和押解途中）的犯罪嫌疑人、被告人、罪犯脱逃，造成严重后果的行为。

涉嫌下列情形之一的，应予立案：1.致使依法可能判处或者已经判处10年以上有期徒刑、无期徒刑、死刑的犯罪嫌疑人、被告人、罪犯脱逃的；2.致使犯罪嫌疑人、被告人、罪犯脱逃3人次以上的；3.犯罪嫌疑人、被告人、罪犯脱逃以后，打击报复报案人、控告人、举报人、被害人、证人和司法工作人员等，或者继续犯罪的；4.其他致使在押的犯罪嫌疑人、被告人、罪犯脱逃，造成严重后果的情形。

以案说法

王某是某公安局刑警大队的工作人员，2017年6月，王某受单位指派，与同事季某一起到医院看管因病出看守所在某医院接受治疗的任某。任某因涉嫌故意杀人罪而被某公安机关予以逮捕。然而，王某、季某在看管任某期间，王某接到家人的电话后，私自回家接自己的女儿放学，而犯罪嫌疑人任某趁季某在打瞌睡的时候逃跑。为此，某区人民检察院便准备对王某、季某失职的行为进行处理。但是，在经过审查之后，某区人民检察院却认为王某、季某的行为并不构成失职致使在押人员脱逃罪，因此，不予立案追究刑事责任。而该检察院的人民监督员董某认为，王某、季某的行为是符合该罪的立案标准的，故向该区人民检察院提出监督意见。

在上述案例中，人民监督员董某针对王某、季某是否构成失职致使在押人员脱逃罪的立案标准而向人民检察院提出了监督意见。王某、季某的失职导致在押人员任某脱逃的行为是需要被追究刑事责任的。因为任某涉嫌故意杀人罪，根据《刑法》第二百三十二条的规定："故意杀人的，处死刑、无期徒刑或者十年以上有期徒刑；情节较轻的，处三年以上十年以下有期徒刑。"由此可知，任某很可能被判处十年以上有期徒刑，因此，王某、季某的失职行为属于《最高人民检察院关于渎职侵权犯罪案件立案标准的规定》第一部分渎职犯罪案件第十条规定的失职致使在押人员脱逃案立案标准的第一种情形。在此种情形中，没有对脱逃的在押人员人数进行限制。因而，人民检察院决定不予立案的做法是错误的，其应当根据人民监督员董某的建议，立案侦查此案，追究王某、季某的刑事责任。

根据上述案例可知，在涉及到失职致使在押人员脱逃案件时，人民监督员一定要注意此类案件的立案标准，明确每一种立案情形适用时需要满足的条件。否则，很可能因为一时的大意，而导致犯罪分子逍遥法外。

哪些情形下，失职致使在押人员脱逃案会被界定为重大案件、特大案件？

《人民检察院直接受理立案侦查的渎职侵权重特大案件标准（试行）》第八条规定了失职致使在押人员脱逃案重特大案件标准。

（一）重大案件：1. 致使脱逃五人以上的；2. 致使可能判处

无期徒刑或者死刑缓期二年执行的重大刑事犯罪分子脱逃的；3. 在押人员脱逃后实施重大犯罪致人死亡的。

（二）特大案件：1. 致使脱逃十人以上的；2. 致使可能判处死刑的重大刑事犯罪分子脱逃的；3. 在押人员脱逃后实施重大犯罪致人死亡二人以上的。

以案说法

萧某是某公安机关的工作人员，2017年7月，萧某等人在将涉嫌敲诈勒索罪的四个被告人送往法院接受审判的路上，因萧某等人严重不负责任，导致四个被告人全部脱逃。为此，某区人民检察院针对萧某等人涉嫌失职致使在押人员脱逃罪进行立案侦查。但是，在某区人民检察院立案后，该区人民监督员迟某认为，因萧某等人的失职导致四个被告人全部脱逃，因此，此案应当按照失职致使在押人员脱逃案的重大案件立案。

在上述案例中，人民监督员迟某认为萧某等人构成失职致使在押人员脱逃案的重大案件，应当按照重大案件的标准立案，对人民检察院按照一般案件予以立案的行为提出监督意见。萧某等人行为导致四个涉嫌敲诈勒索罪的犯罪分子脱逃。根据我国《刑法》第二百七十四条的规定："敲诈勒索公私财物，数额较大或者多次敲诈勒索的，处三年以下有期徒刑、拘役或者管制，并处或者单处罚金；数额巨大或者有其他严重情节的，处三年以上十年以下有期徒刑，并处罚金；数额特别巨大或者有其他特别严重情节的，处十年以上有期徒刑，并处罚金。"由此可知，敲诈勒索罪的最高刑期为有期徒刑十年以上，因此，萧某等人失职导致四个犯罪分子脱逃的行为并不符合《人民检察院直接受理立案侦查的渎职侵权重大案件标准（试行）》第八条所规定的重大案件的立案标准。所以，某区人民检察院将此案作为一般案件立案的行为是符合法律规定的，而人民监督员迟某所提出的监督意见是错误的。

由此可知，在失职致使在押人员脱逃案中也存在被界定为重大案件、特大案件的立案标准。但是，作为人民监督员，我们在实际的立案监督过程中需要注意案件成为重大案件、特大案件的具体标准。尤其是在失职致使在押人员脱逃案中，只有脱逃的在押人员多于五人时，失职致使在押人员案才符合重大案件的立案标准。对于这些重大案件、特大案件立案标准的要求，我们应当精确把握，以避免在立案监督的过程中出现错误。

徇私舞弊减刑、假释、暂予监外执行案的刑事立案标准是什么？

《最高人民检察院关于渎职侵权犯罪案件立案标准的规定》第一部分渎职犯罪案件第十一条规定：徇私舞弊减刑、假释、暂予监外执行罪是指司法工作人员徇私舞弊，对不符合减刑、假释、暂予监外执行条件的罪犯予以减刑、假释、暂予监外执行的行为。

涉嫌下列情形之一的，应予立案：1.刑罚执行机关的工作人员对不符合减刑、假释、暂予监外执行条件的罪犯，捏造事实，伪造材料，违法报请减刑、假释、暂予监外执行的；2.审判人员对不符合减刑、假释、暂予监外执行条件的罪犯，徇私舞弊，违法裁定减刑、假释或者违法决定暂予监外执行的；3.监狱管理机关、公安机关的工作人员对不符合暂予监外执行条件的罪犯，徇私舞弊，违法批准暂予监外执行的；4.不具有报请、裁定、决定或者批准减刑、假释、暂予监外执行权的司法工作人员利用职务上的便利，伪造有关材料，导致不符合减刑、假释、暂予监外执行条件的罪犯被减刑、假释、暂予监外执行的；5.其他徇私舞弊减刑、假释、暂予监外执行应予追究刑事责任的情形。

以案说法

安某因挪用公款罪而被依法判处有期徒刑5年。在刑罚已经执行三年后，安某让自己的儿子通过给其所服刑监狱的狱长付某人民币6万元，请求付某帮助安某伪造符合减刑条件的证明材料。付某答应了安某儿子的请求，但是，在人民法院进行审查的过程中，付某伪造材料的行为被发现。于是，某区人民检察院以付某涉嫌徇私舞弊减刑罪对此案进行立案侦查，并准备向某区人民法院起诉追究付某的刑事责任。但是，该人民检察院的人民监督员张某提出了立案监督意见，认为付某的行为并未达到使得罪犯减刑的目的，故并不符合徇私舞弊减刑、假释、暂予监外执行罪的立案标准，因此，建议人民检察院只以受贿罪的标准立案。

在上述案例中，人民监督员针对某区人民检察院对某监狱狱长付某追究其徇私舞弊减刑行为的刑事责任的立案决定提出了监督意见，认为付某并不符合徇私舞弊减刑、假释、暂予监外执行罪的立案标准。关于徇私舞弊减刑、假释、暂予监外执行罪的立案标准，《最高人民检察院关于渎职侵权犯罪案件立案标准的规定》第一部分渎职犯罪案件第十一条作出了明确的规定，刑罚执行机关的工作人员、审判人员、监狱管理机关、公安机关的工作人员等司法工作人员，捏造事实、伪造材料，违法报请、批准减刑、假释、暂予监外执行的行为，都是符合减刑、假释、暂予监外执行的立案标准的。

而具体到上述案例中，付某徇私舞弊，准备通过伪造材料的方式使得罪犯安某得以减刑。而根据上述法律规定，付某的行为符合减刑、假释、暂予监外执行的立案标准的第一种情形，因此，付某是需要承担刑事责任的，某区人民检察院以减刑、假释、暂予监外执行的立案标准进行立案是符合法律规定的。而人民监督员张某所提出的立案监督意见是错误的，因为司法机关工作人员承担减刑、假释、暂予监外执行行为的刑事责任是并不要求结果的。

由此可知，徇私舞弊减刑、假释、暂予监外执行案的立案标准，并不要求司法工作人员实施此种行为出现一定的后果。换言之，只要司法工作人员实施了此种行为，就要被追究刑事责任，并不要求罪犯得到被减刑、假释、暂予监外执行的结果。

哪些情形下，徇私舞弊减刑、假释、暂予监外执行案会被界定为重大案件、特大案件？

《人民检察院直接受理立案侦查的渎职侵权重特大案件标准（试行）》第九条规定了徇私舞弊减刑、假释、暂予监外执行案的重特大案件标准。

（一）重大案件：1.办理三次以上或者一次办理三人以上的；2.为重大刑事犯罪分子办理减刑、假释、暂予监外执行的。

（二）特大案件：1.办理五次以上或者一次办理五人以上的；2.为特别重大刑事犯罪分子办理减刑、假释、暂予监外执行的。

以案说法

柳某是某市监狱医院主治医生兼监狱司法医学鉴定小组成员。从 2012 年至 2017 年，柳某工作的五年期间，其先后为该监狱的六名犯罪分子伪造证明材料，使得这六名犯罪分子都成功地保外就医，暂予监外执行。后来，柳某的犯罪行为被揭发，某区人民检察院准备对此案进行立案侦查。然而，因该区检察院仅按照徇私舞弊减刑、假释、暂予监外执行案的一般情形立案，该检察院的人民监督员徐某提出了异议。徐某认为，柳某徇私舞弊，为多人办理了虚假证明材料，因此，其建议将此案作为重大案件立案侦查。

在上述案例中，人民监督员徐某主要是针对人民检察院是否应当将柳某多次徇私舞弊，帮助罪犯暂予监外执行的行为界定为重大案件提出了不同意见。所谓的重大刑事犯罪分子，一般是指被判处有期徒刑十年以上刑罚的罪犯。而如果行为人是为特别重大犯罪分子办理的，如被判处死刑缓期两年执行、死刑的罪犯，则该案则会成为特大案件。柳某先后六次为某监狱的罪犯出具假的证明材料，并导致这些罪犯都被监外执行的行为是符合《人民检察院直接受理立案侦查的渎职侵权重特大案件标准（试行）》第九条规定的特大案件中的第一种立案标准的。因此，某区人民检察院应当将此案作为特大案件予以立案，人民监督员徐某认为应将此案作为重大案件立案的说法也是不准确的。

由此可见，徇私舞弊减刑、假释、暂予监外执行案被界定为重大案件、特大案件的立案标准主要有两种，一种是行为人徇私舞弊减刑、假释、暂予监外执行的次数或者是人数；二是行为人实施徇私舞弊减刑、假释、暂予监外执行行为的对象是否为重大刑事犯罪分子或者是特大刑事犯罪分子。这两种标准都需要人民监督员予以明确，尤其是行为人实施此种犯罪行为的次数或者人数要求，要准确把握，以避免在实际的工作中出现错误。

徇私舞弊不移交刑事案件的刑事立案标准是什么？

《最高人民检察院关于渎职侵权犯罪案件立案标准的规定》第一部分渎职犯罪案件第十二条规定：徇私舞弊不移交刑事案件罪是指工商行政管理、税务、监察等行政执法人员，徇私舞弊，对依法应当移交司法机关追究刑事责任的案件不移交，情节严重的行为。

涉嫌下列情形之一的，应予立案：1. 对依法可能判处 3 年以上有期徒刑、无期徒刑、死刑的犯罪案件不移交的；2. 不移交刑事案件涉及 3 人次以上的；3. 司法机关提出意见后，无正当理由仍然不予移交的；4. 以罚代刑，放纵犯罪嫌疑人，致使犯罪嫌疑人继续进行违法犯罪活动的；5. 行政执法部门主管领导阻止移交的；6. 隐瞒、毁灭证据，伪造材料，改变刑事案件性质的；7. 直接负责的主管人员和其他直接责任人员为牟取本单位私利而不移交刑事案件，情节严重的；8. 其他情节严重的情形。

以案说法

赵某是某市工商局局长，2017 年 9 月，该工商局工作人员在对某食品公司进行检查时，发现该公司生产的食品都不符合国家的安全标准。于是，执行检查任务的工作人员回来向赵某汇报工作情况，准备将此案移交到公安机关，以追究相关责任人的刑事责任。但是，由于该食品公司的总经理与赵某的父亲是同学，因此，其便请求赵某不要将此案移交到公安机关。因此，在工商局的工作人员准备将案件移送时，赵某予以阻拦。后来，赵某的行为被发现，某区人民检察院在对赵某进行传唤之后，认为某食品公司的犯罪情节较轻，相关的责任人员最多可以被判处一年以上有期徒刑，因此，便不予立案。于是，该区人民检察院的人民监督员何某便提出监督意见，建议人民检察院针对赵某的行为以涉嫌徇私舞弊不移交刑事案件罪进行立案侦查。

在上述案例中，人民监督员何某针对人民检察院对赵某涉嫌徇私舞弊不移交刑事案件罪不予立案的行为提出了监督意见。某工商局局长赵某徇私舞弊，阻止工商局的办案人员将某食品公司生产不符合食品安全标准的案件移交到公安机关，此种行为属于上述法律规定的徇私舞弊不移交刑事案件罪第五种立案标准。因此，某区人民检察院应当对赵某徇私舞弊不移交刑事案件的行为立案追究刑事责任，人民监督员何某所提出的立案监督意见是正确的。

通过上述案件，我们可知，法律所规定的徇私舞弊不移交刑事案件罪的八种立案情形中，每一种立案情形的标准都是不同的。因此，这就需要人民监督员对这八种立案标准予以明确。尤其是在前两种标准中，一定要注意不移交的刑事案件中犯罪嫌疑人可能会被判处的刑罚期限以及所要求的涉案人员的数量。一旦达到这些标准，就必须要追究刑事责任。此外，在行为人不符合前两种标准的情形下，也要进一步判断其是否具有后面的六种立案情形。

哪些情形下，徇私舞弊不移交刑事案件案可能会成为重大案件或特大案件?

《人民检察院直接受理立案侦查的渎职侵权重特大案件标准（试行）》第十条规定了徇私舞弊不移交刑事案件案的重特大案件标准。

（一）重大案件：1. 对犯罪嫌疑人依法可能判处五年以上十

年以下有期徒刑的重大刑事案件不移交的；2. 五次以上不移交犯罪案件，或者一次不移交犯罪案件涉及五名以上犯罪嫌疑人的；3. 以罚代刑，放纵犯罪嫌疑人，致使犯罪嫌疑人继续进行刑事犯罪的。

（二）特大案件：1. 对犯罪嫌疑人依法可能判处十年以上有期徒刑、无期徒刑、死刑的特别重大刑事案件不移交的；2. 七次以上不移交犯罪案件，或者一次不移交犯罪案件涉及七名以上犯罪嫌疑人的；3. 以罚代刑，放纵犯罪嫌疑人，致使犯罪嫌疑人继续进行严重刑事犯罪的。

以案说法

2017 年 4 月，某百货商场销售掺杂、掺假的化妆品，在某市工商局在进行检查时被发现。因百货商场的行为已经构成销售伪劣产品罪，工商局应当将案件移送至公安部门。但是，由于某百货商场的董事长石某与某市工商局局长肖某是亲戚，故某市工商局只是通过行政处罚的方式对某百货公司进行罚款。然而，在行政处罚之后，某百货公司继续销售伪劣产品。后来，由于肖某徇私舞弊不移交刑事案件案的行为被人举报，某区人民检察院便开始对此案以涉嫌徇私舞弊不移交刑事案件案罪立案侦查。在立案之后，该区检察院的人民监督员连某提出监督意见，认为检察院应当将此案以重大案件的标准立案。

在上述案例中，人民监督员连某针对人民检察院未将肖某徇私舞弊一案界定为重大案件而提出监督意见。

肖某因某百货公司董事长与自己存在亲属关系，从而徇私舞弊，将已经触犯刑法规定的某百货公司销售伪劣产品一案，以行政处罚代替刑事处罚，符合徇私舞弊不移交刑事案件案的立案标准。此外，某百货公司在接受行政处罚之后，继续实施销售伪劣产品的犯罪行为，符合徇私舞弊不移交刑事案件案被界定为重大案件的第三种情形。因此，检察院应当将肖某徇私舞弊不移交刑事案件案以重大案件的标准进行立案，追究肖某的刑事责任。人民监督员连某的建议是正确的。

由此可知，对于徇私舞弊不移交刑事案件的案件，在三种情况下会被界定为重大案件或特大案件。而对于徇私舞弊不移交刑事案件案其他的五种立案标准，是不存在成为重大案件或者特大案件的情形的。对比，人民监督员在实际工作中，应该予以明确。在遇到徇私舞弊不移交刑事案件案时，如果检察院是以上述三种标准进行立案的，那么，其就需要注意犯罪嫌疑人的行为是否符合重大案件、特大案件的立案标准。

哪些情形下，滥用管理公司、证券职权的行为会被追究刑事责任？

《最高人民检察院关于渎职侵权犯罪案件立案标准的规定》第一部分渎职犯罪案件第十三条规定：滥用管理公司、证券职权罪是指工商行政管理、证券管理等国家有关主管部门的工作人员徇私舞弊，滥用职权，对不符合法律规定条件的公司设立、登记申请或者股票、债券发行、上市申请予以批准或者登记，致使公共财产、国家和人民利益遭受重大损失的行为，以及上级部门、当地政府强令登记机关及其工作人员实施上述行为的行为。

涉嫌下列情形之一的，应予立案：1. 造成直接经济损失 50 万元以上的；2. 工商管理部门的工作人员对不符合法律规定条件的公司设立、登记申请，违法予以批准、登记，严重扰乱市场秩序的；3. 金融证券管理机构工作人员对不符合法律规定条件的股票、债券发行、上市申请，违法予以批准，严重损害公众利益，或者严重扰乱金融秩序的；4. 工商管理部门、金融证券管理机构的工作人员对不符合法律规定条件的公司设立、登记申请或者股票、债券发行、上市申请违法予以批准或者登记，致使犯罪行为得逞的；5. 上级部门、当地政府直接负责的主管人员强令登记机关及其工作人员，对不符合法律规定条件的公司设立、登记申请或者股票、债券发行、上市申请予以批准或者登记，致使公共财产、国家或者人民利益遭受重大损失的；6. 其他致使公共财产、国家和人民利益遭受重大损失的情形。

以案说法

张某是某县工商局的工作人员，其平时主要负责对公司设立的申请进行审查批准。2017 年 7 月，张某的表弟徐某准备自己成立一个公司。但是，徐某现有的条件并不符合设立公司的条件。在此情况下，张某依然利用自己的职权对徐某的申请予以批准。后来，张某滥用职权的行为被发现。于是，因张某的行为严重扰乱了市场秩序，故某区人民检察院便对张某涉嫌滥用公司职权一案立案侦查。但是，在检察院立案后，人民监督员李某提出立案监督意见，认为张某违反规定批准设立公司的行为并未造成任何经济损失，故无需立案追究其刑事责任。

人民监督员李某针对检察院立案侦查张某滥用管理公司职权案提出了异议，其认为此案并不符合滥用管理公司、证券职权罪的刑事立案标准。

具体到本案中，张某作为工商管理部门的工作人员，其滥用自己所享有的批准公司设立的权力，违反法律规定让本不符合公司设立条件的李某的公司得以设立，虽然未造成任何经济损失，但是，张某的行为严重扰乱了社会秩序。根据上述法律规定可知，张某的行为是属于滥用管理公司、证券职权罪的第二种立案标准的。因此，某区人民检察院以滥用管理公司职权罪立案的决定是正确的，而人民监督员李某所提出的立案监督意见是错误的。

通过上述案例可知，在滥用管理公司、证券职权罪的立案标准中，即便工商管理部门、金融证券管理机构的工作人员滥用管理公司、证券职权的行为未造成一定的经济损失，只要此行为严重影响了市场经济秩序或导致犯罪行为得逞等损害后果，也是要承担刑事责任的。换言之，管理公司、证券职权罪并非以实际的经济损失数额作为立案标准。对此，人民监督员在对此类案件进行立案监督时需要注意，以避免在工作中出现错误。

哪些情形下，滥用管理公司、证券职权案可能被界定为重大案件或特大案件？

《人民检察院直接受理立案侦查的渎职侵权重特大案件标准（试行）》第十一条规定了滥用管理公司、证券职权案重特大案件标准。

（一）重大案件：1.造成直接经济损失五十万元以上的；2.因违法批准或者登记致使发生刑事犯罪的。

（二）特大案件：1.造成直接经济损失一百万元以上的；2.因违法批准或者登记致使发生重大刑事犯罪的。

以案说法

董某是某市证监会负责批准股票发行的工作人员。2017年6月，某化妆品公司因资金不足，故该公司的总经理徐某准备发行股票来解决资金运转困难境况。但是，在该公司向某市证券管理机构进行申请时，由于该公司负债率过高而没有被批准。于是，徐某便找到某市证监会的工作人员董某，董某利用自己的职权，对该公司发行股票的申请进行批准，导致购买该公司债券的人员损失共计 200 万元人民币。于是，在事件发生后，某区人民检察院对该案立案侦查。但是，由于人民检察院只是按照滥用管理公司、证券职权案一般的立案标准予以立案，因此，该区人民监督员余某便提出立案监督意见，认为人民检察院应当将此案界定为特大案件予以处理。

在上述案例中，人民监督员余某针对证监会工作人员董某涉嫌滥用管理公司、证券职权一案是否应该被界定为特大案件提出了立案监督意见。余某认为此案应该按照特大案件的立案标准进行办理。

董某因滥用证券批准的职权，违法批准负债率过高的某化妆品公司发行股票，从而造成直接经济损失 200 万元。根据上述法律规定可知，董某的行为是符合滥用管理公司、证券职权案特大案件的立案标准的，属于特大案件的第一种立案情形。所以，人民检察院在立案时，应当将此案作为特大案件进行处理，人民监督员余某所提出的立案监督意见是正确的。

通过上述案例可知，在滥用管理公司、证券职权案中，并不是所有的情形都存在被界定为重大案件或特大案件的情形，只有滥用管理公司、证券职权案的犯罪嫌疑人造成一定数额的直接经济损失以及导致刑事犯罪发生的，才可能会成为重大案件、特大案件。所以，我们人民监督员在实际的工作中就需要注意，当滥用管理公司、证券职权的行为人造成了直接经济损失或刑事犯罪发生时，我们就要看此案是否需要定性为重大案件或特大案件。

徇私舞弊不征、少征税款案的刑事立案标准是什么？

《最高人民检察院关于渎职侵权犯罪案件立案标准的规定》第一部分渎职犯罪案件第十四条规定：徇私舞弊不征、少征税款罪是指税务机关工作人员徇私舞弊，不征、少征应征税款，致使国家税收遭受重大损失的行为。

涉嫌下列情形之一的，应予立案：1.徇私舞弊不征、少征应征税款，致使国家税收损失累计达 10 万元以上的；2.上级主管部门工作人员指使税务机关工作人员徇私舞弊不征、少征应征税款，致使国家税收损失累计达 10 万元以上的；3.徇私舞弊不征、少征应征税款不满 10 万元，但具有索取或者收受贿赂或者其他恶劣情节的；4.其他致使国家税收遭受重大损失的情形。

以案说法

2016 年 3 月，周某自己投资创办了一个运输公司。在税务机关要求周某的公司缴纳税款时，周某通过朋友的介绍，找到了当时担任税务局局长的尹某。周某给了尹某 3 万元人民币，称因自己的公司还在起步阶段，让尹某帮助自己可以少缴纳一点儿税款。周某在接收了尹某的贿赂之后，让税务局的工作人员对周某的公司少征收了 5 万元的税款。之后，尹某徇私舞弊少征税款的行为被发现。于是，某县人民检察院便对尹某以涉嫌受贿罪、徇私舞弊少征税款罪立案侦查。但是，在人民检察院立案之后，人民监督员张某提出了监督意见，认为尹某徇私舞弊少征税款的金额未达到 10 万元，因此，不应该追究尹某徇私舞弊少征税款行为的刑事责任。

在上述案例中，人民监督员张某针对人民检察院立案追究尹某徇私舞弊少征税款的行为提出了异议，张某认为尹某的行为不符合追究刑事责任的立案标准。

虽然尹某徇私舞弊少征税款的金额是 5 万元，但是，其具有收受贿赂的行为，所以，根据上述法律规定，尹某的行为符合徇私舞弊不征、少征税款罪的第三种立案情形，是需要追究法律责任的。因此，某县人民检察院针对尹某一案以涉嫌受贿罪、徇私舞弊不征、少征税款罪进行立案是正确的，而人民监督员张某认为尹某不构成徇私舞弊不征、少征税款罪的说法是错误的。

据此可知，在徇私舞弊不征、少征税款罪的法定立案情形中，针对其中的第三种立案情形，即便税务机关工作人员徇私舞弊不征、少征税款的金额没有达到法定金额 10 万元。但是，如果其有收受贿赂、索取贿赂等恶劣行为的，也是符合徇私舞弊不征、少征税款罪的立案标准，需要承担刑事责任。因而，这就需要我们人民监督员注意，针对徇私舞弊不征、少征税款案，不能一味地以 10 万元的金额作为徇私舞弊不征、少征税款罪唯一的判断标准，在犯罪嫌疑人徇私舞弊不征、少征税款没有达到 10 万元的数额时，还要进一步看行为人是否存在收受、索取贿赂的行为。此外，我们还需要注意的是徇私舞弊不征、少征税款罪的主体，除了税务机关的工作人员会触犯此种犯罪之外，如果是上级主管税务机关的部门指使税务机关工作人员实施不征、少征税款的行为，达到法律规定的数额，也要承担刑事责任。

哪些情形下，徇私舞弊不征、少征税款案会成为重大案件或特大案件？

《人民检察院直接受理立案侦查的渎职侵权重特大案件标准（试行）》第十二条规定了徇私舞弊不征、少征税款案的重特大案件标准。造成国家税收损失累计达三十万元以上的为重大案件。造成国家税收损失累计达五十万元以上的为特大案件。

以案说法

路某是某软件开发公司的总经理，2015 年 3 月，路某找到正在担任某市市长的大学同学程某，称自己的公司最近资金周转非常困难，希望程某可以通过关系帮助他，让他的公司可以免除一年的税收。于是，程某很爽快地答应了路某的请求，亲自打电话给该市负责征收路某公司税款的税务机关，让他们不要征收路某公司的税款。然而，由于程某的行为，税务机关连续两年都没有征收路某公司的税款，致使国家税收损失 35 万元。之后，因路某公司不缴纳税款被人举报，程某徇私舞弊的行为也被揭发。于是，某区人民检察院便对程某徇私舞弊不征税款一案进行立案。但是，在检察院立案之后，人民监督员傅某提出了异议，其认为检察院应当以重大案件的立案标准对程某一案进行处理。

在上述案例中，人民监督员傅某主要针对程某徇私舞弊不征税款一案是否要界定成为重大案件提出了立案监督意见。

程某指使税务机关的工作人员不征路某软件开发公司税款的行为，导致国家税收损失 35 万元，根据法律规定可知，程某的行为是符合重大案件的立案标准的。因此，程某徇私舞弊不征、少征国家税款案应当被界定为重大案件，人民监督员傅某所提出的立案监督意见是正确的，人民检察院应该予以采纳，将此案作为重大案件进行办理。

通过上述案例可知，徇私舞弊不征、少征税款案被界定为重大案件或特大案件的主要标准是行为人徇私舞弊不征、少征税款给国家带来的税收损失数额。因此，作为人民监督员，在实际工作中接触到此类案件时，关键还是要看犯罪嫌疑人不征、少征税款的违法行为给国家所带来的具体的损失数额，一旦数额达到法定标准，则就要将案件的性质界定为重大案件、特大案件。

徇私舞弊发售发票、抵扣税款、出口退税案的刑事立案标准是什么？

《最高人民检察院关于渎职侵权犯罪案件立案标准的规定》第一部分渎职犯罪案件第十五条规定：徇私舞弊发售发票、抵扣税款、出口退税罪是指税务机关工作人员违反法律、行政法规的规定，在办理发售发票、抵扣税款、出口退税工作中徇私舞弊，致使国家利益遭受重大损失的行为。

涉嫌下列情形之一的，应予立案：1. 徇私舞弊，致使国家税收损失累计达 10 万元以上的；2. 徇私舞弊，致使国家税收损失累计不满 10 万元，但发售增值税专用发票 25 份以上或者其他发票 50 份以上或者增值税专用发票与其他发票合计 50 份以上，或者具有索取、收受贿赂或者其他恶劣情节的；3. 其他致使国家利益遭受重大损失的情形。

以案说法

孙某是某县税务所的所长。2017 年 3 月，孙某在接受某塑料包装有限公司经理石某的请客后，利用职务之便，在不核实该企业是否有真实经营活动的情况下，为该企业领购增值税专用发票进行增量，使其发售增值税发票达到 450 份，并导致国家税收损失 8 万元。之后，某塑料包装有限公司虚开增值税发票的行为被该县的国税局发现。于是，孙某徇私舞弊发售发票的行为被某县检察院立案侦查。但是，该县检察院的人民监督员罗某却在检察院作出立案决定后提出了监督意见，认为孙某的行为并未达到徇私舞弊发售发票罪的立案标准。

在上述案例中，人民监督员罗某对孙某是否构成徇私舞弊发售发票罪向人民检察院提出了监督意见，其认为罗某的行为没有达到该罪的立案标准。

孙某发售增值税发票达到了 450 份，同时导致国家税收损失 8 万元。可见，孙某的行为是符合《最高人民检察院关于渎职侵权犯罪案件立案标准的规定》第一部分渎职犯罪案件第十五条规定的第二种立案情形的。因此，孙某的行为是需要追究刑事责任的，某县人民检察院作出立案侦查的决定是正确的，而人民监督员罗某认为孙某未达到追究刑事责任的立案标准的想法是错误的。

由此可知，在涉及到徇私舞弊发售发票、抵扣税款、出口退税案时，人民监督员在判断行为人的行为是否符合刑事案件的立案标准时，不能仅仅司限于其给国家造成的税收损失的数额，在犯罪嫌疑人所造成的税收损失未达到法定数额的情况下，如果其发售增值税发票或者其他发票达到一定的数量时，也是要立案侦查的。

哪些情形下，徇私舞弊发售发票、抵扣税款、出口退税案会成为重大案件或特大案件？

《人民检察院直接受理立案侦查的渎职侵权重特大案件标准（试行）》第十三条规定：造成国家税收损失累计达三十万元以上的为重大案件。造成国家税收损失累计达五十万元以上的为特大案件。

以案说法

梁某是某市某区的国税局进出口税收管理科副科长，负责对全市外贸型出口企业的出口退税申报进行审核。其因与某贸易有限公司的董事长是好朋友，因此，对该公司的出口退税申报过程中出现的诸多问题放任不管，隐瞒情况，致使该公司骗取出口退税高达 1078 万元。在梁某徇私舞弊的行为被揭发后，某市人民检察院以涉嫌徇私舞弊出口退税对此案进行立案侦查。在人民检察院立案后，该市检察院人民监督员伍某提出立案监督意见，认为梁某给国家税收造成重大损失，因此，人民检察院应当将此案作为特大案件进行办理。

上述案例中，人民监督员伍某主要是对于梁某涉嫌徇私舞弊出口退税一案是否应作为特大案件进行办理提出了异议。伍某认为人民检察院没有将此案界定为特大案件的做法是错误的。

梁某徇私舞弊出口退税的行为给国家造成 1078 万元的税收损失，因此，梁某徇私舞弊出口退税一案应该被界定为特大案件。某市人民检察院将此案按照一般案件进行立案的决定是错误的，其应当采纳人民监督员伍某的建议，将此案作为特大案件进行办理。

据此可知，徇私舞弊发售发票、抵扣税款、出口退税案被界定为重大案件或特大案件唯一的标准就是行为人给国家税收造成的损失数额是否达到法律规定的标准。换言之，在徇私舞弊发售发票、抵扣税款、出口退税案中，发售发票的行为在未造成国家税收损失的情况下是不会被界定为重大案件或特大案件的。因此，人民监督员在工作中也要注意，对于徇私舞弊发售发票、抵扣税款、出口退税案，如果行为人给国家造成的损失数额比较大，其就要看行为人造成的损害后果是否符合重大案件、特大案件的立案标准。

哪些情形下，违法提供出口退税凭证案会被立案追究刑事责任？

《最高人民检察院关于渎职侵权犯罪案件立案标准的规定》第一部分渎职犯罪案件第十六条规定：违法提供出口退税凭证罪是指海关、外汇管理等国家机关工作人员违反国家规定，在提供出口货物报关单、出口收汇核销单等出口退税凭证的工作中徇私舞弊，致使国家利益遭受重大损失的行为。

涉嫌下列情形之一的，应予立案：1. 徇私舞弊，致使国家税收损失累计达 10 万元以上的；2. 徇私舞弊，致使国家税收损失累计不满 10 万元，但具有索取、收受贿赂或者其他恶劣情节的；3. 其他致使国家利益遭受重大损失的情形。

以案说法

王某是某海关的工作人员，其平时主要负责出口货物等出口退税凭证的审核工作。2017 年 6 月，因某工艺品外贸公司的总经理史某曾经帮助过王某，因此，在史某的请求之下，王某对该公司提供的申请出口退税进行虚假审核，利用自己的职权为该公司多次提供出口退税凭证，从而给国家造成 6 万元的税收损失。王某违法提供出口退税凭证的行为在被发现后，某区检察院在经过侦查后作出不予立案的决定。但是，该区检察院的人民监督员利某认为，王某多次为某工艺品外贸公司提供出口退税凭证，数量高达 100 张。因此，人民检察院应当追究王某的刑事责任。

在上述案例中，人民监督员利某认为王某违法提供出口退税凭证的行为符合违法提供出口退税凭证罪的立案标准，因此，向人民检察院提出了监督意见。

王某作为海关工作人员，虽然其多次为某工艺品公司违法提供出口退税凭证，数量高达 100 张，但是，王某给国家造成的税收损失并未达到法律规定的标准。所以，王某违法提供出口退税凭证的行为是不符合违法提供出口退税凭证罪的立案标准的，而人民检察院作出的不予立案的决定是正确的，人民监督员利某的想法是错误的。

由此可见，违法提供出口退税凭证案的刑事立案标准与徇私舞弊发售发票、抵扣税款、出口退税案是具有相同之处的，即两者都是在给国家税收造成 10 万元以上的损失或者给国家造成的损失没有达到 10 万元以上，但是具有其他恶劣情节的行为。除此之外，还需要我们注意的是，在违法提供出口退税凭证案中，即便行为人多次提供出口退税凭证，但是，只要其给国家造成的税收损失不符合法定的数额，而且也没有受贿、索贿等恶劣情节的，就不符合刑事案件的立案标准。也就是说，即便行为人多次为他人违法提供出口退税凭证，但是，如果其给国家造成的损失数额没有达到法定的标准，就不能立案追究其刑事责任。这也是违法提供出口退税凭证案与徇私舞弊发售发票、抵扣税款、出口退税案立案标准的不同之处。

哪些情形下，违法提供出口退税凭证案会成为重大案件或特大案件？

《人民检察院直接受理立案侦查的渎职侵权重特大案件标准（试行）》第十四条规定了违法提供出口退税凭证案的重特大案件标准。造成国家税收损失累计达三十万元以上的为重大案件。

造成国家税收损失累计达五十万元以上的为特大案件。

以案说法

高某是某市国家外汇管理机关的国家工作人员，其在接受某外贸出口公司的钱财之后，为其提供出口收汇核销单多达40张，使得该公司骗取出口退税高达40万元。后来，在相关部门进行核查时，高某的行为被发现。为此，相关部门将此案移交到检察院，检察院在经过讯问高某之后，高某承认了自己的罪行。某市人民检察院以高某给国家造成的税收损失数额过大为由，将该案以涉嫌违法提供出口退税凭证案重大案件的立案标准进行侦查。但是，在人民检察院立案之后，该市检察院的人民监督员贺某提出了立案监督意见，认为高某的行为并不符合重大案件的立案标准，贺某觉得这是出口退税案件，应该数额巨大时才能被界定为重大案件。

在上述案例中，人民监督员贺某针对高某涉嫌违法提供出口退税凭证一案是否要界定为重大案件提出了异议，其认为犯罪嫌疑人高某涉嫌违法提供出口退税凭证案是不符合重大案件的立案标准的。

犯罪嫌疑人高某违法提供收汇核销单的行为给国家造成税收损失40万元，根据上述法律的规定，高某的行为是符合重大案件的立案标准的。所以，人民检察院将此案作为重大案件进行办理是符合法律规定的，人民监督员贺某提出的立案监督意见是错误的。

由此可见，违法提供出口退税凭证案被定性为重大案件、特大案件的标准与徇私舞弊发售发票、抵扣税款、出口退税案是相同的，两类案件都是将给国家造成损失在三十万元以上的作为重大案件，而将造成国家税收损失在五十万元以上的情形作为特大案件。对此，在实际的立案监督工作中，人民监督员要予以注意，违法提供出口退税凭证案并不会因为其提供的是出口的退税凭证，就会在界定特大案件、重大案件时将立案标准的数额予以提高。

国家机关工作人员签订、履行合同失职被骗案的刑事立案标准是什么？

《最高人民检察院关于渎职侵权犯罪案件立案标准的规定》第一部分渎职犯罪案件第十七条规定：国家机关工作人员签订、履行合同失职被骗罪是指国家机关工作人员在签订、履行合同过程中，因严重不负责任，不履行或者不认真履行职责被诈骗，致使国家利益遭受重大损失的行为。

涉嫌下列情形之一的，应予立案：1.造成直接经济损失30万元以上，或者直接经济损失不满30万元，但间接经济损失150万元以上的；2.其他致使国家利益遭受重大损失的情形。

以案说法

陈某是某国有企业的一名工作人员，2017年2月，陈某受单位的指派，到北京与某机械制造公司签订一个机器装备的购销合同。然而，因陈某工作疏忽，在不认真审核对方主体资格及履约能力的情况下，与自称是某机械制造公司部门经理的郭某签订了合同，同时，陈某付给了对方定金5万元。之后，郭某拿着5万元定金逃跑，不知去向。为此，陈某的失职行为给单位造成间接经济损失180万元。因陈某的行为涉嫌国家机关工作人员签订、履行合同失职被骗罪，某区人民检察院在经过调查后，决定立案侦查。但是，该区人民检察院的人民监督员冯某提出立案监督意见，认为陈某并不需要承担刑事责任。

在上述案例中，人民监督员冯某对于陈某涉嫌签订、履行合同失职被骗一案是否需要追究刑事责任向某区人民检察院提出了监督意见，其认为陈某并不符合刑事案件的立案标准。陈某作为国有企业单位的工作人员，其在受单位指派与他人签订合同时，没有尽到应尽的审查义务，从而被他人欺骗，导致单位直接经济损失 5 万元，间接经济损失 180 万元。因此，在此案中，虽然陈某签订合同失职被骗的行为给国家造成的直接经济损失数额没有达到 30 万元，但是，其造成的间接经济损失为 180 万元，符合上述法律规定的国家机关工作人员签订、履行合同失职被骗案刑事立案标准的第二种情形。所以，陈某的行为是需要承担刑事责任的。因此，某区人民检察院进行立案侦查的决定是合法的，而人民监督员冯某所提出的监督意见是错误的。

由此可知，人民监督员在实际的工作中接触到国家机关工作人员签订、履行合同失职被骗案时，要注意此案的立案标准，并不只有导致的直接经济损失达到法定数额时才会成为刑事案件，即便犯罪嫌疑人造成的直接经济损失不符合法定数额，但是造成的间接经济损失在 150 万元以上，也要承担刑事责任。但是，还需要注意的是，如果国家机关工作人员签订、履行合同失职被骗造成的只有间接经济损失，那么，不管间接经济损失数额是多少，也不能立案追究其刑事责任。

国家机关工作人员签订、履行合同失职被骗案被界定为重大案件或特大案件的立案标准是什么？

《人民检察院直接受理立案侦查的渎职侵权重特大案件标准（试行）》第十五条规定了国家机关工作人员签订、履行合同失职被骗案的重特大案件标准。造成直接经济损失一百万元以上的重大案件。造成直接经济损失二百万元以上的为特大案件。

以案说法

方某是某国有企业汽车制造公司的经理，2017年6月，该企业委托方某与某科技有限公司签订一项技术转让合同。但是，方某在签订合同时，由于没有进行审查，导致某科技公司转让给该单位的并不是其事先商定的技术。为此，方某的失职行为给该汽车制造公司造成直接经济损失50万元，间接经济损失高达400万元。因方某的行为给国家利益造成重大损失，于是，某区人民检察以涉嫌国家机关工作人员签订、履行合同失职被骗罪对此案进行立案侦查。但是，针对人民检察院的立案决定，人民监督员赵某提出了立案监督意见，认为方某给国家造成了巨大的经济损失，因此，应当将此案以国家机关工作人员签订、履行合同失职被骗案特大案件立案。

在上述案例中，人民监督员赵某对于人民检察院以方某涉嫌国家机关工作人员签订、履行合同失职被骗罪的立案决定提出了不同意见，赵某认为，此案应该是特大案件。

方某作为国家机关的工作人员，在签订合同的过程中没有按照规定对合同进行审查，导致国家遭受直接经济损失80万元，间接经济损失400万元。而根据上述规定，只有在国家机关工作人员签订、履行合同失职被骗导致直接经济损失，并超过二百万元时，案件才会成为特大案件。因此，方某失职所导致的后果并不符合特大案件、重大案件的立案标准的。所以，某区人民检察院没有将此案界定为重大案件或特大案件的立案决定是正确的，而人民监督员赵某的意见是错误的。

据此可知，人民监督员在遇到国家机关工作人员签订、履行合同失职被骗案时，需要注意，此案是否要界定为重大案件或特大案件，唯一的标准是犯罪嫌疑人所导致的国家直接经济损失的数额是否达到法律规定的标准，如果行为人导致的直接经济损失的数额不符合规定，那么无论其造成的间接经济损失的数额是否巨大，都不会成为重大案件或特大案件。

哪些情形下，违法发放林木采伐许可证案会成为刑事案件？

《最高人民检察院关于渎职侵权犯罪案件立案标准的规定》第一部分渎职犯罪案件第十八条规定：违法发放林木采伐许可证罪是指林业主管部门的工作人员违反森林法的规定，超过批准的年采伐限额发放林木采伐许可证或者违反规定滥发林木采伐许可证，情节严重，致使森林遭受严重破坏的行为。

涉嫌下列情形之一的，应予立案：1. 发放林木采伐许可证允许采伐数量累计超过批准的年采伐限额，导致林木被超限额采伐10 立方米以上的；2. 滥发林木采伐许可证，导致林木被滥伐20立方米以上，或者导致幼树被滥伐 1000 株以上的；3. 滥发林木采伐许可证，导致防护林、特种用途林被滥伐 5 立方米以上，或者幼树被滥伐 200 株以上的；4. 滥发林木采伐许可证，导致珍贵树木或者国家重点保护的其他树木被滥伐的；5. 滥发林木采伐许可证，导致国家禁止采伐的林木被采伐的；6. 其他情节严重，致使森林遭受严重破坏的情形。

林业主管部门工作人员之外的国家机关工作人员，违反森林法的规定，滥用职权或者玩忽职守，致使林木被滥伐 40 立方米以上或者幼树被滥伐 2000 株以上，或者致使防护林、特种用途林被滥伐 10 立方米以上或者幼树被滥伐 400 株以上，或者致使珍贵树木被采伐、毁坏 4 立方米或者 4 株以上，或者致使国家重点保护的其他植物被采伐、毁坏后果严重的，或者致使国家严禁采伐的林木被采伐、毁坏情节恶劣的，按照刑法第 397 条的规定以滥用职权罪或者玩忽职守罪追究刑事责任。

以案说法

段某是某县林业局的副局长，其主管林木许可证的审查工作。2017 年 6 月，该县某村村民沈某向林业局申请采伐位于某村的杨树。但是，由于沈某并没有权属明确的林权证，而且这些树木是防护林。因此，沈某是不符合发放采伐许可证的条件的。然而，由于沈某的妻子是段某的表妹，所以，段某依然将采伐许可证发放给了沈某，为此，导致该村的 10 立方米作为防护林的杨树被砍伐。沈某的行为遭到了其他村民的反对，而段某滥用职权发放林木采伐许可证的行为也被揭发。于是，某县人民检察院准备对段某涉嫌违法发放林木采伐许可证案立案侦查。但是，该区检察院人民监督员林某提出了立案监督意见，认为段某的行为并不符合刑事案件的立案标准。

在上述案例中，人民监督员林某对于段某的行为是否符合违法发放林木采伐许可证案的刑事案件立案标准向某县人民检察院提出了异议，其认为段某违法发放林木采伐许可证导致的后果并不构成违法发放林木采伐许可证罪。对此，《最高人民检察院关于渎职侵权犯罪案件立案标准的规定》第一部分渎职犯罪案件第十八条规定了违法发放林木采伐许可证罪的六种立案情形，而这六种立案情形的前提条件是违法发放许可证的是林业主管部门的工作人员，而且其行为导致林木被超限额采伐、幼树、防护林、特种用途林木以及珍贵树木或者国家重点保护的其他树木被滥伐达到一定数量的，则要以违法发放林木采伐许可证罪追究其刑事责任。

具体到本案中，段某滥用职权违法发放林木采伐许可证，导致某村的 10 立方米的防护林被砍伐。可见，段某的行为所导致的危害后果是属于《最高人民检察院关于渎职侵权犯罪案件立案标准的规定》第一部分渎职犯罪案件第十八条规定的六种立案情形中的第三项的，即滥发林木采伐许可证，导致防护林、特种用途林被滥伐 5 立方米以上，或者幼树被滥伐 200 株以上的，应予立案追究刑事责任。因为沈某砍伐的是防护林，所以，只要其砍伐的面积超过 5 立方米，那么，段某的行为就符合违法发放林木采伐许可证罪的立案标准。因此，某县人民检察院以段某涉嫌违法发放林木采伐许可证罪进行立案侦查的决定是正确的，人民监督员林某的立案监督意见是错误的。

由此可见，在违法发放林木采伐许可证案件的刑事立案标准中，我们要注意每种立案情形因砍伐的树木的种类或作用不同，其数量的要求也是不同的。对此，作为人民监督员我们应该予以明确，避免在立案监督工作中出现错误。此外，还需要注意的是违法发放林木采伐许可证案的行为主体，即只有行为主体是林业主管部门工作人员造成了上述危害后果，才能以违法发放林木采伐许可证罪立案侦查，而如果是其他国家机关的工作人员违反森林法的规定，滥用职权或者玩忽职守，致使树木被滥伐造成一定的损害的，则要以滥用职权罪或者玩忽职守罪的立案标准进行立案，并追究刑事责任。

违法发放林木采伐许可证案成为重大案件、特大案件的立案标准是什么？

《人民检察院直接受理立案侦查的渎职侵权重特大案件标准（试行）》第十六条规定了违法发放林木采伐许可证案的重特大案件标准。

（一）重大案件：1. 发放林木采伐许可证允许采伐数量累计超过批准的年采伐限额，导致林木被采伐数量在二十立方米以上的；2. 滥发林木采伐许可证，导致林木被滥伐四十立方米以上的；3. 滥发林木采伐许可证，导致珍贵树木被滥伐二株或者二立方米以上的；4. 批准采伐国家禁止采伐的林木，情节特别恶劣的。

（二）特大案件：1. 发放林木采伐许可证允许采伐数量累计超过批准的年采伐限额，导致林木被采伐数量超过三十立方米的；2. 滥发林木采伐许可证，导致林木被滥伐六十立方米以上的；3. 滥发林木采伐许可证，导致珍贵树木被滥伐五株或者五立方米以上的；4. 批准采伐国家禁止采伐的林木，造成严重后果的。

以案说法

黄某是某县林业局的局长，2017年11月，某村的村民许某向林业局申请对某个森林的树木进行砍伐。然而，如果批准许某的林木采伐申请，那么就超过了当年在批准权限内的采伐限额。但是，某木材加工厂的封某找到了黄某，称自己急需木材，否则将要承担巨额的违约金，请求黄某通融一下，批准许某的申请。因此，在封某的再三请求之下，黄某违法将采伐许可证发放给了许某，允许许某采伐位于某森林的树木三十五立方米。后来，黄某违法发放许可证的行为被人举报，因黄某违法发放林木采伐许可证导致了严重的后果，因此，该案由某市人民检察院以违法发放林木采伐许可证案的重大案件立案标准进行立案侦查。可是，在某市人民检察院立案后，该检察院的人民监督员张某提出了立案监督意见，认为此案并不需要界定为重大案件。

在上述案例中，人民监督员张某针对黄某涉嫌违法发放林木采伐许可证一案是否要被界定为重大案件提出了立案监督意见。

黄某在超过批准的年采伐限额的情形下，违法将林木采伐许可证发放给许某，导致三十五立方米的林木被采伐，根上述法律第十六条第一款第一项的规定，发放林木采伐许可证允许采伐数量累计超过批准的年采伐限额，导致林木被采伐数量在二十立方米以上的，要界定为重大案件。因此，黄某违法发放林木采伐许可证的行为是符合违法发放林木采伐许可证案重大案件的立案标准的，人民检察院将此案界定为重大案件的决定是符合法律规定的，而人民监督员张某提出的立案监督意见则是错误的。通过上述案例可知，人民监督员在实际的立案监督过程中，在接触到此类案件时，需要注意，相关部门发放林木采伐许可证允许采伐数量累计超过批准的年采伐限额的情形也是有可能被界定为重大案件的，对于此种情形所要求的数量标准，人民监督员应当予以明确，不要与滥发林木采伐许可证所要求的重大案件界定标准混淆。

哪些情形下，环境监管失职案会成为刑事案件？

《最高人民检察院关于渎职侵权犯罪案件立案标准的规定》第一部分渎职犯罪案件第十九条规定：环境监管失职罪是指负有环境保护监督管理职责的国家机关工作人员严重不负责任，不履行或者不认真履行环境保护监管职责导致发生重大环境污染事故，致使公私财产遭受重大损失或者造成人身伤亡的严重后果的行为。

涉嫌下列情形之一的，应予立案：1.造成死亡1人以上，或者重伤3人以上，或者重伤2人、轻伤4人以上，或者重伤1人、轻伤7人以上，或者轻伤10人以上的；2.导致30人以上严重中毒的；3.造成个人财产直接经济损失15万元以上，或者直接经济损失不满15万元，但间接经济损失75万元以上的；4.造成公共财产、法人或者其他组织财产直接经济损失30万元以上，或者直接经济损失不满30万元，但间接经济损失150万元以上的；5.虽未达到3.4两项数额标准，但3.4两项合计直接经济损失30万元以上，或者合计直接经济损失不满30万元，但合计间接经济损失150万元以上的；6.造成基本农田或者防护林地、特种用途林地10亩以上，或者基本农田以外的耕地50亩以上，或者其他土地70亩以上被严重毁坏的；7.造成生活饮用水地表水源和地下水源严重污染的；8.其他致使公私财产遭受重大损失或者造成人身伤亡严重后果的情形。

以案说法

蒙某是某县环保局副局长，其在工作期间严重不负责任，在发现其县城内有非法经营的某硫酸制造公司后，只是进行罚款，并没有依法取缔。因而导致该硫酸制造公司排放了大量的污染物，导致其附近的20亩基本农田的土壤被酸化，遭到严重破坏。在案发后，某县人民检察院以蒙某涉嫌环境监管失职罪对此案立案追究刑事责任。在立案后，该区检察院人民监督员谢某提出立案监督意见，认为蒙某虽然是环境监管失职，但是，其并未导致直接经济损失，并不构成追究刑事责任的标准。

在上述案例中，人民监督员谢某针对蒙某是否构成环境监管失职罪提出了不同的意见，其认为蒙某并不符合环境监管失职罪的刑事立案标准。

蒙某在发现其所管辖的区域内有非法制造硫酸的企业后，并未按照规定予以取缔，而只是进行罚款，从而导致该硫酸厂附近的 20 亩基本农田酸化，遭到严重的毁坏。根据上述法律规定，造成基本农田或者防护林地、特种用途林地 10 亩以上，或者基本农田以外的耕地 50 亩以上，或者其他土地 70 亩以上被严重毁坏的，就需要立案追究刑事责任。因而，蒙某的行为是符合环境监管失职罪的立案标准的，所以，人民检察院作出的立案决定是正确的，人民监督员谢某提出的立案监督意见是错误的。

据此可知，对于环境监管失职罪，其立案标准有三个，除了造成经济损失外，还有造成人身伤亡或者是导致土地毁损、水体污染等自然环境遭到破坏的情形。作为人民监督员，我们在立案监督工作中要注意对此案的立案标准进行全面把握，注意每一种立案情形所要求的造成损失的数量。尤其是在其行为导致土地受到毁损时，因土地的性质或者用途不同，刑事案件的立案标准所要求的数量也是不同的。

环境监管失职案被界定为重大案件、特大案件的立案标准是什么？

《人民检察院直接受理立案侦查的渎职侵权重特大案件标准（试行）》第十七条规定了环境监管失职案的重特大案件立案标准。

（一）重大案件：1.造成直接经济损失一百万元以上的；

2. 致人死亡二人以上或者重伤五人以上的；3. 致使一定区域生态环境受到严重危害的。

（二）特大案件：1. 造成直接经济损失三百万元以上的；2. 致人死亡五人以上或者重伤十人以上的；3. 致使一定区域生态环境受到严重破坏的。

以案说法

宋某是某县环保局监察大队的队长，其主要负责辖区内的环境污染情况进行检查。2017 年 6 月，宋某在带队检查某矿业公司的选矿建设项目时，发现该建设项目环保配套设施尚未建设完成，而且该公司违法进行生产，并且违法排污。但是，宋某并未将该公司的违法进行上报。于是，该公司继续生产，将大量含有污染物的废水直接排入周边的洼地中。然而，这些废水经过地下裂缝，渗入到了该县的饮用水源保护区的水库中，发生水体污染，从而造成公私财产直接经济损失共计 376 万元。在事件发生后，某市人民检察院对宋某以监管失职案特大案件的标准进行立案。但是，该市检察院的人民监督员董某提出立案监督意见，认为宋某一案并不能以特大案件来立案，宋某失职的行为发生的是水体污染的后果，因此，并不符合特大案件的立案标准。

在上述案件中，人民监督员以宋某所导致的后果不符合环境监管失职案特大案件的立案标准为由向人民检察院提出了异议。

宋某的失职行为虽然导致的后果是水体污染，但是，其也造成了直接经济损失高达 376 万元。根据上述法律规定，造成直接经济损失三百万元以上的环境监管失职案会被界定为特大案件。所以，宋某的行为是符合特大案件的立案标准的，人民检察院将此案作为特大案件进行办理的做法是正确的，而人民监督员董某所提出的立案监督意见是错误的。

由此可见，针对环境监管失职案重大案件、特大案件的立案标准，只有在出现上述三种情形时才有可能被界定为重大案件、特大案件。但是，作为人民监督员，我们在对此类案件进行监督的过程中，要注意行为人是否造成了上述三种后果。因为有时案件中可能会出现案例里的类似现象，看似行为人造成的是水体污染，其实，除此之外，还造成了其他后果的发生。此时，我们就要考量犯罪嫌疑人所造成的多种后果是否符合重大案件、特大案件的立案标准，而不能仅仅以一种后果为标准进行判断。

传染病防治失职案的刑事立案标准是什么？

《最高人民检察院关于渎职侵权犯罪案件立案标准的规定》第一部分渎职犯罪案件第二十条规定：传染病防治失职罪是指从事传染病防治的政府卫生行政部门的工作人员严重不负责任，不履行或者不认真履行传染病防治监管职责，导致传染病传播或者流行，情节严重的行为。

涉嫌下列情形之一的，应予立案：1.导致甲类传染病传播的；2.导致乙类、丙类传染病流行的；3.因传染病传播或者流行，造成人员重伤或者死亡的；4.因传染病传播或者流行，严重影响正常的生产、生活秩序的；5.在国家对突发传染病疫情等灾害采取预防、控制措施后，对发生突发传染病疫情等灾害的地区或者突发传染病病人、病原携带者、疑似突发传染病人，未按照预防、控制突发传染病疫情等灾害工作规范的要求做好防疫、检疫、隔离、防护、救治等工作，或者采取的预防、控制措施不当，造成传染范围扩大或者疫情、灾情加重的；6.在国家对突发传染病疫情等灾害采取预防、控制措施后，隐瞒、缓报、谎报或者授意、指使、强令他人隐瞒、缓报、谎报疫情、灾情，造成传染范围扩大或者疫情、灾情加重的；7. 在国家对突发传染病疫情等灾害采取预防、控制措施后，拒不执行突发传染病疫情等灾害应急处理指挥机构的决定、命令，造成传染范围扩大或者疫情、灾情加重的；8. 其他情节严重的情形。

以案说法

杜某是某市疾病预防中心的负责人。2017 年 11 月，该市医院向其进行汇报，称最近该市出现了很多症状类似的病人，很可能是流行性感冒。但是，杜某在收到相关的信息后，认为就是感冒而已，并不需要大惊小怪，觉得冬天感冒是非常常见的事情。因此，其没有采取任何措施。然而，半个月后，该市患有此种流行性感冒的人越来越多，有些单位因请假人员过多工作都无法开展，严重影响了当地正常的生产、生活秩序。杜某见此情形，才开始采取措施，而此时，该病已经无法得到控制。为此，某区人民检察院传唤杜某，准备以涉嫌传染病防治失职立案侦查。但是，该区检察院人民监督员冀某却认为，杜某的行为并未造成人员伤亡，并不需要追究刑事责任。

在上述案例中，人民监督员冀某对检察院以传染病防治失职罪对杜某立案的决定提出了异议，冀某认为犯罪嫌疑人杜某的行为并不符合刑事案件的立案标准。

杜某作为疾病预防中心的负责人，在得到可能会有流行性感冒的信息后，没有及时采取相关措施进行确认，严重不负责任，导致疾病迅速传播，严重影响了当地的生产、生活秩序。根据上述法律的规定，从事传染病防治的政府卫生行政部门的工作人员严重不负责任，因传染病传播或者流行，严重影响正常的生产、生活秩序的，需要立案追究刑事责任。因此，杜某的失职行为所造成的损害后果是符合刑事案件的立案标准的，检察院以传染病防治失职罪立案的决定是正确的，人民监督员冀某的监督意见是错误的。

据此可知，在传染病防治失职案件中，此案的刑事立案标准并不是以涉案人员是否造成了人员伤亡等严重后果为标准，针对每种不同的情形，其立案标准也是不同的。对此，人民监督员在立案监督审查案件时需要明确，在犯罪嫌疑人严重不负责任，导致传染病传播或流行，造成了社会正常的生产、生活秩序混乱时，其也要被追究刑事责任。我们不能错误的认为，只有在造成人员伤亡时传染病防治失职案才能成为刑事案件。

哪些情形下，传染病防治失职案会被界定为重大案件或特大案件？

《人民检察院直接受理立案侦查的渎职侵权重特大案件标准（试行）》第十八条规定了传染病防治失职案的重特大案件立案标准。

（一）重大案件：1. 导致乙类、丙类传染病流行的；2. 致人死亡二人以上或者残疾五人以上的。

（二）特大案件：1. 导致甲类传染病传播的；2. 致人死亡五人以上或者残疾十人以上的。

以案说法

叶某是某县疾病预防控制中心免疫科的科长。2016 年，该县某医院发现一位前来就诊的病人患有麻疹病，便通过信息系统上报。当时，叶某在得到相关信息之后，并未采取任何措施，也没有再继续向上级部门报告。而且其叮嘱医院，不得再在病人的病例上写麻疹病。为此，其瞒报疫情的行为，导致错过最佳的处置时机，疫情爆发。之后，该县人民检察院以涉嫌传染病防治失职罪对叶某进行立案侦查。然而，在检察院作出立案决定后，该县人民检察院的人民监督员赵某认为检察院应当将此案作为重大案件进行办理。

在上述案例中，人民监督员赵某针对某县人民检察院对叶某涉嫌传染病防治失职罪的立案决定提出了异议，赵某认为此案应该被界定为重大案件。

叶某作为疾病预防控制中心免疫科科长，不认真履行传染病防治监管职责，导致当地出现的麻疹病流行。而根据《中华人民共和国传染病防治法》第三条的规定："本法规定的传染病分为甲类、乙类和丙类。甲类传染病（2 种）是指：鼠疫、霍乱。乙类传染病（26 种）是指：传染性非典型肺炎（严重急性呼吸综合征）、艾滋病、病毒性肝炎、脊髓灰质炎、人感染高致病性禽流感、甲型 H1N1 流感、麻疹、流行性出血热、狂犬病、流行性乙型脑炎、登革热、炭疽、细菌性和阿米巴性痢疾、肺结核、伤寒和副伤寒、流行性脑脊髓膜炎、百日咳、白喉、新生儿破伤风、猩红热、布鲁氏菌病、淋病、梅毒、钩端螺旋体病、血吸虫病、疟疾。丙类传染病（11 种）是指：流行性感冒、流行性腮腺炎、风疹、急性出血性结膜炎、麻风病、流行性和地方性斑疹伤寒、黑热病、包虫病、丝虫病，除霍乱、细菌性和阿米巴性痢疾、伤寒和副伤寒以外的感染性腹泻病、手足口病。国务院卫生行政部门根据传染病暴发、流行情况和危害程度，可以决定增加、减少或者调整乙类、丙类传染病病种并予以公布。"由此可知，麻疹病属于乙类传染病。同时，根据《人民检察院直接受理立案侦查的渎职侵权重特大案件标准（试行）》第十八条第一款第一项的规定，导致乙类、丙类传染病流行的，传染病防治失案则要被界定为重大案件。因此，人民监督员赵某提出的立案监督意见是正确的，人民检察院应当予以采纳，将此案作为重大案件立案侦查。

由此可见，在传染病防治失职案件中，如果犯罪嫌疑人导致甲类疾病传播、乙类、丙类疾病流行的，即便未出现人员死亡，那么，此案也是要被界定为重大案件或特大案件的。对此，人民监督员需要予以注意。

非法批准征用、占用土地案的刑事立案标准是什么？

《最高人民检察院关于渎职侵权犯罪案件立案标准的规定》第一部分渎职犯罪案件第二十一条规定：非法批准征用、占用土地罪是指国家机关工作人员徇私舞弊，违反土地管理法、森林法、草原法等法律以及有关行政法规中关于土地管理的规定，滥用职权，非法批准征用、占用耕地、林地等农用地以及其他土地，情节严重的行为。

涉嫌下列情形之一的，应予立案：1.非法批准征用、占用基本农田10亩以上的；2.非法批准征用、占用基本农田以外的耕地30亩以上的；3.非法批准征用、占用其他土地50亩以上的；4.虽未达到上述数量标准，但造成有关单位、个人直接经济损失30万元以上，或者造成耕地大量毁坏或者植被遭到严重破坏的；5.非法批准征用、占用土地，影响群众生产、生活，引起纠纷，造成恶劣影响或者其他严重后果的；6.非法批准征用、占用防护林地、特种用途林地分别或者合计10亩以上的；7.非法批准征用、占用其他林地20亩以上的；8.非法批准征用、占用林地造成直接经济损失30万元以上，或者造成防护林地、特种用途林地分别或者合计 5 亩以上或者其他林地 10 亩以上毁坏的；9. 其他情节严重的情形。

以案说法

郑某是某市国土资源局的副局长，2017 年 3 月，该市民政局向其申请，准备将某市的 30 亩林地建成老年公寓。而郑某却违反法律规定，批准了民政局的申请，并下发了建设用地批准书。因林地一旦被开发，就会使得大部分树木被砍伐，因此，引起了当地群众的不满，市民纷纷抗议，成群结队到政府门口闹事，引起当地社会秩序的严重混乱。之后，郑某违法批准征用、占用土地的行为被上级部门发现。于是，某区人民检察院在对郑某传唤询问后，认为郑某非法批准占用土地的面积没有达到法律规定的刑事案件的立案标准，因此，不予立案。对此，该区检察院人民监督员孙某认为虽然郑某非法批准占用林地的面积没有达到法定标准，但是，其行为影响了群众的生产、生活，产生了恶劣影响，所以，孙某建议人民检察院立案追究郑某的刑事责任。

在上述案例中，人民监督员孙某对于人民检察院就郑某非法批准占用林地的行为不予立案的决定提出了监督意见，孙某认为人民检察院应当追究郑某的刑事责任。

郑某非法批准某市民政局占用林地修建老年公寓的行为，虽然其占用林地的面积只有 30 亩，没有达到法律规定的 50 亩，但是，郑某的行为严重影响了当地群众的生产生活，造成社会秩序的混乱，产生了恶劣的影响。因此，根据上述法律规定的第三种立案标准，非法批准征用、占用土地，影响群众生产、生活，引起纠纷，造成恶劣影响或者其他严重后果的，应予立案。郑某非法批准某市民政局占用林地的行为是符合刑事立案标准的，人民检察院应当立案追究其刑事责任，人民监督员孙某提出的立案监督意见是正确的。

通过上述案例可知，在非法批准征用、占用土地案中，人民监督员需要注意，并非只有占用土地的面积这一个立案标准，即使犯罪嫌疑人非法批准征用、占用的土地面积并不符合刑事案件所要求的标准，但是，如果其造成了直接经济损失或者是影响了群众的生产生活，引发纠纷，那么，人民检察院对该案也需要进行立案侦查。

非法批准征用、占用土地案成为重大案件、特大案件的立案标准是什么？

《人民检察院直接受理立案侦查的渎职侵权重特大案件标准（试行）》第十九条规定了非法批准征用、占用土地案的重特大案件的立案标准。

（一）重大案件：1.非法批准征用、占用基本农田二十亩以上的；2.非法批准征用、占用基本农田以外的耕地六十亩以上的；3.非法批准征用、占用其他土地一百亩以上的；4.非法批准征用、占用土地，造成基本农田五亩以上，其他耕地十亩以上严重毁坏的；5.非法批准征用、占用土地造成直接经济损失五十万元以上的。

（二）特大案件：1.非法批准征用、占用基本农田三十亩以上的；2.非法批准征用、占用基本农田以外的耕地九十亩以上的；3.非法批准征用、占用其他土地一百五十亩以上的；4.非法批准征用、占用土地，造成基本农田十亩以上，其他耕地二十亩以上严重毁坏的；5.非法批准征用、占用土地造成直接经济损失一百万元以上的。

以案说法

任某是某市国土资源局的局长，2017 年 6 月，该市某房地产公司准备将该市郊区的十亩基本农田和附近的五十五亩其他耕地开发建成别墅，因此，便向该国土资源局申请。因该房地产公司允诺在建成后，送给任某两套别墅，因此，任某非法批准了房地产公司的请求。但房地产公司在进行开发的过程中，遭到当地农民的强烈反对，任某的非法批准行为被发现。之后，某市人民检察院便开始对此案进行立案侦查，其中对任某以涉嫌非法批准征用、占用土地罪立案。并且，该案被直接界定为重大案件。在人民检察院立案后，该市检察院人民监督员冯某认为，任某非法批准征用、占用土地案并不符合重大案件的立案标准。

在上述案件中，人民监督员冯某认为任某非法批准征用、占用土地案不能被界定为重大案件，因此，向人民检察院提出了立案监督意见。而关于非法批准征用、占用土地案的重大案件、特大案件的立案标准，《人民检察院直接受理立案侦查的渎职侵权重特大案件标准（试行）》第十九条分别规定了五种立案情形，而在这五种立案情形中，是以犯罪嫌疑人非法批准征用、占用土地的面积的大小、造成的直接经济损失的数额为立案标准的。

具体到本案中，任某非法批准占用基本农田十亩和其他耕地五十五亩，根据《人民检察院直接受理立案侦查的渎职侵权重特大案件标准（试行）》第十九条第二款第四项的规定，非法批准征用、占用土地，造成基本农田十亩以上，其他耕地二十亩以上严重毁坏的则要成为特大案件。因此，任某非法批准占用土地的面积是符合特大案件的立案标准的，此案应该被界定为特大案件，而人民监督员和人民检察院的做法都是错误的。

据此可知，在非法批准征用、占用土地案成为重大案件、特大案件的立案标准中，我们需要注意立案标准的第四种情形，即犯罪嫌疑人非法批准的土地中既有基本农田，也有其他耕地的情形，在此种情形中，也是存在一个界定重大案件、特大案件的标准的。所以，我们不能错误地认为，只要有基本农田就要以二十亩或者三十亩的标准进行判断，这是错误的。

哪些情形下，非法低价出让国有土地使用权案会成为刑事案件？

《最高人民检察院关于渎职侵权犯罪案件立案标准的规定》第一部分渎职犯罪案件第二十二条规定：非法低价出让国有土地使用权罪是指国家机关工作人员徇私舞弊，违反土地管理法、森林法、草原法等法律以及有关行政法规中关于土地管理的规定，滥用职权，非法低价出让国有土地使用权，情节严重的行为。

涉嫌下列情形之一的，应予立案：1. 非法低价出让国有土地30亩以上，并且出让价额低于国家规定的最低价额标准的百分之六十的；2. 造成国有土地资产流失价额30万元以上的；3. 非法低价出让国有土地使用权，影响群众生产、生活，引起纠纷，造成恶劣影响或者其他严重后果的；4. 非法低价出让林地合计30亩以上，并且出让价额低于国家规定的最低价额标准的百分之六十的；5. 造成国有资产流失30万元以上的；6. 其他情节严重的情形。

以案说法

陈某是某县国土资源局督查办主任，2016年6月，陈某将位于该县某村的一块 15 亩的土地以低于国家规定最低价 70% 的价格非法出让给某公司作为工业用地，导致国有土地资产流失价额 35 万元。后来，陈某以低价非法出让土地的行为被上级部门发现，陈某受到了开除的行政处分，同时，某县人民检察院也以非法低价出让国有土地使用权对此案进行立案侦查。但是，该区人民检察院的人民监督员王某认为，陈某所造成的损害后果并不符合非法低价出让国有土地使用权案的刑事立案标准。

在上述案例中，人民监督员王某针对人民检察院立案侦查陈某非法低价出让国有土地使用权一案提出了立案监督意见。

陈某以低于国家规定的最低价 70% 的价格出让国有土地使用权，虽然陈某出让的土地的数量并未达到法律规定的 30 亩，但是，其同时造成国有资产流失价额 35 万元。根据上述法律规定，陈某所造成的后果是符合第二种立案情形的。因此，此案是符合刑事案件的立案标准的，人民检察院立案侦查的决定是正确的，而人民监督员提出的立案监督意见是不正确的。

据此可知，非法低价出让国有土地使用权案件中，有时行为人所造成的损害后果可能有多个，当其中的一个不符合刑事立案标准时，我们还要进一步判断其他情形是否符合立案标准，而不能只是看到其中的一种损害后果不符合立案标准，就片面认为该案不能作为刑事案件进行立案侦查。因此，这就需要我们人民监督员在实际的立案监督工作中注意对此类案件行为人造成的损害后果进行全面判断，以避免出现错误。

哪些情形下，非法低价出让国有土地使用权案被界定为重大案件、特大案件？

《人民检察院直接受理立案侦查的渎职侵权重特大案件标准

（试行）》第二十条规定了非法低价出让国有土地使用权案的重特大案件标准。

（一）重大案件：1. 出让国有土地使用权面积在六十亩以上，并且出让价额低于国家规定的最低价额标准的百分之六十的；2. 造成国有土地资产流失价额在五十万元以上的。

（二）特大案件：1. 出让国有土地使用权面积在九十亩以上，并且出让价额低于国家规定的最低价额标准的百分之四十的；2. 造成国有土地资产流失价额在一百万元以上的。

以案说法

尚某是某市国土资源局的副局长，2016 年 12 月，其通过暗中操作将位于该市的一块土地以低于国家规定最低价的 50% 出售给了某百货公司作为商业用地。为此，导致国有资产流失价额 365 万元。之后，尚其的行为被揭发。于是，某市人民检察院便以非法低价出让国有土地使用权案对此案进行立案侦查。在作出立案决定后，该市检察院人民监督员朱某提出异议，认为人民检察院应当将此案作为特大案件进行办理。

在上述案例中，人民监督员朱某针对尚某非法低价出让国有土地使用权案是否要界定为特大案件提出了监督意见，朱某认为此案符合特大案件的立案标准，应当界定为特大案件。

尚某非法以低价出让国有土地使用权的行为，导致国有资产流失价额 365 万元。根据上述法律规定可知，其给国有资产所造成的损失是符合非法低价出让国有土地使用权案特大案件的立案标准的。因此，该案应当成为特大案件，某市人民检察院应当采纳人民监督员朱某的监督意见，将此案作为特大案件立案侦查。

据此可知，非法低价出让国有土地使用权案的重大案件、特大案件的立案标准主要是针对国家机关工作人员出让国有土地的行为，而出让林地的行为是不会构成重大案件、特大案件的立案标准的。此外，对于重大案件、特大案件立案标准的第二种情形是造成国有土地资产价额流失达到一定的数额，而不是造成国有资产的流失。对此，人民监督员在实际工作中需要注意。

放纵走私案的刑事立案标准是什么？

《最高人民检察院关于渎职侵权犯罪案件立案标准的规定》第一部分渎职犯罪案件第二十三条规定：放纵走私罪是指海关工作人员徇私舞弊，放纵走私，情节严重的行为。

涉嫌下列情形之一的，应予立案：1. 放纵走私犯罪的；2. 因放纵走私致使国家应收税额损失累计达 10 万元以上的；3. 放纵走私行为 3 起次以上的；4. 放纵走私行为，具有索取或者收受贿赂情节的；5. 其他情节严重的情形。

以案说法

周某是某市海关的主任，主要负责机场进出境旅客的物品查验工作。在接受了迟某的贿赂之后，周某利用其职务便利，在明知迟某等人从美国大量走私奢侈品的情况下，仍然多次纵容迟某等人的走私行为。一次，在上级部门进行检查的过程中，周某放纵迟某等人走私的行为被发现。为此，人民检察院便以涉嫌放纵走私罪对周某立案侦查。但是，立案后，该区检察院的人民监督员施某提出了立案监督意见，认为周某并未放纵走私犯罪，不需要追究刑事责任。

在上述案件中，人民监督员施某针对周某涉嫌放纵走私案是否构成刑事案件的立案标准提出异议，施某认为周某并不符合刑事案件的立案标准。对比，《最高人民检察院关于渎职侵权犯罪案件立案标准的规定》第一条第二十三款规定了放纵走私罪的五种立案情形，即放纵走私犯罪的、因放纵走私导致国家税收损失达 10 万元以上的、放纵走私行为 3 起以上的或者是具有索贿、收受贿赂等情节的，只要符合这其中任何一种情形，均应当立案侦查。

具体到本案中，周某放纵迟某等人从国外走私物品，同时其具有收受贿赂的行为。周某放纵走私的行为是符合《最高人民检察院关于渎职侵权犯罪案件立案标准的规定》第一部分渎职犯罪案件第二十三条规定的放纵走私罪的第四种立案情形，即放纵走私行为，并具有索取或者收受贿赂情节。因此，人民检察院以涉嫌放纵走私罪立案侦查的决定是正确的，而人民监督员施某所提出的立案监督意见是错误的。

针对放纵走私案件，在判断此类案件是否符合刑事立案标准时，不能只以其放纵的对象是否构成犯罪作为唯一的界定标准。此外，在其他三种立案情形中，作为人民监督员，我们需要注意的是，对于放纵走私导致国家税收损失达到 10 万元的，一定要明确是多次累计计算给国家造成 10 万元以上的税收损失，而不是一次性的放纵走私行为就造成税收损失 10 万元以上。对于放纵走私 3 起以上的，需要注意是 3 起案件，而不是 3 次以上，也就是说像上述案例中，周某虽然多次放纵迟某等人从国外走私物品，如果其没有受贿情节，那么也是不符合刑事立案标准的。

哪些情形下，放纵走私案会成为重大案件、特大案件？

《人民检察院直接受理立案侦查的渎职侵权重特大案件标准

（试行）》第二十一条规定了放纵走私案重特大案件标准。造成国家税收损失累计达三十万元以上的为重大案件。造成国家税收损失累计达五十万元以上的为特大案件。

以案说法

单某是某市海关缉私分局的局长，其利用自己职务上的便利，多次帮助其表弟江某从国外走私车辆，给国家造成税收损失高达 80 万元。不久前，江某在一次走私的过程中被抓获，单某放纵走私的行为也被揭发。因此，某市人民检察院便开始对此案进行立案侦查。然而，人民检察院在立案时，只是按照放纵走私案的一般案件性质立案侦查。对此，该市人民检察院人民监督员唐某提出了监督意见，建议人民检察院将此案作为特大案件立案侦查。

在上述案件中，人民监督员对检察院没有将单某放纵走私案作为特大案件予以处理的行为提出了立案监督意见。

单某利用自己的职务便利，放纵江某从国外走私轿车的行为，给国家造成税收损失高达 80 万元。根据上述法律规定，单某的行为所造成的国家税收损失是符合放纵走私案特大案件的立案标准的。因此，人民监督员唐某提出的立案监督意见是正确的，人民检察院应当将此案作为特大案件办理。

放纵走私重大案件、特大案件的程序比普通放纵走私案件更为严格，准确定位案件性质，有利于更好地开展侦查活动，因此，检察机关一定要根据放纵走私的行为给国家税收造成的损失进行立案。作为人民监督员，也要准确把握立案标准，及时监督检察机关的不当立案侦查活动。

哪些情形下，商检徇私舞弊案会成为刑事案件？

《最高人民检察院关于渎职侵权犯罪案件立案标准的规定》第一部分渎职犯罪案件第二十四条规定：商检徇私舞弊罪是指出入境检验检疫机关、检验检疫机构工作人员徇私舞弊，伪造检验结果的行为。

涉嫌下列情形之一的，应予立案：1. 采取伪造、变造的手段对报检的商品的单证、印章、标志、封识、质量认证标志等作虚假的证明或者出具不真实的证明结论的；2. 将送检的合格商品检验为不合格，或者将不合格商品检验为合格的；3. 对明知是不合格的商品，不检验而出具合格检验结果的；4. 其他伪造检验结果应予追究刑事责任的情形。

以案说法

杨某是某市出入境检验检疫局检务人员，其利用从事受理报检、签发检验检疫通关证明等职务便利，在明知某外贸公司报检的出境货物不合格的情况下，因该公司的总经理是自己的好朋友，就出具合格的检验检疫通关证明，致使该公司未经检验检疫的出境货物得以报检通关。杨某徇私舞弊的行为被发现后，某区人民检察院对此案以涉嫌商检徇私舞弊罪进行立案侦查。但是，该区人民检察院的监督员福某认为杨某的行为并未造成任何损害，不需要追究其刑事责任。

在上述案件中，人民监督员认为犯罪嫌疑人杨某并不符合商检徇私舞弊案的刑事立案标准。

杨某利用自己的职务便利，明知某外贸公司的产品不合格，仍然徇私舞弊，出具合格的检验结果。根据法律的规定，杨某徇私舞弊的行为符合商检徇私舞弊案立案标准的第三种立案情形。因此，即便杨某商检徇私舞弊的行为没有导致任何损害结果，但是，依据法律规定，仍然要承担刑事责任。所以，某区人民检察院对此案立案侦查的决定是正确的。

通过上述案例我们可知，针对商检徇私舞弊案，一旦相关的工作人员实施了徇私舞弊、伪造检验结果的行为，无论其是否造成了经济损失，都要追究行为人的刑事责任。因此，人民监督员在实际工作中，接触到此类案件时，一定要走出一个误区，不能认为商检徇私舞案只有在造成经济损失或者其他损害发生时，才会成为刑事案件。

哪些情形下，商检徇私舞弊案会被界定为重大案件或特大案件？

《人民检察院直接受理立案侦查的渎职侵权重特大案件标准（试行）》第二十二条规定了商检徇私舞弊案的重特大案件标准。

（一）重大案件：1. 造成直接经济损失五十万元以上的；2. 徇私舞弊，三次以上伪造检验结果的。

（二）特大案件：1. 造成直接经济损失一百万元以上的；2. 徇私舞弊，五次以上伪造检验结果的。

以案说法

钱某是某市出入境检验检疫局负责送检商品质检的检验员。2017 年 7 月，某服装外贸公司将货物送来检验，因该外贸公司的总经理姚某曾经与其有过节，钱某为了报复姚某，故意将该公司本来检验合格的商品出具了检验不合格的报告，造成该公司的货物未能按时出关，进而给其造成间接损失 80 万元。该公司第二次送到别处进行检验时，出具的结果是合格，钱某伪造检验结果的行为被发现。单位给予了钱某开除的处分，某区人民检察院以钱某涉嫌商检徇私舞弊罪对其进行了立案侦查。在立案后，该区人民检察院的人民监督员张某认为钱某给某服装公司造成了巨额的经济损失，应当将比案界定为重大案件。

在上述案例中，人员监督员张某认为钱某涉嫌商检徇私舞弊案，因情节严重应该定性为重大案件，所以，向人民检察院提出了立案监督意见。

钱某伪造质检结果的行为给某服装外贸公司造成间接经济损失 80 万元，而根据法律规定，只有商检人员伪造质检结果的行为导致直接经济损失五十万元以上的，才会被界定为重大案件。因此，钱某伪造质检结果一案是不能被界定为重大案件的，人民检察院以商检徇私舞弊案一般情形的立案标准进行立案侦查是正确的。

人民监督员在实际工作中，针对商检徇私舞弊案，在判断此类案件是否要界定为重大案件或特大案件时，一定要注意犯罪嫌疑人伪造质检结果造成的是否为直接经济损失或者是否属于多次伪造质检结果。只有其造成直接经济损失或者伪造质检结果的行为在 3 次以上时，才能被界定为重大案件或者特大案件。而如果犯罪嫌疑人的行为造成的是间接经济损失，那么无论其间接经济损失的数额是否巨大，都是不符合重大案件、特大案件的立案标准的。

哪些情形下，商检失职案会成为刑事案件？

《最高人民检察院关于渎职侵权犯罪案件立案标准的规定》

第一部分渎职犯罪案件第二十五条规定：商检失职罪是指出入境检验检疫机关、检验检疫机构工作人员严重不负责任，对应当检验的物品不检验，或者延误检验出证、错误出证，致使国家利益遭受重大损失的行为。

涉嫌下列情形之一的，应予立案：1.致使不合格的食品、药品、医疗器械等商品出入境，严重危害生命健康的；2.造成个人财产直接经济损失 15 万元以上，或者直接经济损失不满 15 万元，但间接经济损失 75 万元以上的；3.造成公共财产、法人或者其他组织财产直接经济损失 30 万元以上，或者直接经济损失不满 30 万元，但间接经济损失 150 万元以上的；4.未经检验，出具合格检验结果，致使国家禁止进口的固体废物、液态废物和气态废物等进入境内的；5.不检验或者延误检验出证、错误出证，引起国际经济贸易纠纷，严重影响国家对外经贸关系，或者严重损害国家声誉的；6.其他致使国家利益遭受重大损失的情形。

以案说法

霍某是某市出入境检验检疫机关的工作人员。2017 年 3 月，某百货公司从国外进口了一批奶粉。在入境准备接受检验时，该百货公司负责接收货物的曹某称他们非常着急将货物交给客户，请霍某通融一下。而霍某觉得进口的产品一般情况下都是符合检验标准的，因此，在没有进行检验的情形下，便让曹某运走了货物。然而，百货公司进口的这批奶粉质量并不合格，销售后致使多名婴幼儿中毒。在百货公司的"毒奶粉"事情被揭露后，霍某的行为被某区人民检察院以商检失职罪进行立案侦查。但是，该区检察院人民监督员冯某认为霍某并未造成严重的损害后果，是不需要追究刑事责任的。

在上述案件中，人民监督员冯某针对某区人民检察院将霍某商检失职的行为作为刑事案件予以立案的决定提出了异议。

霍某商检失职的行为，导致不符合安全标准的食品进入中国境内，而且该批奶粉严重损害人体健康。因此，霍某的行为符合立案标准规定的第一种立案情形，即出入境检验检疫机关、检验检疫机构工作人员严重不负责任，对应当检验的物品不检验，或者延误检验出证、错误出证，致使不合格的食品、药品、医疗器械等商品出入境，严重危害生命健康的，需要承担刑事责任。所以，人民检察院对霍某商检失职一案立案侦查是符合法律规定的。

在商检失职案中，因行为人工作失职导致不合格的食品、药品或者医疗器材入境的，此种立案标准并不要求真正的损害后果发生，只要其商检失职存在潜在的危险，就需要承担刑事责任。对此，人民监督员在实际的立案监督中需要注意。除此之外，商检人员未经检验，出具合格检验结果，致使国家禁止进口的固体废物、液态废物和气态废物等进入境内的，无论是否造成了经济损失或者其他的损害后果，只要其导致了这些国家禁止进口的废物入境，就要将案件界定为刑事案件。

商检失职案成为重大案件、特大案件的立案标准是什么？

《人民检察院直接受理立案侦查的渎职侵权重特大案件标准（试行）》第二十三条规定了商检失职案的重特大案件标准。

（一）重大案件：1.造成直接经济损失一百万元以上的；2.五次以上不检验或者延误检验出证、错误出证的。

（二）特大案件：1.造成直接经济损失三百万元以上的；

2. 七次以上不检验或者延误检验出证、错误出证的。

以案说法

童某是某市海关的检务员，主要负责检验通过船运进入中国港口的货物。2017 年 5 月，某外贸有限公司从国外进口了 3 吨废弃塑料。由于童某与该公司负责接货的高某曾是大学同学，而且当天进口的货物又非常多。于是，童某直接询问高某他们进口的货物类型，高某称是一批进口的塑料杯子，之后，童某在未经检验的情况下，就出具了检验结果。然而，高某在将该批废弃塑料运回公司仓库的路上被查获。为此，童某也以涉嫌商检失职罪被某市检察院立案侦查。但是，该市检察院的人民监督员何某提出应当将此案界定为重大商检失职案件，因为童某的行为导致了大量固态废弃物进入境内。

在上述案件中，人民监督员何某对犯罪嫌疑人童某涉嫌商检失职罪一案没有被界定为重大案件提出了异议。

童某作为海关的检务员，因其严重不负责任，导致禁止进口的固态废物入境。但是，其失职行为并没有造成直接的经济损失，也没有达到三次以上。因此，童某的商检失职行为并不符合商检失职案重大案件的立案标准，人民检察院未将此案作为重大案件的立案决定是正确的。

通过上述案件可知，在商检失职案中，并不是所有的立案情形都会被界定为重大案件或特大案件。只有在导致直接的经济损失达到 100 万以上或者行为人商检失职的次数在 3 次以上的，才有可能被界定为重大案件、特大案件。对此，人民监督员在工作中也需要明确，在行为人存在商检失职行为时，还要进一步根据其是否符合重大案件、特大案件的立案标准。

动植物检疫徇私舞弊案的刑事立案标准是什么？

《最高人民检察院关于渎职侵权犯罪案件立案标准的规定》第一部分渎职犯罪案件第二十六条规定：动植物检疫徇私舞弊罪是指出入境检验检疫机关、检验检疫机构工作人员徇私舞弊，伪造检疫结果的行为。

涉嫌下列情形之一的，应予立案：1.采取伪造、变造的手段对检疫的单证、印章、标志、封识等作虚假的证明或者出具不真实的结论的；2.将送检的合格动植物检疫为不合格，或者将不合格动植物检疫为合格的；3.对明知是不合格的动植物，不检疫而出具合格检疫结果的；4.其他伪造检疫结果应予追究刑事责任的情形。

以案说法

宋某是某市出入境检疫机关的工作人员。2017年3月，某肉制品公司从越南进口了50头生猪。在进行入境检疫时，由于该肉制品公司的经理余某事先和宋某打了招呼，请求宋某帮助他们办理一下通关手续。因此，宋某在没有进行检疫的情况下，为该公司出具了合格的检疫结果。之后，在工商部门进行检查时，由于及时发现，这些不合格的生猪未流入市场。宋某徇私舞弊的行为被发现，某区人民检察院对宋某以涉嫌动植物检疫徇私舞弊进行立案。但是，该区检察院的人民监督员夏某提出了立案监督意见，认为宋某并不符合刑事案件的立案标准。

在上述案件中，人民监督员夏某对于犯罪嫌疑人宋某是否构成涉嫌动植物检疫徇私舞弊罪提出了不同意见。夏某认为宋某的行为没有造成任何损害后果，故无需追究其刑事责任。而对于动植物检疫徇私舞弊案的刑事立案标准，《最高人民检察院关于渎职侵权犯罪案件立案标准的规定》第一部分渎职犯罪案件第二十六条规定了四种立案情形，这四种立案情形都是检疫人员伪造检验结果的不同表现形式，与其是否造成损害结果并无关联。

具体到本案中，宋某作为出入境检疫机关的工作人员，徇私舞弊，明知某肉制品公司进口的生猪不符合标准，仍然在不进行检疫的情况下伪造检疫结果。虽然该肉制品公司进口不合格动物的行为被工商部门查获，生猪并未流入市场危害消费者的生命健康。但是，根据上述法律规定的第三项立案情形，即出入境检疫机关的工作人员对明知是不合格的动植物，不检疫而出具合格检疫结果的，需要立案追究其刑事责任。因此，宋某伪造检验结果的行为是符合动植物检疫徇私舞弊案的刑事立案标准的。

在动植物检疫徇私舞弊案中，该案作为刑事案件的立案标准并不要求行为人徇私舞弊、伪造检疫结果的行为带来实质上的损害。也就是说，一旦出入境检验检疫机关、检验检疫机构工作人员有徇私舞弊，伪造动植物检验检疫结果的行为，不管其是否造成损害后果，都要被追究刑事责任。对此，人民监督员在立案监督过程中，在判断此类案件是否符合刑事立案标准时，无需以是否出现损害结果为条件来界定行为人是否需要承担刑事责任。

动植物检疫徇私舞弊案成为重大案件、特大案件的立案标准是什么？

《人民检察院直接受理立案侦查的渎职侵权重特大案件标准（试行）》第二十四条规定了动植物检疫徇私舞弊案的重特大案件的立案标准。

（一）重大案件：1. 徇私舞弊，三次以上伪造检疫结果的；

2. 造成直接经济损失五十万元以上的。

（二）特大案件 1. 徇私舞弊，五次以上伪造检疫结果的；2. 造成直接经济损失一百万元以上的。

以案说法

魏某是某市出入境检验检疫局的工作人员，其在该单位工作期间，曾经先后五次帮助他的弟弟伪造进口动植物的检疫结果。之后，魏某徇私舞弊的行为被发现，某市人民检察院以特大动植物检疫徇私舞弊案进行立案侦查。然而，在检察院立案后，人民监督员胡某认为此案中犯罪嫌疑人魏某虽然多次帮助他的弟弟伪造检疫结果，但是，其伪造检疫结果的行为只有这一起案件。因此，该案是不需要界定为特大案件的，因而提出了监督意见。

在上述案例中，人民监督员胡某认为犯罪嫌疑人魏某的行为并不符合特大案件的立案标准，故向人民检察院提出了立案监督意见。

魏某作为出入境检验检疫局的工作人员，其先后五次帮助他的弟弟伪造检验结果。根据上述法律第二十四条第二款第一项的规定，徇私舞弊，五次以上伪造检疫结果的动植物检疫徇私舞弊案就成为特大案件。尽管魏某为其弟弟伪造检验检疫结果的仅仅有一起案件，但因其伪造的次数达到了五次，因而是符合动植物检疫徇私舞弊案特大案件的立案标准的。所以，人民检察院将此案作为特大案件立案侦查的做法是正确的。

人民监督员在立案监督工作中，针对动植物检疫徇私舞弊案重大案件、特大案件的立案标准需要注意，此类案件除了行为人造成的直接经济损失为外，是以行为人徇私舞弊、伪造检疫结果的次数为标准，而不是以其涉案案件的数量来界定的。

哪些情形下，动植物检疫失职案会成为刑事案件？

《最高人民检察院关于渎职侵权犯罪案件立案标准的规定》第一部分渎职犯罪案件第二十七条规定：动植物检疫失职罪是指出入境检验检疫机关、检验检疫机构工作人员严重不负责任，对应当检疫的检疫物不检疫，或者延误检疫出证、错误出证，致使国家利益遭受重大损失的行为。

涉嫌下列情形之一的，应予立案：1.导致疫情发生，造成人员重伤或者死亡的；2.导致重大疫情发生、传播或者流行的；3.造成个人财产直接经济损失15万元以上，或者直接经济损失不满15万元，但间接经济损失75万元以上的；4.造成公共财产或者法人、其他组织财产直接经济损失30万元以上，或者直接经济损失不满30万元，但间接经济损失150万元以上的；5.不检疫或者延误检疫出证、错误出证，引起国际经济贸易纠纷，严重影响国家对外经贸关系，或者严重损害国家声誉的；6.其他致使国家利益遭受重大损失的情形。

以案说法

林某是某地国家检疫检验机关的检务员，其主要负责进出口动植物的检疫。2017年8月，林某在对进口的一批植物进行检疫时错误出证，将本来合格的植物错误弄成不合格。为此，给某公司造成直接经济损失28万元，间接经济损失40万元。事件发生后，某区人民检察院便开始进行调查。最后，某区人民检察院作出不予立案的决定。人民监督员徐某以林某同时造成直接经济损失和间接经济损失且数额巨大为由，向人民检察院提出立案监督意见，建议人民检察院立案侦查此案。

在上述案件中，人民监督员徐某对于检察院未立案侦查林某动植物检疫失职案提出了异议，其认为林某的行为应当被追究刑事责任。

林某在对出口的植物进行检疫时出现失误，导致将合格的植物错误出证，从而给某出口植物的公司造成直接经济损失 28 万元，间接经济损失 40 万元。根据上述法律第一条第二十七款规定的第四种立案情形，出入境检验检疫机关、检验检疫机构工作人员严重不负责任，造成公共财产或者法人、其他组织财产直接经济损失 30 万元以上，或者直接经济损失不满 30 万元，但间接经济损失150 万元以上的，才会被追究刑事责任。而林某的行为虽然同时导致了直接经济损失和间接经济损失，但是，其所造成的经济损失的数额并不符合法律规定的立案标准。因此，林某的行为并不构成动植物检疫失职罪，人民监督员徐某的说法于法无据。

动植物检疫失职案的刑事立案标准与动植物徇私舞弊案的立案标准是不同的，动植物检疫失职案要求行为人造成了一定的损害后果，而动植物徇私舞弊案则是行为人只要实施了此种行为就构成犯罪。对此，人民监督员在实际的立案监督工作中需要注意，在涉及动植物检疫失职案时，一定要看行为人所造成的损害结果是否符合法律规定的标准，而不能片面的认为只要行为人实施了此种行为，并出现了损害后果就构成刑事犯罪。

哪些情形下，动植物检疫失职案会成为重大案件、特大案件？

《人民检察院直接受理立案侦查的渎职侵权重特大案件标准（试行）》第二十五条规定了动植物检疫失职案的重特大案件标准。

（一）重大案件：1. 造成直接经济损失一百万元以上的；2. 导致疫情发生，造成人员死亡二人以上的；3. 五次以上不检疫，或者延误检疫出证、错误出证，严重影响国家对外经贸关系和国家声誉的。

（二）特大案件：1. 造成直接经济损失三百万元以上的；2. 导致疫情发生，造成人员死亡五人以上的；3. 七次以上不检疫，或者延误检疫出证、错误出证，严重影响国家对外经贸关系和国家声誉的。

以案说法

彭某是某市出入境检疫检验机关的工作人员。2017 年 9 月，某公司准备出口一批动物。在到该机关进行检验时，由于彭某在检验检疫时延误检疫出证，导致该公司未能及时将动物出口，造成直接经济损失 10 万元。在事件发生后，该检验检疫机关发现，原来彭某曾经五次出现了错误出证，只不过都及时进行更改，没有导致危害后果出现。随后，某区人民检察院对彭某以涉嫌动植物检疫失职罪进行立案侦查。但是，该区人民监督员认为彭某前后六次在工作中出现错误，并且此次给某公司造成直接经济损失 10 万元。因此，此案应当被界定为重大案件。

在上述案例中，人民监督员针对彭某动植物检疫失职案是否需要被界定为重大案件向人民检察院提出了异议，其认为此案需要按照重大案件的立案标准办理。

彭某虽然在工作中出现六次延误检疫出证、错误出证的情况，并且此次失职行为还给某公司造成 10 万元的直接经济损失。但是，根据《人民检察院直接受理立案侦查的渎职侵权重特大案件标准（试行）》第二十五条第一款第三项规定，五次以上不检疫，或者延误检疫出证、错误出证，严重影响国家对外经贸关系和国家声誉的动植物检疫失职案才会被界定为重大案件。由此可以得知，在此种界定重大案件的立案标准中，是存在两个条件的：（1）五次以上不检疫，或者延误检疫出证、错误出证；（2）重影响国家对外经贸关系和国家声誉。即只有在这两个条件同时存在的情形下，案件才能被界定为重大案件，两个条件缺一不可。在本案中，虽然彭某六次以上延误检疫出证、错误出证，但是，其并未造成严重影响国家对外经贸关系和国家声誉的损害后果。因此，彭某动植物检疫失职案是不能成为重大案件的，某区人民检察院按照一般案件的标准立案的决定是正确的。

通过上述案例可知，对于动植物检疫失职案重大案件、特大案件的立案标准，人民监督员在实际的立案监督工作中，尤其需要注意第三种立案情形。第三种立案情形只有当两个条件同时具备时，才能将案件界定为重大案件或特大案件，其中缺少任何一个条件，都不能成为重大案件、特大案件。

放纵制售伪劣商品犯罪行为案的刑事立案标准是什么？

《最高人民检察院关于渎职侵权犯罪案件立案标准的规定》第一部分渎职犯罪案件第二十八条规定：放纵制售伪劣商品犯罪行为罪是指对生产、销售伪劣商品犯罪行为负有追究责任的国家机关工作人员徇私舞弊，不履行法律规定的追究职责，情节严重的行为。

涉嫌下列情形之一的，应予立案：1.放纵生产、销售假药或者有毒、有害食品犯罪行为的；2.放纵生产、销售伪劣农药、兽药、化肥、种子犯罪行为的；3.放纵依法可能判处3年有期徒刑以上刑罚的生产、销售伪劣商品犯罪行为的；4.对生产、销售伪劣商品犯罪行为不履行追究职责，致使生产、销售伪劣商品犯罪行为得以继续的；5.3 次以上不履行追究职责，或者对 3 个以上有生产、销售伪劣商品犯罪行为的单位或者个人不履行追究职责的；6. 其他情节严重的情形。

以案说法

周某是某县工商局的副局长，其从 2015 年至 2017 年期间，多次收受某化肥制造厂的钱财，徇私舞弊，放纵该厂生产假化肥，导致大量不合格的化肥流向市场，给农民造成了严重损失。后来，周某徇私舞弊放纵制售伪劣商品的行为被发现，某县人民检察院以周某涉嫌受贿罪、放纵制售伪劣商品犯罪行为罪立案侦查。但是，在检察院立案之后，人民监督员梅某提出了立案监督意见，认为放纵制售伪劣商品犯罪行为罪针对的是行为人放纵生产食品、假药，因此，周某并不符合放纵制售伪劣商品犯罪行为罪的刑事立案标准。

在上述案件中，人民监督员梅某认为周某并不构成放纵制售伪劣商品犯罪行为罪，故向某区人民检察院提出了立案监督意见。而关于放纵制售伪劣商品犯罪行为案的刑事立案标准，《最高人民检察院关于渎职侵权犯罪案件立案标准的规定》第一部分渎职犯罪案件第二十八条规定，放纵生产、销售假药或者有毒、有害食品、伪劣农药、兽药、化肥、种子、依法可能判处 3 年有期徒刑以上刑罚的生产、销售伪劣商品的犯罪行为，以及对生产、销售伪劣商品犯罪行为不履行追究职责的，都需要立案追究其刑事责任。

由此可见，在本案中，周某徇私舞弊，放纵某化肥厂生产伪劣化肥的行为，是符合放纵制售伪劣商品犯罪行为罪的刑事立案标准的。因此，某区人民检察院以涉嫌受贿罪、放纵制售伪劣商品犯罪行为罪对周某进行立案侦查的决定是正确的。

通过上述案例可知，针对放纵制售伪劣商品犯罪行为罪中，行为人所放纵的犯罪行为，不仅包括生产、销售食品、假药等对人体造成损害的产品，也包括放纵生产伪劣农药、化肥兽药、种子等行为。因此，人民监督员在实际的工作过程中，需要对此予以注意，不要片面地认为放纵制售伪劣商品犯罪行为只是包括对人体产生损害的产品，从而避免在工作中出现错误。

放纵制售伪劣商品犯罪行为案重大案件或特大案件的立案标准是什么？

《人民检察院直接受理立案侦查的渎职侵权重特大案件标准（试行）》第二十六条规定了放纵制售伪劣商品犯罪行为案的重特大案件标准。

（一）重大案件：1. 放纵生产、销售假药或者有毒、有害食品犯罪行为，情节恶劣或者后果严重的；2. 放纵依法可能判处五年以上十年以下有期徒刑刑罚的生产、销售伪劣商品犯罪行为的；3. 五次以上或者对五个以上有生产、销售伪劣商品犯罪行为的单位或者个人不履行追究职责的。

（二）特大案件：1. 放纵生产、销售假药或者有毒、有害食品犯罪行为，造成人员死亡的；2. 放纵依法可能判处十年以上刑罚的生产、销售伪劣商品犯罪行为的；3. 七次以上或者对七个以上有生产、销售伪劣商品犯罪行为的单位或者个人不履行追究职责的。

以案说法

冯某是某县食品药品监督管理局的局长，其在任职期间，曾先后五次放纵某食品有限公司生产销售有害人体健康的食品。后来，由于该食品公司生产、销售有害食品的行为被该市工商局发现，冯某放纵犯罪的行为也被揭发。于是，某市检察院对冯某进行传唤后，以其涉嫌放纵制售伪劣商品犯罪行为罪立案侦查，并将此案作为重大案件予以办理。在立案之后，该市人民检察院的人民监督员吴某以冯某未造成严重后果为由，建议人民检察院将此案作为一般案件处理。

在上述案例中，人民监督员吴某认为冯某放纵制售伪劣商品犯罪行为案不应当被界定为重大案件，故向人民检察院提出了立案监督意见。

冯某先后五次放纵制售伪劣商品犯罪行为，虽然并未造成严重的后果，但是，根据上述法律的规定，行为人五次以上或者对五个以上有生产、销售伪劣商品犯罪行为的单位或者个人不履行追究职责的，放纵制售伪劣商品犯罪行为案则要被界定为重大案件。因此，冯某放纵制售伪劣商品犯罪行为的次数是符合该案重大案件立案标准的。所以，人民检察院将此案界定为重大案件的决定是正确的。

由此可见，放纵制售伪劣商品犯罪行为案成为重大案件、特大案件的立案标准中，如果犯罪嫌疑人实施放纵制售伪劣商品犯罪行为达到五次以上，即便其未造成严重后果，此案也要按照重大案件或特大案件的标准来进行立案侦查。

办理偷越国（边）境人员出入境证件案的刑事立案标准是什么？

《最高人民检察院关于渎职侵权犯罪案件立案标准的规定》第一部分渎职犯罪案件第二十九条规定：办理偷越国（边）境人

员出入境证件罪是指负责办理护照、签证以及其他出入境证件的国家机关工作人员，又明知是企图偷越国（边）境的人员，予以办理出入境证件的行为。负责办理护照、签证以及其他出入境证件的国家机关工作人员涉嫌在办理护照、签证以及其他出入境证件的过程中，对明知是企图偷越国（边）境的人员而予以办理出入境证件的，应予立案。

以案说法

覃某是某市公安局出入境管理处受理科民警。2017 年 6 月，钟某在到该市公安局办理护照时，覃某明知钟某所提交的部分材料是伪造的，其可能是歧途偷越国境的人员。但是，覃某仍然为其办理了出境护照。随后，因钟某在出境时被公安机关抓获，覃某的行为也被发现。于是，某区人民检察院便对覃某以涉嫌办理偷越国境人员出入境证件罪进行立案侦查。但是，在做出立案决定后，该区检察院的人民监督员封某提出了立案监督意见，认为覃某的行为并没有导致严重的后果发生，不需要追究其刑事责任。

在上述案件中，人民监督员封某认为覃某为钟某办理护照的行为未造成严重的后果，故不应将此案作为刑事案件立案。

覃某明知钟某所提交的部分材料是伪造的，而且认为其很可能是准备偷越国境的人员，仍然为钟某办理了护照。根据上述规定可知，覃某的行为符合办理偷越国（边）境人员出入境证件罪的立案标准。因此，某区人民检察院对此案作为刑事案件立案侦查的决定是正确的。

通过上述案例可知，在办理偷越国（边）境人员出入境证件罪的立案标准中，只需要负责办理护照、签证以及其他出入境证件的国家机关工作人员具有主观上的故意，并实施了为其办理证件的行为，与该行为是否导致损害后郭发生并无必然联系。因此，人民监督员在接触此类案件时，主要应以相关部门的国家机关工作人员是否有"明知"这一主观上的故意为衡量依据。

哪些情形下，办理偷越国（边）境人员出入境证件案会成为重大案件或特大案件？

《人民检察院直接受理立案侦查的渎职侵权重特大案件标准（试行）》第二十七条规定了办理偷越国（边）境人员出入境证件案重特大案件标准。

（一）重大案件：1.违法办理三人以上的；2.违法办理三次以上的；3.违法为刑事犯罪分子办证的。

（二）特大案件：1.违法办理五人以上的；2.违法办理五次以上的；3.违法为严重刑事犯罪分子办证的。

以案说法

郝某是某市出入境管理局的工作人员。2017年9月，郝某在其同学杜某的请求下，为张某、石某、徐某等三个企图偷越国边境的人办理了出境护照。然而，因张某等三人在出境的过程中，被机场负责检查的人员发现，当场被公安机关抓获。三人称是郝某帮助他们办理的出境护照，因此，某市人民检察院便以郝某涉嫌重大办理偷越国（边）境人员出入境证件案案件进行立案。然而，该检察院的人民监督员冉某却认为该案并不需要作为重大案件，故向检察院提出了立案监督意见。

在上述案例中，人民监督员冉某认为郝某办理偷越国（边）境人员出入境证件案不需要认定为重大案件。

郝某作为出入境管理局的工作人员，明知张某等三人企图偷越国边境，仍然为其违法办理了护照，根据上述法律的规定，违法为三人以上办理护照的，则行为人涉嫌办理偷越国（边）境人员出入境证件案就要成为重大案件。因此，人民检察院将此案作为重大案件予以立案的决定是正确的。

由此可知，对于办理偷越国（边）境人员出入境证件案重大案件、特大案件的立案标准，法律有着明确的规定，只有符合立案标准的，才能将其定性为重大案件、特大案件。对此，人民监督员在立案监督中需要注意界定重大案件、特大案件的标准。

放行偷越国（边）境人员案刑事案件的立案标准是什么？

《最高人民检察院关于渎职侵权犯罪案件立案标准的规定》第一部分渎职犯罪案件第三十条规定：放行偷越国（边）境人员罪是指边防、海关等国家机关工作人员，对明知是偷越国（边）境的人员予以放行的行为。边防、海关等国家机关工作人员涉嫌在履行职务过程中，对明知是偷越国（边）境的人员而予以放行的，应予立案。

以案说法

罗某是某市出入境检查总站入境检查三队的检查员，其在对出境人员检查的过程中，明知魏某是企图偷越国边境的人员，仍然将魏某放行。后来，罗某放行魏某的行为被该市出入境管理机关发现。出入境管理机关对罗某作出开除的行政处分，因罗某涉嫌犯罪，某区人民检察院也对此案进行立案侦查。然而，在检察院作出立案决定后，人民监督员唐某却提出立案监督意见，认为罗某的行为不需要追究刑事责任，故建议人民检察院撤销案件。

在上述案件中，人民监督员唐某认为罗某放行偷越国（边）境人员一案并不符合刑事立案标准，故建议人民检察院撤销案件。

罗某作为出入境机关的检查员，明知魏某是企图偷越国边境的人仍然予以放行，罗某的行为是符合放行偷越国（边）境人员罪的立案标准的。所以，罗某是需要承担刑事责任的，某区人民检察院对此案进行立案的决定是符合法律规定的，无需撤销案件。

据此可知，放行偷越国（边）境人员案与办理偷越国（边）境人员出入境证件案的刑事立案标准是相同的，即只要求行为人具有明知的主观故意，并实施了此种行为，并不需要其行为造成严重后果出现。

哪些情形下，放行偷越国（边）境人员案会被界定为重大案件或特大案件？

《人民检察院直接受理立案侦查的渎职侵权重特大案件标准（试行）》第二十八条规定了放行偷越国（边）境人员案的重特大案件标准。

（一）重大案件：1.违法放行三人以上的；2.违法放行三次以上的；3.违法放行刑事犯罪分子的。

（二）特大案件：1.违法放行五人以上的；2.违法放行五次以上的；3.违法放行严重刑事犯罪分子的。

以案说法

景某是某市负责出入境检查的人员，其在任职期间，为了牟取私利，曾先后四次将违法偷越过边境的陈某放行。前不久，陈某又准备出境时，被其他检查员发现，公安机关将其抓获。随后，某市人民检察院准备以放行偷越国（边）境人员案重大案件对其立案侦查。然而，此时，该检察院的人民监督员石某提出了立案监督意见，认为景某只是违法放行了陈某一人，因此，此案是不能界定为重大案件的。

在上述案例中，人民监督员石某针对景某涉嫌放行偷越国（边）境人员罪一案是否符合重大案件的立案标准提出了异议。

景某作为国家出入境机关的检查人员，在明知陈某是违法偷越国边境的情形下，先后四次将其放行。虽然景某只是违法放行陈某一人，并未放行多人，但是，景某先后四次实施了此种违法放行的行为。根据上述法律规定可知，犯罪嫌疑人违法放行三次以上的，则放行偷越国（边）境人员案就需要被界定为重大案件。因此，景某的行为已经涉嫌犯罪，符合放行偷越国（边）境人员案重大案件的立案标准，某市人民检察院的立案决定是正确的。

通过上述案例可知，人民监督员在对放行偷越国（边）境人员案进行立案监督的过程中，有时可能存在如上述案例中出现的行为人先后四次违法放行一人的情形。此时，我们就需要针对犯罪嫌疑人的每一种行为进行判断，避免因出现疏漏而导致立案监督工作中出现错误。

不解救被拐卖、绑架妇女、儿童案的刑事立案标准是什么？

《最高人民检察院关于渎职侵权犯罪案件立案标准的规定》第一部分渎职犯罪案件第三十一条规定：不解救被拐卖、绑架妇女、儿童罪是指对被拐卖、绑架的妇女、儿童负有解救职责的公安、司法等国家机关工作人员接到被拐卖、绑架的妇女、儿童及其家属的解救要求或者接到其他人的举报，而对被拐卖、绑架的妇女、儿童不进行解救，造成严重后果的行为。

涉嫌下列情形之一的，应予立案：1. 导致被拐卖、绑架的妇女、儿童或者其家属重伤、死亡或者精神失常的；2. 导致被拐卖、绑架的妇女、儿童被转移、隐匿、转卖，不能及时进行解救的；3. 对被拐卖、绑架的妇女、儿童不进行解救 3 人次以上的；4. 对被拐卖、绑架的妇女、儿童不进行解救，造成恶劣社会影响的；5. 其他造成严重后果的情形。

以案说法

王某是某县公安分局的民警。2017 年 8 月，王某接到某村村民的举报，称其所在村的宋某正在拐卖妇女，宋某准备将其拐卖的四名妇女卖到外地。但是，王某在接到电话后，认为解救被拐卖的妇女是刑侦部门的事情，和他们无关。因此，王某便没有理会。之后，该村民找到公安局，请求公安局解救这四名被拐卖的妇女，并称自己曾打过电话到公安局。后来，王某的行为被发现，某县人民检察院对王某以涉嫌不解救被拐卖、绑架妇女、儿童罪进行立案侦查。然而，该县检察院的人民监督员张某认为，王某的行为并未导致任何严重的后果发生，被拐卖的妇女已经被成功解救。因此，对其是不需要追究刑事责任的。

在上述案件中，人民监督员张某认为王某不解救被拐卖、绑架妇女、儿童案的行为未造成严重后果，故此案不需要作为刑事案件立案侦查。而关于不解救被拐卖、绑架妇女、儿童案的刑事立案标准，《最高人民检察院关于渎职侵权犯罪案件立案标准的规定》第一部分渎职犯罪案件第三十一条规定了五种立案情形，在这五种立案情形中，前两种立案情形是针对行为人不解救被拐卖、绑架妇女、儿童的行为造成严重后果的行为。此外，如果负有解救职责的国家机关工作人员对被拐卖、绑架的妇女、儿童不进行解救 3 人次以上或者是造成恶劣社会影响的，也需要承担刑事责任。

具体到本案中，王某作为公安机关的工作人员，其是负有解救对被拐卖、绑架的妇女、儿童的职责的，而其在接到举报后，却对此事置之不理。虽然没有造成严重的后果，但是根据上述法律规定，负有解救对被拐卖、绑架的妇女、儿童的职责，而不进行解救 3 人次以上的，也应立案追究其刑事责任。因此，王某对被拐卖的四名妇女未进行解救的行为是符合此种立案情形的。所以，该案应当作为刑事案件追究其刑事责任。

人民监督员在对此类案件进行立案监督的过程中，不能只以行为人不解救被拐卖、绑架妇女、儿童的行为是否造成严重后果为刑事立案标准。还要考虑行为人是否负有特定的职责，如果有责任而不履行职责，并符合立案标准，也应当追究其刑事责任。

哪些情形下，不解救被拐卖、绑架妇女、儿童案会成为重大案件或特大案件？

《人民检察院直接受理立案侦查的渎职侵权重特大案件标准（试行）》第二十七条规定了不解救被拐卖、绑架妇女、儿童案的重特大案件标准。

（一）重大案件：1. 五次或者对五名以上被拐卖、绑架的妇女、儿童不进行解救的；2. 因不解救致人死亡的。

（二）特大案件：1. 七次或者对七名以上被拐卖、绑架的妇女、儿童不进行解救的；2. 因不解救致人死亡三人以上的。

以案说法

齐某是某市公安局刑警队的一名干警。2017 年 11 月，齐某在晚上值班时，突然接到一个电话，电话里的人称他五岁的儿子被绑架了，请求公安机关马上进行解救。但是，齐某却说现在就只有他一个人在值班，也无能为力，只能等到明天上班时，他们再去了解情况。然而，由于齐某没有及时解救，导致被绑架的儿童死亡。为此，某市人民检察院立案侦查此案。但该检察院的人民监督员费某认为此案应当作为重大案件处理，对此提出了立案监督意见。

在上述案件中，人民监督员费某针对检察院未将齐某涉嫌不解救被拐卖、绑架妇女、儿童案界定为重大案件提出了异议。

齐某不解救被绑架儿童的行为，导致被绑架的儿童死亡。根据上述法律规定，齐某的渎职行为是属于重大案件立案标准的第二种立案情形的。因此，人民监督员费某所提出的立案监督意见是正确的，某市人民检察院应当将此案作为重大案件进行办理。

由此可知，人民监督员在对不解救被拐卖、绑架妇女、儿童案进行立案监督的过程中应该予以注意，一旦行为人的渎职行为导致人员死亡的结果出现，那么此案就需要被界定为重大案件。而如果造成两人以上死亡，则此案件就要成为特大案件。此外，这里的致人死亡，不但包括导致被绑架或者拐卖的妇女、儿童死亡，也包括导致被绑架或者拐卖的妇女、儿童的家属死亡。

阻碍解救被拐卖、绑架妇女、儿童案的刑事立案标准是什么?

《最高人民检察院关于渎职侵权犯罪案件立案标准的规定》

第一部分渎职犯罪案件第三十二条规定：阻碍解救被拐卖、绑架妇女、儿童罪是指对被拐卖、绑架的妇女、儿童负有解救职责的公安、司法等国家机关工作人员利用职务阻碍解救被拐卖、绑架的妇女、儿童的行为。

涉嫌下列情形之一的，应予立案：1. 利用职权，禁止、阻止或者妨碍有关部门、人员解救被拐卖、绑架的妇女、儿童的；2. 利用职务上的便利，向拐卖、绑架者或者收买者通风报信，妨碍解救工作正常进行的；3. 其他利用职务阻碍解救被拐卖、绑架的妇女、儿童应予追究刑事责任的情形。

以案说法

方某是某市公安局刑警队的工作人员。2017 年 8 月，该市公安局接到举报，称有一个拐卖儿童的团伙出现在该市火车站附近。得到消息之后，公安局便马上采取行动。然而，由于方某认识该犯罪团伙中的一个人，方某便给其通风报信，使得解救工作未能正常进行。之后，方某通风报信，妨碍解救工作的行为被发现。可是，某区人民检察院经过调查之后，认为方某的行为并不符合刑事案件的立案标准，因而就作出了不予立案的决定。但该检察院的人民监督员许某提出了立案监督意见，认为检察院应当追究方某的刑事责任。

在上述案件中，人民监督员许某认为方某阻碍解救被拐卖、绑架妇女、儿童一案应当立案追究其刑事责任，所以，其向人民检察院提出了立案监督意见。而关于阻碍解救被拐卖、绑架妇女、儿童案刑事案件的立案标准，《最高人民检察院关于渎职侵权犯罪案件立案标准的规定》第一部分渎职犯罪案件第三十二条规定了三种立案情形：（1）利用职权，禁止、阻止或者妨碍有关部门、人员解救被拐卖、绑架的妇女、儿童的；（2）向绑架者、拐卖者等犯罪人员通风报信的；（3）其他情形。

具体到本案中，方某利用自己职务上的便利，为拐卖儿童的人员通风报信，导致解救工作无法正常进行。根据上述法律规定可知，方某的此种行为属于阻碍解救被拐卖、绑架妇女、儿童案刑事案件的第二种立案标准。因此，人民监督员许某提出的立案监督意见是正确的，人民检察院应当采纳许某的监督意见，对此案进行立案侦查。

人民监督员在实际的立案监督工作中，当涉及此类案件时，一定要注意相关工作人员并不一定要积极主动实施阻碍行为，其向犯罪人员通风报信的行为，也会构成阻碍解救被拐卖、绑架妇女、儿童犯罪。

哪些情形下，阻碍解救被拐卖、绑架妇女、儿童案会成为重大案件或特大案件？

《人民检察院直接受理立案侦查的渎职侵权重特大案件标准（试行）》第三十条规定了阻碍解救被拐卖、绑架妇女、儿童案的重特大案件标准。

（一）重大案件：1.三次或者对三名以上被拐卖、绑架的妇女、儿童阻碍解救的；2.阻碍解救致人死亡的。

（二）特大案件：1.五次或者对五名以上被拐卖、绑架的妇女、儿童阻碍解救的；2.阻碍解救致人死亡二人以上的。

以案说法

萧某是某市公安局局长。2017年7月，该市公安局接到报警，称有一个拐卖妇女的团伙在某个地方，请求公安机关马上前去解救。然而，在公安局的工作人员接到电话准备出警时，萧某却以职权命令他们不要采取任何行动。结果，因解救不及时，导致犯罪分子带着六名拐卖的妇女逃跑。事件发生后，某市检察院便对萧某以涉嫌阻碍解救被拐卖、绑架妇女、儿童案特大案件立案侦查。此时，检察院的人民监督员冯某提出立案监督意见，认为此案未出现被解救人死亡的情形，无需界定为特大案件。

在上述案例中，人民监督员冯某针对萧某涉嫌阻碍解救被拐卖、绑架妇女、儿童案是否应当被界定为特大案件提出了异议，萧某认为此案不应当作为特大案件。

萧某利用自己公安局局长的职权，阻碍公安机关工作人员采取解救工作，导致被拐卖的六名妇女没有得到解救。由此可见，萧某的行为是符合阻碍解救被拐卖、绑架妇女、儿童案特大案件的第一种立案情形的。因此，萧某涉嫌阻碍解救被拐卖、绑架妇女、儿童一案应该被界定为特大案件。人民检察院的立案决定是符合法律规定的，而人民监督员冯某提出的立案监督意见缺乏法律依据。

通过上述案例可知，阻碍解救被拐卖、绑架妇女、儿童案重大案件、特大案件的立案标准中，除了行为人阻碍解救的行为致使人员死亡外，如果其阻碍解救的次数超过三次或者阻碍解救的妇女、儿童在3名以上的，那么案件也会界定为重大案件或特大案件。因此，这就需要人民监督员在实际的立案工作中予以注意，不能以是否出现人员伤亡作为唯一的标准，而要根据案情的具体情况依法作出认定。

帮助犯罪分子逃避处罚案的刑事立案标准是什么？

《最高人民检察院关于渎职侵权犯罪案件立案标准的规定》

第一部分渎职犯罪案件第三十三条规定：帮助犯罪分子逃避处罚罪是指有查禁犯罪活动职责的司法及公安、国家安全、海关、税务等国家机关工作人员，向犯罪分子通风报信、提供便利，帮助犯罪分子逃避处罚的行为。

涉嫌下列情形之一的，应予立案：1.向犯罪分子泄漏有关部门查禁犯罪活动的部署、人员、措施、时间、地点等情况的；2.向犯罪分子提供钱物、交通工具、通讯设备、隐藏处所等便利条件的；3.向犯罪分子泄漏案情的；4.帮助、示意犯罪分子隐匿、毁灭、伪造证据，或者串供、翻供的；5.其他帮助犯罪分子逃避处罚应予追究刑事责任的情形。

以案说法

柴某是某市公安局交警队的队长。2017 年 7 月，王某因酒后驾驶发生交通事故，并在肇事之后逃跑。按照规定，柴某应当将此案移交到刑侦部门。但是，因王某的朋友吕某与柴某是大学同学，在吕某的请求之下，柴某帮助王某将其发生事故路段的视频录像毁灭，使得王某逃避了刑事处罚。在案发后，某区人民检察院经过调查，认为柴某的行为并未造成严重的后果，因此，决定不予立案追究其刑事责任。该区检察院人民监督员黎某在得知后，却向人民检察院提出了立案监督意见，建议人民检察院立案侦查此案。

上述案件中，人民监督员认为检察院对柴某帮助犯罪分子逃避处罚案未进行立案侦查的决定是错误的，因此，提出了立案监督意见。

柴某作为公安机关工作人员，利用自己的职务之便帮助王某通过毁灭证据的方式逃避处罚。虽然柴某的行为未导致任何危害后果，但是，根据《最高人民检察院关于渎职侵权犯罪案件立案标准的规定》规定，帮助或示意犯罪分子伪造、毁灭证据或者翻供、串供的行为也是符合帮助犯罪分子逃避处罚罪的立案标准的。因此，柴某的行为是需要被追究刑事责任的，人民监督员黎某提出的立案监督意见是正确的，某区人民检察院应当对此案进行立案侦查。

由此可知，针对帮助犯罪分子逃避处罚案的刑事立案标准，人民监督员在实际工作中需要注意，一旦相关人员实施了此种行为，无论其是否导致了危害后果的发生或者危害后果是否严重，都是需要追究其刑事责任的。

哪些情形下，帮助犯罪分子逃避处罚案会成为重大案件或特大案件？

《人民检察院直接受理立案侦查的渎职侵权重特大案件标准（试行）》第三十一条规定了帮助犯罪分子逃避处罚案的重特大案件标准。

（一）重大案件：1. 三次或者使三名以上犯罪分子逃避处罚的；2. 帮助重大刑事犯罪分子逃避处罚的。

（二）特大案件：1. 五次或者使五名以上犯罪分子逃避处罚的；2. 帮助二名以上重大刑事犯罪分子逃避处罚的。

以案说法

杜某是某市公安局的民警。2017 年 5 月，以贩运木材赢利的申某宴请杜某，在饭局上请求杜某如果有相关部门来查禁就告诉他。杜某很爽快地答应了申某。之后，每次林业局安排公安局的人员到固定地点去检查时，杜某都会将信息泄漏给申某，使得申某四次逃避了处罚。后来，杜某又向申某通风报信时被发现。某区人民检察院对杜某以涉嫌帮助犯罪分子逃避处罚案重大案件进行立案侦查。然而，在立案后，人民监督员欧某提出了立案监督意见，认为杜某并没有帮助多名犯罪分子逃避处罚，故此案是不需要被界定为重大案件的。

在上述案例中，人民监督员欧某针对人民检察院将杜某帮助犯罪分子逃避处罚案界定为重大案件的决定提出了异议，其认为此案并不符合帮助犯罪分子逃避处罚案重大案件的立案标准。

杜某先后五次向申某泄漏相关部门查禁犯罪活动的相关信息，致使申某成功逃避了刑事处罚。所以，根据上述法律第三十条第一款第一项的规定，三次或者使三名以上犯罪分子逃避处罚的，要界定为帮助犯罪分子逃避处罚案重大案件。因此，本案中的杜某虽然未帮助多名犯罪分子逃避处罚，但是其先后五次帮助申某逃避了刑事处罚。所以，杜某的行为也是符合帮助犯罪分子逃避处罚案重大案件的立案标准的，某区人民检察院的立案决定是符合法律规定的。

据此可知，帮助犯罪分子逃避处罚案重大案件、特大案件的立案标准，除了犯罪嫌疑人帮助多名犯罪分子逃避处罚或者是重大刑事犯罪分子逃避处罚外，如果其帮助一人多次逃避刑事处罚，也是要界定为重大案件、特大案件的。对此，人民监督员在立案监督工作中需要予以明确，准确把握帮助犯罪分子逃避处罚案一般案件与重大案件、特大案件的立案标准。

招收公务员、学生徇私舞弊案的刑事立案标准是什么？

《最高人民检察院关于渎职侵权犯罪案件立案标准的规定》第一部分渎职犯罪案件第三十四条规定：招收公务员、学生徇私舞弊罪是指国家机关工作人员在招收公务员、省级以上教育行政部门组织招收的学生工作中徇私舞弊，情节严重的行为。

涉嫌下列情形之一的，应予立案：1.徇私舞弊，利用职务便利，伪造、变造人事、户口档案、考试成绩或者其他影响招收工作的有关资料，或者明知是伪造、变造的上述材料而予以认可的；2.徇私舞弊，利用职务便利，帮助5名以上考生作弊的；3.徇私舞弊招收不合格的公务员、学生3人次以上的；4.因徇私舞弊招收不合格的公务员、学生，导致被排挤的合格人员或者其近亲属自杀、自残造成重伤、死亡，或者精神失常的；5.因徇私舞弊招收公务员、学生，导致该项招收工作重新进行的；6.其他情节严重的情形。

以案说法

付某是其县人民政府人事部门的工作人员。2017年3月，付某在招生的过程中，帮助自己的侄子任某更改面试成绩。但是，任某仍然因某种原因而未被录取。之后，付某徇私舞弊的行为被上级部门发现，某区人民检察院介入调查此案，认为付某徇私舞弊的行为未达到其目的，并不符合刑事案件的立案标准，因此，决定不予立案。然而，在其作出不予立案的决定后，该区检察院的人民监督员郑某提出了立案监督意见，建议检察院对此案以招收公务员、学生徇私舞弊罪追究付某的刑事责任。

在上述案例中，人民监督员郑某针对付某徇私舞弊而人民检察院作出不予立案的决定提出了异议。而关于招收公务员、学生徇私舞弊案的刑事立案标准，《最高人民检察院关于渎职侵权犯罪案件立案标准的规定》第一部分渎职犯罪案件第三十四条规定，国家机关工作人员在招收公务员、省级以上教育行政部门组织招收的学生工作中徇私舞弊，通过违法手段招收不合格的公务员或学生，情节严重的，应当立案追究其刑事责任。

而具体到本案中，付某徇私舞弊，帮助自己的侄子更改面试成绩的行为属于上述法律规定的招收公务员、学生徇私舞弊案刑事立案标准的第一种情形。因此，付某徇私舞弊的行为是符合刑事案件立案标准的，人民监督员郑某提出的立案监督建议是正确的，人民检察院应当对此案进行立案侦查。

针对招收公务员、学生徇私舞弊案的刑事立案标准，如果相关人员利用职务便利，伪造、变造人事、户口档案、考试成绩或者其他影响招收工作的有关资料，或者明知是伪造、变造的上述材料而予以认可的，无论其徇私舞弊的行为是否使得被帮助的对象被招收，都是需要被追究刑事责任的。对此，人民监督员在实际的立案监督工作中需要特别注意，在此种案件的立案审查中，并不存在对行为人行为的损害后果或行为次数的要求。

招收公务员、学生徇私舞弊案成为重大案件、特大案件的立案标准是什么？

《人民检察院直接受理立案侦查的渎职侵权重特大案件标准（试行）》第三十二条规定了招收公务员、学生徇私舞弊案的重特大案件标准。

（一）重大案件：1. 五次以上招收不合格公务员、学生或者一次招收五名以上不合格公务员、学生的；2. 造成县区范围内招收公务员、学生工作重新进行的；3. 因招收不合格公务员、学生，导致被排挤的合格人员或者其亲属精神失常的。

（二）特大案件：1. 七次以上招收不合格公务员、学生或者一次招收七名以上不合格公务员、学生的；2. 造成地市范围内招收公务员、学生工作重新进行的；3.因招收不合格公务员、学生，导致被排挤的合格人员或者其亲属自杀的。

以案说法

孙某是某区人民法院人事处的工作人员，其主要负责法院公务员的招生工作。2017年4月，在该市招收公务员的考试中，其受朋友的委托，招收了成绩不合格的季某，并以某项体检不合格为由未录用初试和复试成绩都非常优异的冯某。冯某因此受到严重打击，精神失常。随后，冯某的亲属发现了孙某的徇私舞弊行为，将其举报。某市人民检察院对此案立案侦查，并将此案作为重大案件进行办理。此时，该市检察院的人民监督员书某提出立案监督意见，认为此案中孙某造成了严重的后果，应当定性为特大案件。

在上述案例中，人民监督员书某针对人民检察院将孙某涉嫌招收公务员、学生徇私舞弊案界定为重大案件提出了不同意见。

孙某徇私舞弊招收不合格公务员的行为导致被排挤的合格考生冯某精神失常，根据上述法律第三十二条第一款第三项的规定可知，孙某徇私舞弊的行为是属于此种重大案件的立案标准的。因此，此案应当界定为重大案件处理，人民检察院的立案决定是符合法律规定的。

招收公务员、学生徇私舞弊案成为重大案件、特大案件的立案标准主要有三种情形，人民监督员对每一种立案标准应当予以明确，避免在立案监督的过程中出现"张冠李戴"的现象。此外，对于此种立案标准，还需要注意的是，如果相关人员招收公务员、学生徇私舞弊导致被排挤的合格考生的亲属精神失常或者自杀的，那么此案也要被界定为重大案件或特大案件。

失职造成珍贵文物损毁、流失案的刑事立案标准是什么？

《最高人民检察院关于渎职侵权犯罪案件立案标准的规定》第一部分渎职犯罪案件第三十五条规定：失职造成珍贵文物损毁、流失罪是指文物行政部门、公安机关、工商行政管理部门、海关、城乡建设规划部门等国家机关工作人员严重不负责任，造成珍贵文物损毁或者流失，后果严重的行为。

涉嫌下列情形之一的，应予立案：1. 导致国家一、二、三级珍贵文物损毁或者流失的；2. 导致全国重点文物保护单位或者省、自治区、直辖市级文物保护单位损毁的；3. 其他后果严重的情形。

以案说法

邓某是某市文体局文化科副科长，其主要负责辖区内的文物保护工作。其在任职期间，对上级机关下发的多份文物安全方面的通知没有认真落实，使当地一家文物保护单位长期无安保技防措施，导致该文物单位遭到盗窃，多件文物严重毁损。因此，在事件发生后，人民检察院以涉嫌失职造成珍贵文物损毁罪立案追究邓某的刑事责任。然而，人民监督员岳某认为邓某并未导致国家珍贵文物流失，而且目前文物已经追回。因此，邓某并不符合失职造成珍贵文物损毁案刑事案件的立案标准。

在上述案例中，人民监督员认为邓某失职造成珍贵文物损毁案并不符合刑事案件的立案标准，故建议人民检察院撤销案件。而针对失职造成珍贵文物损毁、流失案的立案标准，《最高人民检察院关于渎职侵权犯罪案件立案标准的规定》第一部分渎职犯罪案件第三十五条规定，文物行政部门、公安机关、工商行政管理部门、海关、城乡建设规划部门等国家机关工作人员严重不负责任，导致国家一、二、三级珍贵文物损毁或者流失或者全国重点文物保护单位或者省、自治区、直辖市级文物保护单位损毁等严重情形的，应予立案。

具体到本案中，邓某作为文物保护单位行政部门的科长，因工作失职未采取相应的安保措施，导致该文物单位在被他人盗窃的过程中遭到严重毁损。虽然该文物单位为市级文物保护单位，但是，根据上述法律规定的失职造成珍贵文物损毁、流失案刑事案件的第二种立案标准，市级文物保护单位遭到毁损，相应的负责人也是要承担刑事责任的。因此，邓某失职造成珍贵文物损毁的行为涉嫌刑事犯罪，人民检察院立案侦查的决定是符合法律规定的。

通过上述案例可知，失职造成珍贵文物损毁、流失案的刑事立案标准中，并不是以国家珍贵文物流失为唯一标准的，如果相关负责人失职导致全国重点文物保护单位或者省、自治区、直辖市级文物保护单位损毁，那么，此案也是要按照刑事案件来进行立案侦查的。

失职造成珍贵文物损毁、流失案重大案件、特大案件的立案标准是什么？

《人民检察院直接受理立案侦查的渎职侵权重特大案件标准（试行）》第三十三条规定了失职造成珍贵文物损毁、流失案的重特大案件标准。

（一）重大案件

1. 导致国家一级文物损毁或者流失一件以上的；

2. 导致国家二级文物损毁或者流失三件以上的；

3. 导致国家三级文物损毁或者流失五件以上的；

4. 导致省级文物保护单位严重损毁的。

（二）特大案件

1. 导致国家一级文物损毁或者流失三件以上的；

2. 导致国家二级文物损毁或者流失五件以上的；

3. 导致国家三级文物损毁或者流失十件以上的；

4. 导致全国重点文物保护单位严重损毁的。

以案说法

严某是某市博物馆馆长，其因严重不负责任，没有采取有效防盗保护措施，导致两件国家二级文物流失，一件国家三级文物被毁损。案发后，某区人民检察院对严某以涉嫌失职造成珍贵文物损毁、流失罪进行立案侦查。在检察院立案后，该检察院的人民监督员何某提出建议，认为严某的失职行为造成了严重后果，应当以失职造成珍贵文物损毁、流失案重大案件的立案标准进行立案侦查。

在上述案件中，人民监督员何某认为检察院应当将严某涉嫌失职造成珍贵文物损毁、流失罪一案界定为特大案件，故向人民检察院提出了立案监督意见。

严某作为博物馆馆长，却未履行自己应尽的职责，导致两件国家二级文物流失，一件国家三级文物被毁损，其行为已经涉嫌失职造成珍贵文物损毁、流失罪，但是，根据上述法律规定可知，严某的失职行为并不符合该案重大案件的立案标准的。因此，此案是不能被界定为重大案件的，人民检察院作出的立案决定是正确的。

在失职造成珍贵文物损毁、流失案中，人民监督员需要注意，因行为人的失职行为所导致的所流失文物的性质与数量，都是会影响案件的定性的。如果在一个案件中，犯罪嫌疑人造成不同级别的珍贵文物流失或毁损，那么，我们要根据相应的标准去判断是否符合重大案件、特大案件的标准，并不能片面地认为只要其造成不同级别的文物流失或毁损就属于后果严重的情形。

国家机关工作人员利用职权实施的非法拘禁案的刑事立案标准是什么？

《最高人民检察院关于渎职侵权犯罪案件立案标准的规定》第二部分国家机关工作人员利用职权实施的侵犯公民人身权利、民主权利犯罪案件第一条规定：非法拘禁罪是指以拘禁或者其他方法非法剥夺他人人身自由的行为。

国家机关工作人员利用职权非法拘禁，涉嫌下列情形之一的，应予立案：1.非法剥夺他人人身自由24小时以上的；2.非法剥夺他人人身自由，并使用械具或者捆绑等恶劣手段，或者实施殴打、侮辱、虐待行为的；3.非法拘禁，造成被拘禁人轻伤、重伤、死亡的；4.非法拘禁，情节严重，导致被拘禁人自杀、自残造成重伤、死亡，或者精神失常的；5.非法拘禁3人次以上的；6.司法工作人员对明知是没有违法犯罪事实的人而非法拘禁的；7.其他非法拘禁应予追究刑事责任的情形。

以案说法

涂某是某派出所所长。2016年3月，涂某的朋友徐某向其借款3万元，涂某将钱借给了徐某，并让徐某写下借条。但是，因徐某到期未归还借款，涂某便利用自己的职权，让自己派出所的民警方某将徐某拷到派出所的一个屋子里。在将徐某关了12小时，其家人凑足借款归还之后，才将徐某放出。后来，徐某对涂某非法拘禁的行为进行举报。于是，某区人民检察院便以涂某涉嫌非法拘禁罪立案侦查。但是，此时检察院的人民监督员提出，涂某非法拘禁徐某的时间未达到24小时，因此，其并不符合非法拘禁案的刑事立案标准，建议检察院撤销案件。

在上述案件中，人民监督员认为某派出所所长涂某非常拘禁徐某的行为并不构成犯罪，因此，其向人民检察院提出撤销案件的立案监督意见。

犯罪嫌疑人涂某作为国家司法机关的工作人员，利用自己的职权非法剥夺徐某的人身自由，虽然涂某剥夺徐某人身自由的行为未超过24小时，但是，其身份是公安派出所所长，且在拘禁徐某时使用手铐等械具。因此，根据上述法律规定，涂某非法拘禁的行为属于上述法律规定的第二种情形。所以，某区人民检察院对涂某非法拘禁案作出立案侦查的决定是正确的。

人民监督员在立案监督过程中，针对国家机关工作人员非法拘禁案刑事案件的立案标准需要注意，如果行为人非法剥夺他人人身自由的行为没有超过24小时，那么我们还要看在此案中，其是否使用了械具、捆绑或对被拘禁人进行殴打等行为，如果存在上述情形，即便剥夺人身自由的时间没有超过24小时，也是需要承担刑事责任的。

哪些情形下，国家机关工作人员利用职权实施的非法拘禁案会成为重大案件或特大案件？

《人民检察院直接受理立案侦查的渎职侵权重特大案件标准

（试行）》第三十四条规定了国家机关工作人员利用职权实施的非法拘禁案的重特大案件标准。

（一）重大案件：1.致人重伤或者精神失常的；2.明知是人大代表而非法拘禁的，或者明知是无辜的人而非法拘禁的；3.非法拘禁持续时间超过一个月，或者一次非法拘禁十人以上的。

（二）特大案件：非法拘禁致人死亡的。

以案说法

楚某是某市公安局某分局的副局长。2017年6月，因楚某正在上高中的儿子在学校中被同学打伤，楚某便利用自己的职权，将打伤其儿子的同学小宁带到公安局，并捆绑在自己的办公室，对小宁进行殴打，导致小宁精神失常。案发后，某市人民检察院对此案进行立案侦查。但是，由于并未将此案界定为重大案件，该检察院的人民监督员金某便提出立案监督意见，建议人民检察院将此案作为重大案件进行办理。

在上述案件中，人民监督员金某认为楚某利用职权，非法拘禁小宁一案应该成为重大案件。

楚某利用职权，非法拘禁他人并致其精神失常，根据上述法律规定，致人重伤或精神失常的，该案要被界定为重大案件。因此，此案应该是重大案件，人民检察院所作出的立案决定是错误的，其应当采纳人民监督员金某的建议，将此案作为重大案件予以办理。

通过上述案例可知，在国家机关工作人员利用职权实施的非法拘禁案中，一旦其导致被拘禁人重伤或精神失常，那么，此案就需要被界定为重大案件。此外，如果国家机关工作人员在办案中，明知是无辜的人还非法拘禁的，此种情形也是重大案件的界定标准。对此，人民监督员在立案监督的过程中需要予以注意。

哪些情形下，国家机关工作人员利用职权实施的非法搜查案会成为刑事案件？

《最高人民检察院关于渎职侵权犯罪案件立案标准的规定》第二部分国家机关工作人员利用职权实施的侵犯公民人身权利、民主权利犯罪案件第二条规定：非法搜查罪是指非法搜查他人身体、住宅的行为。

国家机关工作人员利用职权非法搜查，涉嫌下列情形之一的，应予立案：1. 非法搜查他人身体、住宅，并实施殴打、侮辱等行为的；2. 非法搜查，情节严重，导致被搜查人或者其近亲属自杀、自残造成重伤、死亡，或者精神失常的；3. 非法搜查，造成财物严重损坏的；4. 非法搜查3人（户）次以上的；5. 司法工作人员对明知是与涉嫌犯罪无关的人身、住宅非法搜查的；6. 其他非法搜查应予追究刑事责任的情形。

以案说法

潘某是某区公安分局刑警队的工作人员。2017年4月，其在侦破房某等人涉嫌贩卖毒品案时，明知房某未将毒品藏在他女朋友白某家中，却仍然带领三个工作人员到白某家里进行搜查。在潘某等人走后，白某将潘某等人非法搜查的行为举报。于是，某区人民检察院便开始对此案进行调查。然而，在经过传唤询问潘某等人后，某区人民检察院却以潘某等人非法搜查一案未造成损害后果而不予立案。为此，该区检察院人民监督员叶某提出立案监督意见，建议检察院立案侦查。

在上述案例中，人民监督员叶某针对检察院未将潘某等人非法搜查他人住宅的行为作为刑事案件立案侦查提出了监督意见，认为此案符合刑事案件的立案标准。

潘某等人作为司法工作人员，明知白某的住宅与房某涉嫌的犯罪无关，其仍然到白某家里进行搜查。虽然潘某等人的非法搜查行为没有造成任何损害后果，但是，根据上述法律规定的第五种立案标准，司法工作人员对明知是与涉嫌犯罪无关的人身、住宅非法搜查的，应予立案追究其刑事责任。因此，潘某等人非法搜查他人住宅的行为是需要立案追究其刑事责任的。

通过上述案例可知，在国家机关工作人员利用职权非法搜查案的刑事立案标准中　如果司法人员明知是与涉嫌犯罪无关的人身、住宅，即便其非法搜查未导致损害后果发生，但是，进行非法搜查的司法工作人员依然需要承担刑事责任。对此，人民监督员在实际的立案监督工作中需要注意，在此种立案情形中，是以司法工作人员是否明知被搜查的人身、住宅与涉嫌犯罪是否存在关系，而不是其非法搜查造成了损害后果。

国家机关工作人员利用职权实施的非法搜查案被界定为重大案件或特大案件的立案标准是什么？

《人民检察院直接受理立案侦查的渎职侵权重特大案件标准（试行）》第三十四条规定了国家机关工作人员利用职权实施的非法搜查案的重特大案件标准。

（一）重大案件：1. 五次以上或者一次对五人（户）以上非法搜查的；2. 引起被搜查人精神失常的。

（二）特大案件：1. 七次以上或者一次对七人（户）以上非法搜查的；2. 引起被搜查人自杀的。

以案说法

强某是某区派出所的民警。2017 年 9 月，强某接到某珠宝店的报案，称在店里购物的顾客仲女士偷拿了一条价值两万元的项链。强某等人赶到后，看了视频录像，根据监控显示，仲女士并未拿任何东西。但是，强某仍决定对仲女士进行搜身。经过搜身后，发现其并没有偷拿项链才放其离开。然而，由于强某非法搜身的行为导致自尊心非常强的仲女士精神失常。不久，某市人民检察院便对此案立案侦查。该市检察院人民监督员徐某却提出立案监督意见，建议检察院将此案界定为重大案件处理。

在上述案例中，人民监督员徐某对于检察院未将强某利用职权非法搜查一案作为重大案件的立案决定提出了异议。

强某作为司法工作人员，在明知仲女士没有偷拿项链的情形下，仍然对其进行了人身搜查，其行为已经构成了非法搜查罪，而且强某的行为还引起了仲女士精神失常。根据法律规定可知，强某非法搜查所导致的严重后果是符合重大案件的立案标准的。因此，某市人民检察院应当采纳人民监督员徐某的立案监督意见，将此案作为重大案件予以办理。

对于非法搜查案重大案件、特大案件的立案标准，人民监督员在实际工作中需要注意的是，只要国家机关工作人员非法搜查的行为导致被搜查人出现精神失常甚至是自杀等后果，那么，此案就不能按照一般案件来处理。

刑讯逼供案的刑事立案标准是什么？

《最高人民检察院关于渎职侵权犯罪案件立案标准的规定》第二部分国家机关工作人员利用职权实施的侵犯公民人身权利、

民主权利犯罪案件第三条规定：刑讯逼供罪是指司法工作人员对犯罪嫌疑人、被告人使用肉刑或者变相肉刑逼取口供的行为。

涉嫌下列情形之一的，应予立案：1. 以殴打、捆绑、违法使用械具等恶劣手段逼取口供的；2. 以较长时间冻、饿、晒、烤等手段逼取口供，严重损害犯罪嫌疑人、被告人身体健康的；3. 刑讯逼供造成犯罪嫌疑人、被告人轻伤、重伤、死亡的；4. 刑讯逼供，情节严重，导致犯罪嫌疑人、被告人自杀、自残造成重伤、死亡，或者精神失常的；5. 刑讯逼供，造成错案的；6. 刑讯逼供3 人次以上的；7. 纵容、授意、指使、强迫他人刑讯逼供，具有上述情形之一的；8. 其他刑讯逼供应予追究刑事责任的情形。

以案说法

夏某是某市公安局的副局长。2017 年 6 月，该市公安局在侦破一起故意杀人案中，因犯罪嫌疑人一直都没有招供，案件陷入了僵局。为了尽快侦破案件，夏某指使办理该案的工作人员杜某、陈某不断殴打犯罪嫌疑人。后来，夏某指使他人刑讯逼供的行为被揭发，人民检察院开始对此案进行调查。但是，在调查之后，人民检察院只以杜某、陈某涉嫌刑讯逼供罪立案侦查，而认为夏某并未实施刑讯逼供的行为，故不符合刑讯逼供罪的立案标准。之后，人民监督员提出立案监督意见，认为夏某指使他人刑讯逼供，也应当承担刑事责任。

在上述案件中，人民监督员针对某区人民检察院没有立案追究夏某刑讯逼供罪的刑事责任提出了异议。而关于刑讯逼供刑事案件的立案标准，《最高人民检察院关于渎职侵权犯罪案件立案标准的规定》第二部分国家机关工作人员利用职权实施的侵犯公民人身权利、民主权利犯罪案件第三条规定，司法工作人员对犯罪嫌疑人、被告人使用肉刑或者变相肉刑等恶劣手段逼取口供或者纵容、授意、指使、强迫他人采取恶劣手段刑讯逼供的，应当立案追究其刑事责任。

具体到本案中，杜某、陈某等人对犯罪嫌疑人采取殴打等恶劣手段进行刑讯逼供，其行为明显构成刑讯逼供罪。此外，根据上述法律规定的第七种立案情形，即纵容、授意、指使、强迫他人刑讯逼供，以殴打、捆绑、违法使用械具等恶劣手段逼取口供的，也应予立案追究其刑事责任。因此，虽然夏某没有亲自实施刑讯逼供的行为，但是其指使杜某、陈某实施刑讯逼供，也是构成犯罪的。所以，某区人民检察院也应当立案追究夏某的刑事责任，人民监督员提出的立案监督意见是正确的。

通过上述案例可知，除了直接实施刑讯逼供行为的人会构成犯罪，如果相关人员纵容、授意、指使、强迫他人刑讯逼供，即便不是其亲自所为，只要直接行为人构成刑讯逼供罪，那么其也应该承担刑事责任。

刑讯逼供案重大案件或特大案件的立案标准是什么？

《人民检察院直接受理立案侦查的渎职侵权重特大案件标准（试行）》第三十六条规定了刑讯逼供案的重特大案件标准。

（一）重大案件：1.致人重伤或者精神失常的；2.五次以上或者对五人以上刑讯逼供的；3.造成冤、假、错案的。

（二）特大案件：1.致人死亡的；2.七次以上或者对七人以上刑讯逼供的；3.致使无辜的人被判处十年以上有期徒刑、无期徒刑、死刑的。

以案说法

张某是其市公安局刑警队队长。2017 年 3 月，其在侦破一起强奸案中，因犯罪嫌疑人高某一直矢口否认，称自己并未对被害人进行强奸，更未将其杀害，导致案件一直无法侦破。但是，由于部分证据指向高某，张某为了尽快破案便带领两名工作人员，对高某使用械具进行折磨。由于其前后三次对高某刑讯逼供，最后导致高某重伤。后来，张某等人刑讯逼供的行为被发现，某市人民检察院决定对此案以刑讯逼供案立案侦查。但是，在立案时，人民监督员关某提出应将此案作为重大案件，人民检察院却认为此案并未造成冤假错案，高某没有被错判，因此，不能界定为重大案件。

在上述案件中，人民监督员关某针对人民检察院未将张某等人刑讯逼供案界定为重大案件提出异议。

张某等人刑讯逼供导致高某重伤。根据上述法律规定重大案件立案标准的第一项可知，刑讯逼供致人重伤或死亡的，应当将刑讯逼供案界定为重大案件。因此，在本案中，张某涉嫌刑讯逼供案应该成为重大案件，人民检察院认为只有造成冤假错案的后果才能界定为重大案件的说法是片面的，其应当采纳人民监督员关某的立案监督建议。

通过上述案例可知，在刑讯逼供案重大案件、特大案件的立案标准中，并不是以刑讯逼供导致冤假错案的出现作为判断重大案件、特大案件的唯一标准。如果刑讯逼供致人重伤、死亡或者刑讯逼供超过五次、对五人以上进行刑讯逼供，那么此类案件都有可能被界定为重大案件、特大案件。对此，人民监督员在实际立案监督工作中需要注意。

暴力取证案的刑事立案标准是什么?

《最高人民检察院关于渎职侵权犯罪案件立案标准的规定》第二部分国家机关工作人员利用职权实施的侵犯公民人身权利、民主权利犯罪案件第四条规定:暴力取证罪是指司法工作人员以暴力逼取证人证言的行为。

涉嫌下列情形之一的,应予立案:1.以殴打、捆绑、违法使用械具等恶劣手段逼取证人证言的;2.暴力取证造成证人轻伤、重伤、死亡的;3.暴力取证,情节严重,导致证人自杀、自残造成重伤、死亡,或者精神失常的;4.暴力取证,造成错案的;5.暴力取证3人次以上的;6.纵容、授意、指使、强迫他人暴力取证,具有上述情形之一的;7.其他暴力取证应予追究刑事责任的情形。

以案说法

季某是某市公安局刑侦部门的工作人员。2017年5月,其在对一起抢劫案进行侦查的过程中,因该案的证人赵某担心自己的人身安全,不愿意说出自己所看到的任何关于犯罪嫌疑人抢劫的情况。结果,季某不但没有对证人采取保护措施,反而殴打赵某,逼迫赵某说出当时的情况。因季某暴力取证,赵某随后将其举报。但是,某区人民检察院却以季某暴力取证未出现严重后果为由不予立案。为此,人民监督员杨某提出立案监督意见,建议人民检察院立案追究季某的刑事责任。

在上述案例中,人民监督员杨某认为季某暴力取证的行为应该承担刑事责任,故建议人民检察院立案侦查。关于暴力取证罪的立案标准,根据《最高人民检察院关于渎职侵权犯罪案件立案标准的规定》第二部分国家机关工作人员利用职权实施的侵犯公民人身权利、民主权利犯罪案件第四条的规定可知，司法工作人员以恶劣手段逼取证人证言或者其暴力取证的行为导致证人重伤、死亡、造成错案以及暴力取证 3 次以上的，应予立案追究其刑事责任。

具体到本案中，季某采取殴打等恶劣手段进行取证的行为，符合暴力取证案的第一种立案情形，无论其是否导致证人轻伤、重伤等损害后果，只要实施了殴打等恶劣手段取证的，都要承担刑事责任。因此，本案中季某的行为是应当被立案追究刑事责任的。而人民检察院认为未造成严重后果不予立案的做法是违法的，人民监督员杨枭提出的立案监督意见是正确的，人民检察院应当立案侦查。

在暴力取证案的立案标准上，人民监督员尤其需要注意，不管其是否造成证人轻伤以上的损害后果，只要其使用殴打、捆绑等恶劣手段进行取证的，就符合暴力取证罪的立案标准。

暴力取证案成为重大案件、特大案件的立案标准是什么？

《人民检察院直接受理立案侦查的渎职侵权重特大案件标准（试行）》第三十七条规定了暴力取证案的重特大案件标准。

（一）重大案件：1. 致人重伤或者精神失常的；2. 五次以上或者对五人以上暴力取证的。

（二）特大案件：1. 致人死亡的；2. 七次以上或者对七人以上暴力取证的。

以案说法

佘某是某区公安局的工作人员。2017 年 6 月，佘某因在对一起盗窃案进行取证时采用捆绑的方式强迫证人出庭作证，从而被某市人民检察院立案追究刑事责任。后来，经过调查，人民检察院发现佘某采用暴力手段对证人取证的次数已有数十次。于是，检察院便将此案界定为特大案件。但是，人民监督员唐某却提出立案监督意见，认为佘某虽然经常采用暴力手段取证，但是都没有造成过严重的后果，所以，不建议将此案作为特大案件予以处理。

在上述案件中，人民监督员唐某针对佘某暴力取证案是否应界定为特大案件提出了异议，其认为唐某暴力取证的行为没有造成过严重的后果，因此，此案不宜界定为特大案件。而根据《人民检察院直接受理立案侦查的渎职侵权重特大案件标准（试行）》第三十七条的规定，如果司法机关工作人员暴力取证致人重伤或者精神失常的、五次以上或者对五人以上暴力取证的，则此案就要成为重大案件。此外，如果暴力取证的行为致人死亡或七次以上或者对七人以上暴力取证的，那么案件就要升级为特大案件。由此可见，暴力取证造成损害后果是其成为重大案件、特大案件的情形之一，而暴力取证的次数和人数，也是衡量其是否构成重大案件、特大案件的标准。

具体到本案中，佘某作为司法工作人员，却在侦破案件的过程中数十次对证人进行暴力取证。根据上述法律第三十七条第二款的规定可知，七次以上暴力取证就符合特大暴力取证案的立案标准。所以，在本案中，佘某暴力取证一案是应当界定为特大案件的，人民检察院的立案决定是符合法律规定的。

据此可知，针对暴力取证案重大案件、特大案件的立案标准，一旦司法工作人员暴力取证的次数超过五次，无论其是否在暴力取证时给证人造成人身损害，都应该将案件界定为重大案件或特大案件。对此，人民监督员需要注意，在判断暴力取证案重大案件、特大案件的标准时，只要暴力取证的次数符合法律规定，那么就不需要再考量其所造成的后果是否严重。

虐待被监管人案的刑事立案标准是什么？

《最高人民检察院关于渎职侵权犯罪案件立案标准的规定》第二部分国家机关工作人员利用职权实施的侵犯公民人身权利、民主权利犯罪案件第五条规定：虐待被监管人罪是指监狱、拘留所、看守所、拘役所、劳教所等监管机构的监管人员对被监管人进行殴打或者体罚虐待，情节严重的行为。

涉嫌下列情形之一的，应予立案：1.以殴打、捆绑、违法使用械具等恶劣手段虐待被监管人的；2.以较长时间冻、饿、晒、烤等手段虐待被监管人，严重损害其身体健康的；3.虐待造成被监管人轻伤、重伤、死亡的；4.虐待被监管人，情节严重，导致被监管人自杀、自残造成重伤、死亡，或者精神失常的；5.殴打或者体罚虐待3人次以上的；6.指使被监管人殴打、体罚虐待其他被监管人，具有上述情形之一的；7.其他情节严重的情形。

以案说法

迟某是某监狱的狱警。2017年12月，迟某在晚上值班的过程中，该监狱的罪犯朱某与程某因琐事发生争吵，迟某在制止之后，对朱某、程某两人进行了体罚。当晚，室外温度已经是零下十度以下，而迟某让他们在外面站了一夜，导致两人身体健康受到严重损害。后来，迟某的行为被单位发现，某区人民检察院也开始对此案进行立案侦查。但是，立案后，人民监督员胡某认为迟某体罚虐待被监管人的人数并未达到法律规定的3人以上，因此，此案并不需要作为刑事案件进行立案侦查。

在上述案件中，人民监督员胡某针对迟某虐待被监管人员一案是否符合刑事立案标准提出了立案监督意见。

迟某作为监狱的工作人员，让两名罪犯冬天在外面体罚受冻，导致两名罪犯身体健康严重受到损害。根据法律规定的第二种立案标准，以较长时间冻、饿、晒、烤等手段虐待被监管人，严重损害其身体健康的，应予立案。因此，迟某的行为虽然不符合该案的第五种立案标准，即体罚虐待 3 人次以上，但是，其行为也是符合虐待被监管人罪立案标准的。所以，人民检察院立案追究迟某刑事责任的做法是正确的。

通过上述案例可知，在虐待被监管人案的刑事立案标准中，行为人实施行为的次数仅仅是其中的一种立案情形，而行为人实施的手段以及损害后果也属于立案情形之一。所以，这就需要人民监督员在实际的立案监督过程中注意，在一个案件中，很可能会同时出现多种立案情形，此时，我们要根据法律的规定，在其中的一种情形不符合立案标准时，要看是否符合其他的立案标准。

哪些情形下，虐待被监管人案会被界定为重大案件或特大案件？

《人民检察院直接受理立案侦查的渎职侵权重特大案件标准（试行）》第三十八条规定了虐待被监管人案的重特大案件标准。

（一）重大案件：1. 致使被监管人重伤或者精神失常的；2. 对被监管人五人以上或五次以上实施虐待的。

（二）特大案件：1. 致使被监管人死亡的；2. 对被监管人七人以上或七次以上实施虐待的。

以案说法

范某是某市看守所的工作人员，其主要负责看管看守所的在押人员。2017年4月，该看守所的一名被逮捕的犯罪嫌疑人钟某因不听从管理，范某拿起棍子就对其进行殴打，最后导致钟某身受重伤。之后，某市人民检察院开始对此案进行调查，在经过调查后，准备以范某涉嫌虐待被监管人罪追究其刑事责任。此时，人民监督员武某提出立案监督意见，建议人民检察院将此案界定为涉嫌重大虐待被监管人案。

在上述案例中，人民监督员武某认为某市人民检察院未将范某虐待被监管人一案作为重大案件进行办理的决定是不符合法律规定的。而关于虐待被监管人案重大案件、特大案件的立案标准，《人民检察院直接受理立案侦查的渎职侵权重特大案件标准（试行）》第三十八条规定，监管人致使被监管人重伤或者精神失常、对被监管人五人以上或五次以上实施虐待的，虐待被监管人案应被界定为重大案件。如果监管人致使被监管人死亡、对被监管人七人以上或七次以上实施虐待的，那么则要成为特大案件。

具体到本案中，范某虐待被监管人导致在押人员钟某身受重伤。而根据上述法律第三十八条第一款第一项的规定，监管人致使被监管人重伤或者精神失常的，要将此案界定为重大案件。因此，在本案中，范某虐待被监管人钟某一案，人民检察院应当作为重大案件进行立案侦查，人民监督员武某提出的立案监督意见是正确的。

由此可知，虐待被监管人案重大案件、特大案件的立案标准与暴力取证案是相同的。对此，人民监督员需要注意的是，虽然在虐待被监管人的一般立案标准中也存在致使被监管人重伤、精神失常或死亡的情形。但是，该条规定相对于一般的立案标准而言属于特殊规定，因此，在立案监督中，如果监管人虐待被监管人的行为致人重伤、精神失常或死亡时，那么此案则应当成为重大案件或特大案件。

报复陷害案的刑事立案标准是什么？

《最高人民检察院关于渎职侵权犯罪案件立案标准的规定》第二部分国家机关工作人员利用职权实施的侵犯公民人身权利、民主权利犯罪案件第六条规定：报复陷害罪是指国家机关工作人员滥用职权、假公济私，对控告人、申诉人、批评人、举报人实行打击报复、陷害的行为。

涉嫌下列情形之一的，应予立案：1.报复陷害，情节严重，导致控告人、申诉人、批评人、举报人或者其近亲属自杀、自残造成重伤、死亡，或者精神失常的；2.致使控告人、申诉人、批评人、举报人或者其近亲属的其他合法权利受到严重损害的；3.其他报复陷害应予追究刑事责任的情形。

以案说法

赵某是某县的县长。2017年3月，因赵某与他人利用公费吃喝时被某公司的车某举报。后来，上级部门对赵某作出了警告处分。赵某在得知是车某举报了自己之后，便利用自己的职权进行报复，要求车某所在公司马上将其开除，并要求全县其他任何公司都不能收留车某。由于车某全家人都是靠他的收入维持生活，在车某被开除之后，车某全家人的生活都陷入困境。为此，车某再次将赵某报复陷害的行为向检察院举报。但某区人民检察院在对此案进行调查之后，以赵某报复陷害未造成严重损害后果为由不予立案。该检察院人民监督员童某提出立案监督意见，认为赵某的行为严重损害了车某的合法权益，建议人民检察院对此案立案侦查。

在上述案例中，人民监督员童某针对人民检察院未将赵某涉嫌报复陷害案作为刑事案件立案侦查提出了立案监督意见。

赵某对举报人车某进行报复陷害，并且要求所有单位都不得录用车某的行为损害了其就业权，而且其行为使得车某全家人的生活陷入困境之中，给其造成了严重损害。因此，在本案中，赵某报复陷害一案应该作为刑事案件立案侦查，人民监督员童某的立案监督意见是正确的。

由此可知，关于报复陷害案的刑事立案标准，人民监督员在实际工作中需要注意，并不是只有行为人报复陷害造成致人死亡、重伤或者精神失常时才能成为刑事案件。如果行为人有严重损害控告人、申诉人、批评人、举报人或者其近亲属其他合法权益的行为，如损害其人格权、名誉权、就业权等，也是要承担刑事责任的。

报复陷害案被界定为重大案件或特大案件的立案标准是什么？

《人民检察院直接受理立案侦查的渎职侵权重特大案件标准（试行）》第三十二条规定了报复陷害案的重特大案件标准。

（一）重大案件：1. 致人精神失常的；2. 致人其他合法权益受到损害，后果严重的。

（二）特大案件：1. 致人自杀死亡的；2. 后果特别严重，影响特别恶劣的。

以案说法

樊某是某市区委书记。2017年7月，该市市长秘书张某在工作中截获了一封向市长举报樊某受贿、滥用职权的信件。因其与樊某关系非常好，便直接将信件交给了樊某，樊某在看到信件之后，得知是该市发展局局长程某举报了自己。于是，樊某便开始对程某进行报复，其利用职权，伪造材料，称程某曾多次受贿，并命令某市中学的校长开除程某正在上中学的女儿。程某的女儿被学校开除后，觉得非常丢人，故跳楼自杀。为此，樊某报复陷害举报人程某的行为被揭发。在案发后，某市人民检察院对此案立案侦查，并将此案作为特大案件。但是，人民监督员方某提出立案监督意见，认为樊某报复陷害并未导致举报人程某自杀身亡，不能因其女儿自杀身亡就将此案界定为特大案件。

在上述案例中，人民监督员方某针对人民检察院将樊某涉嫌报复陷害一案界定为特大案件提出了异议。根据《人民检察院直接受理立案侦查的渎职侵权重特大案件标准（试行）》第三十九条的规定，国家机关工作人员滥用职权报复陷害的行为，致人精神失常或其他合法权益受到损害，后果严重的，则报复陷害案应被界定为重大案件。而如果其行为致人死亡或者后果特别严重，影响特别恶劣的，那么此案就要成为特大案件。

具体到本案中，樊某作为国家机关工作人员，利用职权对举报人程某进行报复陷害，并导致程某的女儿自杀身亡。根据上述法律第三十九条第二款第一项的规定，国家机关报复陷害致人死亡的应界定为特大报复陷害案。因此，樊某报复陷害程某一案应当按照特大案件的标准予以立案，人民检察院的立案决定是正确的。

据此可知，在报复陷害案重大案件、特大案件的立案标准中，行为人报复陷害的行为除了给举报人、控告人、申诉人的合法权益造成严重损害外，如果其行为导致举报人、控告人、申诉人的近亲属精神失常、自杀死亡或者其他合法权益受到损害的，那么此案也要被界定为重大案件或特大案件。

国家机关工作人员利用职权实施的破坏选举案的刑事立案标准是什么？

《最高人民检察院关于渎职侵权犯罪案件立案标准的规定》第二部分国家机关工作人员利用职权实施的侵犯公民人身权利、民主权利犯罪案件第七条规定：破坏选举罪是指在选举各级人民代表大会代表和国家机关领导人员时，以暴力、威胁、欺骗、贿赂、伪造选举文件、虚报选举票数或者编造选举结果等手段破坏选举或者妨害选民和代表自由行使选举权和被选举权，情节严重的行为。

国家机关工作人员利用职权破坏选举，涉嫌下列情形之一的，应予立案：1. 以暴力、威胁、欺骗、贿赂等手段，妨害选民、各级人民代表大会代表自由行使选举权和被选举权，致使选举无法正常进行，或者选举无效，或者选举结果不真实的；2. 以暴力破坏选举场所或者选举设备，致使选举无法正常进行的；3. 伪造选民证、选票等选举文件，虚报选举票数，产生不真实的选举结果或者强行宣布合法选举无效、非法选举有效的；4. 聚众冲击选举场所或者故意扰乱选举场所秩序，使选举工作无法进行的；5. 其他情节严重的情形。

以案说法

2017 年 3 月，郑某为当选某镇镇长，通过贿赂的方式，分别给了其中的 27 名人大代表各 2000 元，让其给自己投票。选举结束后，郑某如其所愿当选了某镇长。但是，其采取非法手段破坏选举的行为被人举报。于是，某县人民检察院在经过调查，便以郑某涉嫌破坏选举罪进行立案侦查。然而，在人民检察院立案侦查后，该县检察院的人民监督员夏某提出立案监督意见，认为郑某并未使得选举无法正常进行，并不符合破坏选举罪的立案标准，因此，不应当以破坏选举罪追究其刑事责任。

在上述案例中，人民监督员夏某针对人民检察院对郑某涉嫌破坏选举罪一案立案侦查提出了异议。关于破坏选举案刑事案件的立案标准，《最高人民检察院关于渎职侵权犯罪案件立案标准的规定》第二部分国家机关工作人员利用职权实施的侵犯公民人身权利、民主权利犯罪案件第七条规定，在选举各级人民代表大会代表和国家机关领导人员时，以暴力、威胁、欺骗、贿赂、伪造选举文件、虚报选举票数或者编造选举结果等手段破坏选举或者妨害选民和代表自由行使选举权和被选举权，致使选举无法正常进行，或者选举无效，或者选举结果不真实的，应予立案追究刑事责任。

具体到本案中，郑某为了使自己能够当选为镇长，在选举时贿赂参加选举的部分人大代表，妨害其行使选举权，使得选举结果不真实。由此可见，郑某的行为是符合上述法律规定的破坏选举案刑事立案标准的第一种立案情形的。所以，人民检察院以破坏选举罪追究郑某的刑事责任是符合法律规定的。

通过上述案例可知，在破坏选举案中，相关人员通过违法手段破坏选举的行为，所导致的后果除了导致选举无法正常进行或选举无效外，如果其行为导致选举结果不真实，那么也是构成破坏选举罪的。对此，人民监督员在工作中需要予以注意。

哪些情形下，国家机关工作人员利用职权实施的破坏选举案会成为重大案件或特大案件？

《人民检察院直接受理立案侦查的渎职侵权重特大案件标准（试行）》第四十条规定了国家机关工作人员利用职权实施的破坏选举案的重特大案件标准。

（一）重大案件：1. 导致乡镇级选举无法进行或者选举无效的；2. 实施破坏选举行为，取得县级领导职务或者人大代表资格的。

（二）特大案件：1. 导致县级以上选举无法进行或者选举无效的；2. 实施破坏选举行为，取得市级以上领导职务或者人大代表资格的。

以案说法

金某是某乡的乡长。2017 年 4 月，在选举新一届乡人大代表时，因金某的选票票数不够，未能成为候选人。因此，在选举时，金某利用自己的职权，聚集当地的村民，称所产生的候选人中有两名都是通过贿赂的手段得来的，要求重新选举候选人。由于金某聚众闹事，导致选举无法进行。某县人民检察院以金某涉嫌破坏选举予以传唤询问，并以其涉嫌重大破坏选举案进行立案侦查。该县检察院的人民监督员李某得知后，认为此案不需要界定为重大案件，因而提出了立案监督意见。

在上述案例中，人民监督员李某认为金某破坏选举案不符合重大破坏选举案件的立案标准，故提出了立案监督意见。

金某利用自己的职权，聚众扰乱选举秩序，导致乡级选举人大代表的工作无法进行，依照法律规定可知，金某破坏选举所导致的后果是符合破坏选举案重大案件立案标准的。所以，人民检察院作出的立案决定是合法的。

由此可见，人民监督员在破坏选举案的立案监督工作中，一定要注意，如果行为人破坏选举的行为导致的是乡镇级的选举工作无法进行或者选举无效的，那么此案也是重大案件，不能错误地认为只有导致县级以上的选举工作无法进行，才能将案件界定为重大案件。

第二章　监视居住

符合哪些条件可以对犯罪嫌疑人采取指定居所监视居住？

《中华人民共和国刑事诉讼法》第七十二条第一款、第七十三条规定：

人民法院、人民检察院和公安机关对符合逮捕条件，有下列情形之一的犯罪嫌疑人、被告人，可以监视居住：（一）患有严重疾病、生活不能自理的；（二）怀孕或者正在哺乳自己婴儿的妇女；（三）系生活不能自理的人的唯一扶养人；（四）因为案件的特殊情况或者办理案件的需要，采取监视居住措施更为适宜的；（五）羁押期限届满，案件尚未办结，需要采取监视居住措施的。

监视居住应当在犯罪嫌疑人、被告人的住处执行；无固定住处的，可以在指定的居所执行。对于涉嫌危害国家安全犯罪、恐怖活动犯罪、特别重大贿赂犯罪，在住处执行可能有碍侦查的，经上一级人民检察院或者公安机关批准，也可以在指定的居所执行。但是，不得在羁押场所、专门的办案场所执行。

指定居所监视居住的，除无法通知的以外，应当在执行监视居住后二十四小时以内，通知被监视居住人的家属。

被监视居住的犯罪嫌疑人、被告人委托辩护人，适用本法第三十三条的规定。

人民检察院对指定居所监视居住的决定和执行是否合法实行监督。

以案说法

张某是某县公安局的一名警察。2016 年张某的妻子因婚内出轨，坚决要同张某离婚。后张某得知对方为某企业的老总王某，便决定报复王某。2016 年 11 月 13 日，张某利用自身职权传唤王某到派出所问话，并将王某关在派出所的传唤间，持续了两天两夜后才将其放走。案发后，当地检察院对张某利用职权非法拘禁王某的刑事案件进行了立案侦查，由于张某家中瘫痪多年的老母亲只有张某一个赡养人，于是，检察院决定对张某采取监视居住的强制措施。但人民监督员吴某提出了监督意见，认为张某在离婚后并没有固定的住处，应当指定居所进行监视居住。

本案主要涉及监视居住的居所问题，我国《刑事诉讼法》第七十三条对犯罪嫌疑人采取指定居所监视居住的条件做出了规定，在我国，适用指定居所监视居住的犯罪情形主要有如下几种：第一，涉嫌危害国家安全犯罪，国家安全不仅关系国家的生死存亡和长远发展，也关系到每个公民的切身利益，一旦国家安全受损，其影响范围之广、破坏力之大是不可估量的，因此对于涉嫌国家安全的犯罪，采用指定居所监视居住更有利于快速查明案件事实，防止犯罪危害面的进一步扩大；第二，恐怖活动犯罪，恐怖活动一般通过暴力、恐吓或者其他手段对公民人身、财产、公共设施等进行破坏，其危害和破坏力也极大，对这类犯罪嫌疑人也必须指定居所进行监视居住；第三，特别重大的贿赂犯罪，特别重大的贿赂犯罪衡量标准有三个：贿赂数额 50 万元以上、有重大的社会影响、或者涉及国家重大利益，这种犯罪对国家和社会造成的损失和影响极大，对犯罪嫌疑人应当指定居所监视居住；第四，犯罪嫌疑人、被告人无固定住处的，可以在指定的居所执行。

本案中，张某作为人民警察，在个人恩怨的激发下利用职权非法拘禁王某的行为已经构成了犯罪，在符合逮捕条件的情形下，由于张某是家中瘫痪多年的老母亲的唯一扶养人，如果对其逮捕可能会影响其老母亲的正常生活，根据《刑事诉讼法》第七十二条第一款的规定，检察院决定对其采取监视居住的强制措施符合法律规定。但因张某目前并无固定的住处，因此，按照法律规定，对其可以在指定的居所执行，因此，人民监督员提出指定居所监视居住的监督意见符合法律规定。

指定居所监视居住是对犯罪嫌疑人、被告人人身进行控制的一个重要手段，由于其牵涉到人身自由，和公民的人身权利保护密切相关，因此，需要人民监督员更准确的理解指定居所监视居住的适用条件和情形，更有效地监督人民检察院依法适用监视居住的强制措施，保障监视居住适用过程的合法性。

指定居所监视居住中"有碍侦查"指的是哪些因素？

《中华人民共和国刑事诉讼法》第七十三条规定：

监视居住应当在犯罪嫌疑人、被告人的住处执行；无固定住处的，可以在指定的居所执行。对于涉嫌危害国家安全犯罪、恐怖活动犯罪、特别重大贿赂犯罪，在住处执行可能有碍侦查的，经上一级人民检察院或者公安机关批准，也可以在指定的居所执行。但是，不得在羁押场所、专门的办案场所执行。

指定居所监视居住的，除无法通知的以外，应当在执行监视居住后二十四小时以内，通知被监视居住人的家属。

被监视居住的犯罪嫌疑人、被告人委托辩护人，适用本法第三十三条的规定。

人民检察院对指定居所监视居住的决定和执行是否合法实行监督。

《人民检察院刑事诉讼规则》第一百一十条第一款至第四款规定：

监视居住应当在犯罪嫌疑人的住处执行。对于犯罪嫌疑人无固定住处或者涉嫌特别重大贿赂犯罪在住处执行可能有碍侦查的，可以在指定的居所执行。

固定住处是指犯罪嫌疑人在办案机关所在地的市、县内工作、生活的合法居所。

本条第一款规定的特别重大贿赂犯罪依照本规则第四十五条第二款规定的条件予以认定。

有下列情形之一的，属于有碍侦查：（一）可能毁灭、伪造证据，干扰证人作证或者串供的；（二）可能自杀或者逃跑的；（三）可能导致同案犯逃避侦查的；（四）在住处执行监视居住可能导致犯罪嫌疑人面临人身危险的；（五）犯罪嫌疑人的家属或者其所在单位的人员与犯罪有牵连的；（六）可能对举报人、控告人、证人及其他人员等实施打击报复的。

以案说法

王某某是某水利局的主任。2016年王某某的高中同学何某因有一个水电工程项目需要得到王某某所在单位的审批，王某某恰好有决定是否通过审批的权限，何某便组织了一场同学聚会，期间何某私下赠与王某某一张存有 700 万现金的银行卡。三个月后，何某和王某某被举报，人民检察院立案侦查后，王某某突发严重疾病，生活不能自理，于是检察院决定在其住处对其采取监视居住措施。但人民监督员李某认为涉嫌特别重大的贿赂犯罪，其住处保留有众多犯罪证据，在其住处执行监视居住可能有碍侦查，故提出了监督意见。

该案主要涉及指定居所监视居住是否会有碍侦查及哪些因素会有碍侦查的问题。我国刑事法律规定了对符合逮捕条件但具有法定情形的犯罪嫌疑人、被告人可实施监视居住，《刑事诉讼法》第七十三条对监视居住的场所做出了规定，即一般情形下，监视居住可在犯罪嫌疑人、被告人的住处执行；若无固定住处，或涉嫌危害国家安全犯罪、恐怖活动犯罪、特别重大贿赂犯罪，在住处执行可能有碍侦查的，可以在指定的居所执行。根据《《人民检察院刑事诉讼规则》第一百一十条第一款至第四款的列举，毁灭、伪造证据，干扰证人作证或者串供的为障碍因素之一。

本案例中，犯罪嫌疑人王某某因受贿 700 万而被人民检察院立案侦查，受贿数额巨大，在符合逮捕条件的情况下，由于王某某突发严重疾病，生活不能自理，对其采取监视居住符合法律规定。但本案中由于王某某的住处有众多涉及此次受贿案的犯罪证据，如果在其住处实施监视居住，则其为了脱罪或减轻刑罚而毁灭、伪造证据的可能性较大，因此，在其住处执行监视居住可能会影响案件侦查，故李某提出的监督意见符合法律规定。

关于指定居所监视居住中"有碍侦查"因素的认定，除了可能毁灭、伪造证据、干扰证人作证或者串供之外，《人民检察院刑事诉讼规则》第一百一十条还规定了其他可能影响刑事案件发展进程的其他因素，包括可能自杀或者逃跑、可能导致同案犯逃避侦查、在住处执行监视居住可能导致犯罪嫌疑人面临人身危险的、犯罪嫌疑人的家属或者其所在单位的人员与犯罪有牵连以及可能对举报人、控告人、证人及其他人员等实施打击报复的情形。这些障碍因素可通过指定居所监视居住而被有效控制，因而公检法在适用监视居住的强制措施时，应当综合考量上述因素来决定是否对犯罪嫌疑人、被告人采取指定居所监视居住。人民监督员在履行监督职责时，也应当准确把握哪些因素可能有碍侦查需要指定居所监视居住。

指定用于监视居住的居所应该符合哪些条件？

《人民检察院刑事诉讼规则》第一百一十条第五款规定：

指定的居所应当符合下列条件：（一）具备正常的生活、休息条件；（二）便于监视、管理；（三）能够保证办案安全。

以案说法

金某是某省政府办公厅的职员。2016 年，金某因表现优异成为了单位里的技术骨干，并于同年 4 月份被公派至某国进行调研。在境外调研期间，金某认识了某国境外情报机构的工作人员，并被其收买而走向堕落。金某自从回国后，多次利用单位保密部门和内部管理存在的漏洞，获取了近百份秘密文件和内部材料，提供给境外某国的情报机构，从中获得高额情报酬金及其他酬物。2017 年 5 月 10 日，金某的罪行败露，检察院对其立案侦查后，决定采取监视居住的强制措施，但因担心在其住处采取监视居住会妨碍侦查，于是指定了某场所进行监视居住。但人民监督员董某认为检察院指定监视居住的场所不便于对金某的监视和管理，因此提出了监督意见。

上面的案例，涉及到的主要问题是指定居所监视居住时，该指定居所应当具备的条件。指定居所监视居住是为了便于公安司法机关对案件进行侦查，但是由于指定居所监视居住使犯罪嫌疑人、被害人脱离了原有的生活环境，实践中容易导致侦查机关的权力滥用，为了保障犯罪嫌疑人、被告人的合法权利，将惩罚犯罪和保障人权有机结合，我国《人民检察院刑事诉讼规则》第一百一十条第五款对指定居所监视居住中的"居所"做了明确规定：第一，必须具备正常的生活、休息条件，即使被采取了监视居住的刑事强制措施，依然要保证犯罪嫌疑人、被告人的正常生活；第二，便于监视、管理，这是从公安司法机关高效办案的角度出发所作出的规定，只有便于对犯罪嫌疑人、被告人进行监视和管理，才能达到监视居住的刑事诉讼目的；第三，能够保证办案安全，这里的安全不仅指办案人员和案件成果的安全，还包括犯罪嫌疑人、被告人的安全。指定居所监视居住的居所只有同时符合上述三个条件，才是符合刑事法律规范的能够进行指定居所监视居住的场所。

本案中，金某作为政府办公厅的工作人员，辜负了国家对其的信任和栽培，在出国调研期间勾结外国情报机构，归国后为其提供秘密文件，侵害了国家安全，人民检察院依法对其立案侦查。根据办案需要，人民检察院决定对其采取指定居所监视居住，该决定符合法律规定。但人民监督员董某认为指定的居所不便于对金某实施监视和管理，应当更换指定的居所，根据《人民检察院刑事诉讼规则》第一百一十条第五款的规定，若情况属实，则检察院所指定的居所不符合上述法律规定，应当更换。

指定居所监视居住的场所是监视居住期间能否达到查明案件事实、搜索案件相关证据的一个重要因素，因此，对场所的指定应当严格按照法律的规定，从保障犯罪嫌疑人正常生活的权利、案件侦查活动的顺利进行、所有涉案人员和办案成果安全，这三个角度出发去选择合适的指定居所监视居住的场所。

可以把监管场所当成监视居住的地方吗？

《人民检察院刑事诉讼规则》第一百一十条第五款第六款规定：采取指定居所监视居住的，不得在看守所、拘留所、监狱等羁押、监管场所以及留置室、讯问室等专门的办案场所、办公区域执行。

以案说法

陈某是某地政府负责拆迁工作的领导。2016 年 3 月份，根据上级部门的指示，当地需要对辖区内某村村民的住宅进行拆迁，由于拆迁款未能和当地部分村民达成一致，拆迁工作停滞不前。为了尽量减少对施工进度的影响，解决村民阻挠的问题，陈某利用职权授意某拆迁公司在保证无人员伤亡的情况下可适度利用暴力解决对抗。6 月 12 日，在和部分村民谈判失败的情况下，该拆迁公司的人员根据陈某的指示将装有毒气的玻璃瓶往村民脸上喷射，造成了 18 人严重受伤，3 人死亡的后果。检察院在立案侦查的过程中，决定对陈某采取监视居住的强制措施，但为了方便办案便将其关在检察院的讯问室内。人民监督员李某认为此举违反了监视居住对空间场所的规定，准备提出监督意见。

根据《人民检察院刑事诉讼规则》第一百一十条第五款和第六款对指定居所监视居住所选择的场所进行了禁止性规定，凡是条文列举出的场所均不得作为指定居所监视居住的场所使用。首先，若在看守所、拘留所、监狱等羁押场所进行监视居住，则属于变相对犯罪嫌疑人、被告人进行拘留、逮捕，实际架空了监视居住的强制性措施；其次，若在留置室、讯问室等专门办案场所进行监视居住，则背离了监视居住保障人权的立法宗旨，不利于监视居住制度的进一步适用。

本案中，陈某作为某地政府负责拆迁工作的领导，在拆迁工作中激发了和人民群众之间的矛盾，不但没有提出化解措施，反而利用职权授意某拆迁公司利用暴力手段对抗村民，造成了18人受伤、3人死亡的后果，其行为严重违反了法律规定。在人民检察院立案侦查期间，对其采取了指定居所监视居住，但该场所属于人民检察院的讯问室，显然违反了法律规定，因此人民监督员提出的监督意见应当被采纳。

落实监视居住的指定场所至关重要，实践中应当坚决杜绝部分检察机关工作人员利用指定居所监视居住变相拘留、逮捕犯罪嫌疑人、被告人的情形。监视居住的强制措施拥有其自身独特的制度价值，避免监视居住制度滥用对刑事侦查程序的完善和保证刑事诉讼活动顺利进行都起到了非常重要的作用，而按照法律规定选择指定居所监视居住的场所是保证监视居住制度发挥其价值的关键一环。

对犯罪嫌疑人采取指定居所监视居住的，应履行怎样的审批程序？

《中华人民共和国刑事诉讼法》第七十三条规定：

监视居住应当在犯罪嫌疑人、被告人的住处执行；无固定住处的，可以在指定的居所执行。对于涉嫌危害国家安全犯罪、恐怖活动犯罪、特别重大贿赂犯罪，在住处执行可能有碍侦查的，经上一级人民检察院或者公安机关批准，也可以在指定的居所执行。但是，不得在羁押场所、专门的办案场所执行。

《人民检察院刑事诉讼规则》第一百一十一条规定：

对犯罪嫌疑人采取监视居住，应当由办案人员提出意见，部门负责人审核，检察长决定。

需要对涉嫌特别重大贿赂犯罪的犯罪嫌疑人采取指定居所监视居住的，由办案人员提出意见，经部门负责人审核，报检察长审批后，连同案卷材料一并报上一级人民检察院侦查部门审查。

对于下级人民检察院报请指定居所监视居住的案件，上一级人民检察院应当在收到案卷材料后及时作出是否批准的决定。

上一级人民检察院批准指定居所监视居住的，应当将指定居所监视居住决定书连同案卷材料一并交由下级人民检察院通知同级公安机关执行。下级人民检察院应当将执行回执报上一级人民检察院。

上一级人民检察院不予批准指定居所监视居住的，应当将不予批准指定监视居住决定书送达下级人民检察院，并说明不予批准的理由。

以案说法

梁某是某地警察局刑侦科的办案员。2017 年，梁某因涉嫌重大受贿犯罪而被人民检察院立案侦查，期间，因梁某自身符合监视居住的条件，人民检察院的办案人员当即决定对梁某采取指定居所监视居住的强制措施。事后，人民监督员提出疑问，认为办案人员无权擅自决定对梁某进行监视居住，应当履行相应的审批程序，因而提出了监督意见。

我国《刑事诉讼法》允许在强制措施中通过指定住所来实现对犯罪嫌疑人、被告人进行监视居住。同时，为了防止指定居所监视居住权的滥用，我国刑事法律规范又对其进行了严格限制，其中严格规范指定居所监视居住的审批权即是一个重要体现。根据《刑事诉讼法》第七十三条第一款和《人民检察院刑事诉讼规则》第一百一十一条的规定，采取监视居住强制措施的，应当首先由办案人员提出意见，部门负责人审核后，再提交检察长决定是否适用。其中应注意的是，若对涉嫌危害国家安全犯罪、恐怖活动犯罪、特别重大贿赂犯罪的犯罪嫌疑人采取指定居所监视居住的，还应当连同案卷材料一并报上一级人民检察院的侦查部门审查，上一级检察院收到案卷后，应当及时审查并作出是否批准的决定，若批准，则应当将指定居所监视居住决定书连同案卷材料一并交由下级人民检察院，并通知同级公安机关执行，下级人民检察院应当将执行回执报上一级人民检察院；若不批准，则应当将不予批准决定书送达至下级人民检察院，并说明理由。

本案中，梁某因涉嫌受贿犯罪而被人民检察院立案侦查，在期间被决定采取指定居所监视居住，但该指定居所监视居住的决定是办案人员直接做出的，显然不符合上述法律规定，人民监督员提出该指定居所监视居住的审批程序违法是符合法律规定的。

从上述法律可以看出，目前我国指定居所监视居住的审批权主要放在上一级检察院或公安机关上，他们对指定居所监视居住的程序做出了严格的限制，体现了尊重和保障人权的宪法精神。

对于特别重大贿赂犯罪案件决定指定居所监视居住的，进行必要性审查是怎么回事？

《人民检察院刑事诉讼规则》第一百一十二条第一款、第三款规定：

对于特别重大贿赂犯罪案件决定指定居所监视居住的，人民检察院侦查部门应当自决定指定居所监视居住之日起每二个月对指定居所监视居住的必要性进行审查，没有必要继续指定居所监视居住或者案件已经办结的，应当解除指定居所监视居住或者变更强制措施。

解除指定居所监视居住或者变更强制措施的，下级人民检察院侦查部门应当报送上一级人民检察院备案。

以案说法

朱某是某煤矿安全监察局的副局长。2016 年 8 月 24 日，当地检察院反贪局侦查小组侦破朱某在任职期间严重违规违纪，利用职务之便，为众多煤矿开发商在扩界开采、生产、安全检查等方面提供帮助，并非法收受各贿赂高达 480 余万元。后因朱某符合指定居所监视居住的条件，检察院对朱某采取了指定居所监视居住的强制措施，直至该刑事案件办理完结的 5 日后，才解除了朱某的强制措施，且期间检察院并未对朱某是否属于无必要继续指定居所监视居住进行审查。人民监督员认为检察院在指定居所监视居住期间的办案程序不合法，一是未定期对指定居所监视居住的必要性进行审查；二是未能及时解除指定居所监视居住的强制措施，因此提出了监督意见。

根据我国法律规定，对于特别重大的贿赂犯罪适用指定居所监视居住时需要进行必要性审查。目前，贿赂犯罪呈现出隐蔽化、高难度化的特点，在我国反腐倡廉工作的严峻形势下，刑事法律规范也加强了对贿赂犯罪的打击程度，对特别重大的贿赂犯罪可适用指定居所监视居住即是其中的一个重要体现。但应当注意的是，在强化贪污贿赂类犯罪打击力度的同时，还应注意加强保障犯罪嫌疑人、被告人在刑事诉讼中的人权保障，因此《人民检察院刑事诉讼规则》第一百一十二条第一款、第三款要求对特别重大的贿赂犯罪案件应当自决定指定居所监视居住之日起每两个月应进行必要性审查，若审查后发现无必要再继续指定居所监视居住的，应当解除或者变更强制措施，但在解除或者变更时应报送上级检察院进行备案。

本案中，朱某作为煤矿安全监察局的副局长，滥用职权为煤矿开发商提供便利，并私收贿赂高达400多万，严重破坏了煤炭开采、生产等工作的正常秩序，也违反了国家的刑事法律规定．在符合指定居所监视居住的条件下，检察院对其采取了指定居所监视居住的强制措施，这是合理合法的。但在刑事案件办理完结后，人民检察院未能及时解除对朱某的监视居住，并且在办案期间，人民检察院也一直未对朱某是否无必要继续指定居所监视居住进行必要性审查，显然违反了上述法律规定，人民监督员有权提出监督意见。

法律要求对特别重大的贿赂案件采用指定居所监视居住的，应当进行必要性审查，在审查内容上，应当重点审查采取指定居所监视居住强制措施的案件是否属于特别重大贿赂犯罪案件以及是否确有必要采取指定居所监视居住；在对审查的监督方面，主要体现在上级检察院对解除、变更强制措施的备案审查方面。通过上述具体审查措施，来促进指定居所监视居住的规范运行。

对于当事人一方申请将指定居所监视居住变更为其他强制措施的，人民检察院应该如何做？

《人民检察院刑事诉讼规则》第一百一十二条第二款、第一百一十条第四款规定：

犯罪嫌疑人及其法定代理人、近亲属或者辩护人认为不再具备指定居所监视居住条件的，有权向人民检察院申请变更强制措施。人民检察院应当在三日以内作出决定，经审查认为不需要继续指定居所监视居住的，应当解除指定居所监视居住或者变更强制措施；认为需要继续指定居所监视居住的，应当答复申请人并说明理由。

有下列情形之一的，属于有碍侦查：（一）可能毁灭、伪造证据，干扰证人作证或者串供的；（二）可能自杀或者逃跑的；（三）可能导致同案犯逃避侦查的；（四）在住处执行监视居住可能导致犯罪嫌疑人面临人身危险的；（五）犯罪嫌疑人的家属或者其所在单位的人员与犯罪有牵连的；（六）可能对举报人、控告人、证人及其他人员等实施打击报复的。

《中华人民共和国刑事诉讼法》第七十二条第一款、第七十三条第一款规定：

人民法院、人民检察院和公安机关对符合逮捕条件，有下列情形之一的犯罪嫌疑人、被告人，可以监视居住：（一）患有严重疾病、生活不能自理的；（二）怀孕或者正在哺乳自己婴儿的妇女；（三）系生活不能自理的人的唯一扶养人；（四）因为案件的特殊情况或者办理案件的需要，采取监视居住措施更为适宜的；（五）羁押期限届满，案件尚未办结，需要采取监视居住措施的。

监视居住应当在犯罪嫌疑人、被告人的住处执行；无固定住处的，可以在指定的居所执行。对于涉嫌危害国家安全犯罪、恐怖活动犯罪、特别重大贿赂犯罪，在住处执行可能有碍侦查的，经上一级人民检察院或者公安机关批准，也可以在指定的居所执行。但是，不得在羁押场所、专门的办案场所执行。

以案说法

2017年5月份，某税务局领导江某因涉嫌重大贿赂犯罪而被检察院立案侦查。期间，江某由于情绪激动，自觉死路一条，有很强烈的自杀倾向，并在讯问过程中一再表达对生活不再抱有希望。人民检察院基于案件特殊情况，认为对江某采取指定居所监视居住更为适宜，决定对江某采取指定居所监视居住的强制措施。一个月后，江某的辩护人认为江某目前情绪平和、其并不存在有碍侦查的因素，因此向检察院提出了申请，要求将指定居所监视居住变更为取保候审，检察院当场拒绝了江某辩护人的申请。人民监督员认为检察院的行为不符合法律规定，因此提出了监督意见。

指定居所监视居住是监视居住的特殊形式，也属于侦查过程中的刑事强制措施，它和作为裁判结果的在监狱执行刑罚不同，会随着侦查工作的进一步开展而有所变动，例如，由较轻的监视居住变为较重的拘留、逮捕，或者在不满足监视居住的条件时予以解除。这些变动是侦查程序中的正常现象，符合刑事立法精神。根据《人民检察院刑事诉讼规则》第一百一十二条第二款的规定，若犯罪嫌疑人一方认为其不再具备指定居所监视居住条件的，有权向检察院申请变更强制措施，检察院在收到申请后应当在三日以内作出决定。

本案中，江某作为某税务局的领导，因涉嫌重大贿赂犯罪而被检察院立案侦查，期间由于有自杀倾向，人民检察院认为根据案件的特殊情形，对江某采取指定监视居住更为适宜，符合《刑事诉讼法》第七十二条第一款、第七十三条第一款的规定。在一个月后，江某的辩护人认为江某的情绪恢复了正常，已经没有自杀倾向了，申请变更为取保候审，这种行为也是符合法律规定的。但检察院当场拒绝申请的行为，违反了《人民检察院刑事诉讼规则》第一百一十二条第二款的规定，应当根据申请在三日以内作出是否准予变更的决定，若认为认为需要继续指定居所监视居住的，应当答复申请人并说明理由。

对于申请变更或解除指定居所监视居住强制措施的，应当进行审查后作出是否准予的决定，只有这样才能保证适用监视居住措施的适当性和合法性，保障犯罪嫌疑人的合法权利。

对被执行指定居所监视居住的犯罪嫌疑人应该履行怎样的告知程序？

《人民检察院刑事诉讼规则》第一百一十三条第一款规定：

人民检察院应当向监视居住的犯罪嫌疑人宣读监视居住决定书，由犯罪嫌疑人签名、捺指印或者盖章，并责令犯罪嫌疑人遵守刑事诉讼法第七十五条的规定，告知其违反规定应负的法律责任。

《中华人民共和国刑事诉讼法》第七十五条规定：

被监视居住的犯罪嫌疑人、被告人应当遵守以下规定：（一）未经执行机关批准不得离开执行监视居住的处所；（二）未经执行机关批准不得会见他人或者通信；（三）在传讯的时候及时到案；（四）不得以任何形式干扰证人作证；（五）不得毁灭、伪造证据或者串供；（六）将护照等出入境证件、身份证件、驾驶证件交执行机关保存。

被监视居住的犯罪嫌疑人、被告人违反前款规定，情节严重的，可以予以逮捕；需要予以逮捕的，可以对犯罪嫌疑人、被告人先行拘留。

以案说法

张某是某机关单位的工作人员，在其工作不顺、内心烦闷之时，恰好从网上结识了罗某，罗某向张某灌输了很多民族分裂的思想，并向其邮寄了众多具有反动性质的书籍，张某在此过程中感觉非常刺激，从此天天以诵经的形式祈祷实现分裂国家的心愿。2017年3月至5月，张某利用职务之便向罗某泄露了众多工作中的机密文件，为其实现民族分裂计划提供帮助。后来，张某被当地检察院以煽动国家分裂罪立案侦查，期间由于张某符合指定居所监视居住的条件，于是对其采取了指定居所监视居住的强制措施，但检察院在作出此决定时仅口头告知张某，人民监督员魏某认为检察院在实施指定居所监视居住时并未向犯罪嫌疑人履行告知程序，属于违法行为，准备提出监督意见。

人民检察院决定对犯罪嫌疑人采取监视居住的强制措施时，应当履行法定的告知程序，此告知程序的目的在于避免犯罪嫌疑人在不知情的情况下对自身的刑事诉讼权利作出不当处分，根据《人民检察院刑事诉讼规则》第一百一十三条第一款规定，检察院作出对犯罪嫌疑人监视居住的决定后，应当向监视居住的犯罪嫌疑人宣读监视居住决定书，由犯罪嫌疑人签名、捺指印或者盖章，并责令犯罪嫌疑人遵守刑事诉讼法第七十五条关于被监视居住的犯罪嫌疑人、被告人所应当遵守的规定，包括不得未经批准离开被执行监视居住的住所、会见他人或者和他人通信、干扰证人作证等等，并对违反上述规定所应负的法律责任进行告知。

本案中，张某作为机关单位的国家工作人员涉嫌分裂国家罪，人民检察院在对其指定居所监视居住后，不得仅仅以口头的方式告知对其采取的刑事强制措施，而应当按照上述法律规定履行宣读监视居住决定书，并告知其禁止性行为及违反禁止性行为所应当承担的不利后果，最后再由犯罪嫌疑人签字、盖章，因此人民监督员提出的监督意见符合刑事法律规定，人民检察院应当及时改正。

人民检察院决定采取指定居所监视居住的，应当根据刑事法律规定对犯罪嫌疑人进行告知，不得仅仅通过口头或者其他简化的方式向犯罪嫌疑人进行告知，此种行为将侵犯犯罪嫌疑人的合法诉讼权利。

指定居所用于监视居住的，可以要求犯罪嫌疑人支付房费吗？

《人民检察院刑事诉讼规则》第一百一十三条第二款规定：指定居所监视居住的，不得要求被监视居住人支付费用。

以案说法

2016 年 4 月 13 日晚 6 点 30 分，民警王某收到某市民的举报电话称，在市区内某栋住宅楼内有卖淫嫖娼案件，王某与同事李某商量后，来到现场，在未办理任何手续的情况下，通过爬梯子进入到受害者的家中，但未查到任何卖淫嫖娼信息。案发后，人民检察院受理了这起非法搜查案件，决定对王某采取监视居住强制措施，但由于王某无固定住处，因而决定在某酒店对其实施监视居住。案件完结后，王某向检察院支付了监视居住期间代缴的酒店费用，人民监督员认为此举违法，遂提出了监督意见。

监视居住作为刑事强制措施的一种，是公安司法机关代表国家刑事侦查权的表现，因此，我国《人民检察院刑事诉讼规则》

第一百一十三条第二款规定，指定居所监视居住的，不得要求被监视居住人支付费用。此条以法律的形式杜绝了侦查机关利用监视居住向犯罪嫌疑人收受费用的行为。

本案中，王某作为警察，在未有实质证据的情况下擅自闯入受害者家中，涉嫌非法搜查罪。人民检察院对其立案侦查后，发现王某符合监视居住的条件，但因王某无固定住所而决定在酒店执行，这一行为并不违法。但根据法律规定，被监视居住的犯罪嫌疑人是无需支付任何费用的，检察院在解除监视居住后让王某自负酒店房费的行为显然是违反上述法律规定的，因此，人民监督员有权提出监督意见要求改正。

指定居所监视居住的费用应当从侦查机关的业务经费中列支，不应当要求被监视居住人支付，当发生要求犯罪嫌疑人、被告人支付房费等费用的情况后，其有权拒绝此项要求并向人民监督员反映。

对犯罪嫌疑人决定在指定的居所执行监视居住的，一定要通知其家属吗?

《人民检察院刑事诉讼规则》第一百一十四条规定：

对犯罪嫌疑人决定在指定的居所执行监视居住，除无法通知的以外，人民检察院应当在执行监视居住后二十四小时以内，将指定居所监视居住的原因通知被监视居住人的家属。无法通知的，应当向检察长报告，并将原因写明附卷。无法通知的情形消除后，应当立即通知其家属。

无法通知包括以下情形：（一）被监视居住人无家属的；（二）与其家属无法取得联系的；（三）受自然灾害等不可抗力阻碍的。

《中华人民共和国刑事诉讼法》第七十三条第二款也规定：指定居所监视居住的，除无法通知的以外，应当在执行监视居住后二十四小时以内，通知被监视居住人的家属。

以案说法

蒋某因涉嫌恐怖活动犯罪而被检察院立案侦查。期间，因为案件的特殊情况以及办理案件的需要，人民检察院认为对蒋某采取监视居住措施更为适宜，于是指定在某地对蒋某进行监视居住，当晚蒋某便被移送至被监视居住地。可是，蒋某的家人在案发两周后才得知蒋某被执行指定居所监视居住的消息，期间还以为蒋某失踪，还报了警。后来在检察机关的解释下，蒋某的家人才得知蒋某被监视居住的原因。人民监督员认为告知是实施监视居住程序的一个重要环节，本案中的检察院在执行了指定居所监视居住后，未及时通知其家属，属于违法行为，因而提出了监督意见。

《人民检察院刑事诉讼规则》第一百一十四条以及《刑事诉讼法》第七十三条第二款对犯罪嫌疑人被指定居所监视居住后的通知程序做了明确规定：首先，人民检察院应当在执行监视居住之后的二十四小时之内，将指定居所监视居住的原因通知被监视居住人的家属；其次，若被监视居住人无家属或者虽有家属但在规定的时限内无法与其取得联系以及受自然灾害等不可抗力使得无法通知到其家属的，办案人员应当将上述情形报告给检察长，并将原因写明附在刑事案卷中。此外，一旦上述无法通知到家属的情形消失后，人民检察院应当立即通知到家属。

本案中，蒋某因涉嫌恐怖活动罪被人民检察院立案侦查并采取了指定居所监视居住的强制措施，但在当晚蒋某被移送到监视居住地后，人民检察院一直未通知其家属，导致蒋某的家属以为蒋某发生了意外并报警，显然该人民检察院未履行上述法律规定的告知义务，属于失职行为，人民监督员提出的监督意见符合法律规定。

监视居住作为一种刑事强制措施，它是通过限制犯罪嫌疑人的人身自由来实现的，一般情形下它要求犯罪嫌疑人不得在未经批准的情况下擅自离开规定住所且犯罪嫌疑人需在接受电子监控的状态下生活，因此，若人民检察院不告知犯罪嫌疑人的家属，则会使家人过分担心，也不利于犯罪嫌疑人配合侦查机关开展工作，故而，人民检察院应当重视指定居所监视居住中所要求的通知义务，保障犯罪嫌疑人家属的知情权。

采取指定监视居住措施后，公安司法机关应当履行哪些义务？

《人民检察院刑事诉讼规则》第一百一十五条、第一百一十六条规定：

人民检察院核实犯罪嫌疑人住处或者为其指定居所后，应当制作监视居住执行通知书，将有关法律文书和案由、犯罪嫌疑人基本情况材料，送交监视居住地的公安机关执行，必要时人民检察院可以协助公安机关执行。

人民检察院应当告知公安机关在执行期间拟批准犯罪嫌疑人离开执行监视居住的处所、会见他人或者通信的，批准前应当征得人民检察院同意。

公安机关在执行监视居住期间向人民检察院征询是否同意批准犯罪嫌疑人离开执行监视居住的处所、会见他人或者通信时，人民检察院应当根据案件的具体情况决定是否同意。

以案说法

林某是某市建设局任命的某工程质量检测站主任，该检测站属于国有企业。2016 年，该市政府决定投入 500 万元的财政资金对该工程质量检测站进行设备更新。林某具体负责掌管、支配该资金，但资金到账后，他却先后三次挪用该资金用于个人美容消费及请客吃饭，挥霍金额共计 134.08 万元。2016 年 5 月，检察院立案侦查此案，认为林某符合指定居所监视居住的法定条件，于是当即口头通知当地公安机关在某宾馆内对其指定居所监视居住。人民监督员李某认为检察院该做法违反了指定居所监视居住的法定程序，于是提出了监督意见。

根据我国《人民检察院刑事诉讼规则》第一百一十五条、一百一十六条的规定，人民检察院在决定对犯罪嫌疑人实施指定居所监视居住后，由于其在职能划分上不具有监视居住的执行责任，因此应当移送给监视居住地的公安机关执行。在此过程中，人民检察院作为决定采取指定居所监视居住的司法机关，应当向执行机关履行必要的通知程序，即制作监视居住的执行通知书，并将案件相关的基本案件材料移交给公安机关，公安机关在接收到上述材料后才能开始执行。同时，为了掌握犯罪嫌疑人的动态，人民检察院还应当向执行机关——公安机关告知若在执行期间拟批准犯罪嫌疑人离开执行监视居住的处所、会见他人或者通信的，批准前应当征得人民检察院同意。

本案中，林某作为国家工作人员在掌管、支配国有企业设备更新启动资金时擅自挪用公款 134.08 万元，人民检察院有权对其涉案情况进行侦查，由于林某符合指定居所监视居住的法定条件，也有权决定对林某采取指定居所监视居住的强制措施，但正如人民监督员所提出的监督意见，在未制作监视居住执行通知书并移送案件基本情况资料的情况下，本案中检察院的办案人员仅采用口头通知的方式要求公安机关在某宾馆内对林某监视居住显然不符合上述法律规定。

人民检察院在自侦案件中决定采用指定居所监视居住的，应当将监视居住执行通知书等法律文书送交执行的公安机关，完成监视居住措施的材料移交，这是公检机关密切合作，共同致力于司法公正的一个重要体现，同时，检察院决定对犯罪嫌疑人启动指定居所监视居住的，其作为办案机关有权知晓犯罪嫌疑人在执行期间是否有离开执行住所、擅自会见他人、通信等可能有损案件正常审理的情形，因此，若犯罪嫌疑人有上述要求时，公安机关作为执行机关在批准前应当征得人民检察院的同意，不能擅自作出是否准予的决定。总之，决定指定居所监视居住的，决定机关和执行机关都应当履行法定的程序，不能擅自实施，对此，人民监督员要在工作中特别注意防范。

人民检察院如何对被监视居住的犯罪嫌疑人进行监视？

《人民检察院刑事诉讼规则》第一百一十七条规定：

人民检察院可以根据案件的具体情况，商请公安机关对被监视居住的犯罪嫌疑人采取电子监控、不定期检查等监视方法，对其遵守监视居住规定的情况进行监督。

人民检察院办理直接受理立案侦查的案件对犯罪嫌疑人采取监视居住的，在侦查期间可以商请公安机关对其通信进行监控。

以案说法

何某是某市政府的副市长。2017 年 4 月 12 日，何某因涉嫌重大贿赂犯罪案件而被该市检察院立案侦查，由于何某符合指定居所监视居住的法定条件，检察院决定对何某采取指定居所监视居住。为了监视何某的动向，检察院经过和公安机关协商，在何某经常使用的手机上安装了电子监控设备。人民监督员陈某认为此举不符合保障公民通信自由权利的宪法精神，于是提出了监督意见。

如何对被监视居住的犯罪嫌疑人进行监视是监视居住这一强制措施的重要内容，根据《人民检察院刑事诉讼规则》第一百一十七条的规定，目前人民检察院可以通过和公安机关商请的方式，采用电子监控、不定期检查等方法对犯罪嫌疑人在监视居住期间的行为进行监视。通信作为公民最隐私的权利内容之一，当然是被法律保护的。但是，法律同时规定，人民检察院为了自侦案件所需，也可以对被监视居住人在监视居住期间的通信进行监控。

本案中，人民检察院因何某涉嫌重大贿赂犯罪案件而对何某立案侦查，并对其采取了指定居所监视居住的强制措施。为了能掌握何某在监视居住期间的动向，保证检察机关依法侦查刑事案件，办案人员通过和公安机关的协商在何某的手机上安装了电子监控设备，对何某的通信内容进行监听。虽然对公民的通信自由进行干预不符合我国《宪法》第四十条规定的中华人民共和国公民的通信自由和通信秘密受法律的保护的宪法精神，但应当注意的是，法条后半部分还规定了"除因国家安全或者追查刑事犯罪的需要，由公安机关或者检察机关依照法律规定的程序对通信进行检查外，任何组织或者个人不得以任何理由侵犯公民的通信自由和通信秘密"。因此，在何某涉嫌犯罪的情形下，检察机关根据《人民检察院刑事诉讼规则》第一百一十七条的规定，依照法定程序对何某的通信进行电子监控不违反宪法精神。

人民检察院有权依办案所需对被指定居所监视居住的犯罪嫌疑人进行电子监控或者不定期检查等，但如果此种权利一旦运用不当将对犯罪嫌疑人的隐私、通信自由等权利造成侵犯，因此，公安司法机关应当严格按照法律规定来对犯罪嫌疑人进行监视。人民监督员在日常监督工作中，既应当注意维护犯罪嫌疑人、被告人的合法权益，同时，还要准确把握相关法律，做到于法有据。

人民检察院是否应对指定居所监视居住的案件进行监督？

《人民检察院刑事诉讼规则》第一百一十八条规定：

人民检察院应当依法对指定居所监视居住的决定是否合法实行监督。

对于下级人民检察院报请指定居所监视居住的案件，由上一级人民检察院侦查监督部门依法对决定是否合法进行监督。

对于公安机关决定指定居所监视居住的案件，由作出批准决定公安机关的同级人民检察院侦查监督部门依法对决定是否合法进行监督。

对于人民法院因被告人无固定住处而指定居所监视居住的，由同级人民检察院公诉部门依法对决定是否合法进行监督。

以案说法

张某是某盐业公司（国有企业）的总经理。2016 年 4 月份，该盐业公司开始修建新的办公大楼，期间张某将用于支付承包方一期建设工程款的 30 万据为己有，经举报后检察院对张某贪污一案立案侦查，并决定对其指定居所监视居住。期间，人民监督员孙某认为下一级人民检察院决定指定居所监视居住违法，应当将对张某采取指定居所监视居住强制措施的决定报告给上一级检察机关，而该决定是在未受监督的状态下做出的，其是否合法需进一步核查，因而提出了监督意见。

人民检察院的侦查监督部门有权对指定监视居住的执行活动的合法性进行监督，此种监督不仅包括对下一级人民检察院的监督，也包括对公安机关、人民法院作出指定居所监视居住决定的监督，因此，各公安司法机关在决定对犯罪嫌疑人适用指定居所监视居住强制措施时，应当保障各级人民检察院侦查监督部门对监视居住活动的知情权，也就是说，各公安司法机关应当履行一定的报告义务。根据《人民检察院刑事诉讼规则》第一百一十八条的规定，首先，检察院依法决定对犯罪嫌疑人采取指定居所监视居住的，由上一级检察院的侦查监督部门对该决定的合法性监督；其次，公安机关决定指定居所监视居住的，由该公安机关的同级人民检察院的侦查监督部门依法对决定是否合法进行监督；再者，人民法院依照法律规定，因被告人无固定住处而指定居所监视居住的，由同级人民检察院公诉部门依法对决定是否合法进行监督。

本案中，张某作为国有企业的总经理涉嫌贪污罪，检察机关在对其立案侦查的过程中，决定对其采取指定居所监视居住的强制措施，但该检察机关未将指定居所监视居住的决定报告给上一级检察机关的侦查监督部门，显然不符合上述法律规定，正如人民监督员孙某所提出的，该决定的合法性未受上级检察机关的监督，从程序上侵犯了上级检察机关的监督权，因而有一定的程序瑕疵，需要再次核查。

实践中，若指定居所监视居住运用不当则很容易演变成变相羁押，侵犯犯罪嫌疑人、被告人的合法权利，而对指定居所监视居住的决定进行监督是防止此种恶果的一个重要途径，因此，公安司法机关作为司法权力机关应在决定对犯罪嫌疑人采取指定居所监视居住的强制措施时自觉向监督机关报告并接受监督。作为人民监督员，在日常工作中，也要注意检查检察院的对指定居所监视居住的监督权是否流于形式。

不符合指定居所监视居住适用条件的案件，人民检察院是否有权要求纠正？

《人民检察院刑事诉讼规则》第一百一十九条规定：

被指定居所监视居住人及其法定代理人、近亲属或者辩护人认为侦查机关、人民法院的指定居所监视居住决定存在违法情形，提出控告或者举报的，人民检察院应当受理，并报送或者移送本规则第一百一十八条规定的承担监督职责的部门办理。

人民检察院可以要求侦查机关、人民法院提供指定居所监视居住决定书和相关案件材料。经审查，发现存在下列违法情形的，应当及时通知有关机关纠正：（一）不符合指定居所监视居住的适用条件的；（二）未按法定程序履行批准手续的；（三）在决定过程中有其他违反刑事诉讼法规定的行为的。

以案说法

刘某作为公安机关刑侦大队的侦查人员，在办理刑事案件时因涉嫌刑讯逼供罪而被当地检察院立案侦查。刘某符合监视居住条件，但检察院认为刘某无固定住所，于是决定对其指定居所监视居住，但刘某认为自己有固定住所，检察院指定居所监视居住的决定违法，于是提出了控告，但被检察院办案人员当场驳回。人民监督员苏某认为检察院的做法违法，应当受理刘某的控告。

我国的刑事诉讼法赋予了公安司法机关决定采用指定居所监视居住强制措施的权力，同时也赋予了被适用指定居所监视居住犯罪嫌疑人进行救济的权利。根据《人民检察院刑事诉讼规则》第一百一十九条的规定，若被指定居所监视居住的犯罪嫌疑人、被告人及其法定代理人、近亲属、辩护人认为公安司法机关决定指定居所监视居住的决定违法，有权向人民检察院提出控告，人民检察院应当报送给有权进行监督的人民检察院侦查监督部门进行办理。为了全面审查是否存在违法情形，人民检察院可以要求作出决定的公安司法机关提供相关案件材料。若审查后发现存在不符合指定居所监视居住的适用条件、未按法定程序履行批准手续、在决定过程中有其他违反刑事诉讼法规定的情形，应当及时通知作出决定的公安司法机关进行纠正。

本案中，人民检察院在办理刘某涉嫌刑讯逼供罪的犯罪案件时，认为刘某符合监视居住的法定条件，却没有固定住所，所以决定对其指定居所居住，但刘某认为自己有固定住所，不应在指定的居所执行监视居住，因而提出控告。对于此种控告，人民检察院应当及时移送给上一级人民检察院的侦查监督部门进行审查，自觉接受上一级人民检察院的监督，而本案中的检察院办案人员却当场驳回其控告，显然不符合上述法律规定，因此人民监督员苏某提出的监督意见符合法律规定，检察院应当及时纠正。

在作出指定居所监视居住的强制措施时，公安司法机关不仅应自觉接受人民检察院侦查监督部门的监督，同时也应当允许代表犯罪嫌疑人、被告人一方利益的相关人员对指定居所监视居住的决定提出控告，而人民监督员作为检察院有权对指定居所监视居住措施进行监督的人员，也有权以公正、公立的立场提出检察院在决定指定居所监视决定中的违法性。

执行指定居所监视居住违法的，检察院应该采取何种措施？

《人民检察院刑事诉讼规则》第一百二十条规定：

人民检察院监所检察部门依法对指定居所监视居住的执行活动是否合法实行监督。发现下列违法情形的，应当及时提出纠正意见：（一）在执行指定居所监视居住后二十四小时以内没有通知被监视居住人的家属的；（二）在羁押场所、专门的办案场所执行监视居住的；（三）为被监视居住人通风报信、私自传递信件、物品的；（四）对被监视居住人刑讯逼供、体罚、虐待或者变相体罚、虐待的；（五）有其他侵犯被监视居住人合法权利或者其他违法行为的。

被监视居住人及其法定代理人、近亲属或者辩护人对于公安机关、本院侦查部门或者侦查人员存在上述违法情形提出控告的，人民检察院控告检察部门应当受理并及时移送监所检察部门处理。

以案说法

王某作为国家机关工作人员因涉嫌贿赂罪被检察院立案侦查，检察院认为王某符合指定居所监视居住的条件，决定对其指定居所监视居住。在公安机关执行的过程中，检察院监所检察部门发现侦查人员梁某私自给王某传递信件和生活用品，但认为并没有传递与犯罪相关的内容，便未提出任何纠正意见。人民监督员吴某认为该侦查人员违反了指定居所监视居住的法律规定，监所检察部门在知晓的情况下未提出纠正意见不符合法律规定，因此提出了监督意见。

我国的刑事法律规范除了对作出指定居所监视居住的决定进

行监督之外，还对指定居所监视居住在执行过程中的合法性进行监督。根据《人民检察院刑事诉讼规则》第一百二十条的规定，人民检察院的监所检察部门是指定居所监视居住的执行活动是否合法的监督机关，存在以下违法情形之一的，应当及时提出纠正意见：

第一，在执行指定居所监视居住后二十四小时以内没有通知被监视居住人的家属的。根据《人民检察院刑事诉讼规则》第一百一十四条，对犯罪嫌疑人决定在指定的居所执行监视居住，除无法通知的以外，人民检察院应当在执行监视居住后二十四小时以内，将指定居所监视居住的原因通知被监视居住人的家属。因此，若不存在无法通知的情形，检察院在二十四小时内未通知显然是违法的；

第二，在羁押场所、专门的办案场所执行监视居住的。根据《人民检察院刑事诉讼规则》第一百一十条的规定，采取指定居所监视居住的，不得在看守所、拘留所、监狱等羁押、监管场所以及留置室、讯问室等专门的办案场所、办公区域执行，否则，将变成变相羁押，因此若在上述场所执行则违反法律规定；

第三，为被监视居住人通风报信、私自传递信件、物品的。监视居住的目的之一在于通过隔离犯罪嫌疑人与外界的接触、尽力保留犯罪的原始状态，保证刑事案件的顺利侦破，若相关机关为被监视居住人通风报信等则将扰乱刑事侦查工作和秩序，不利于案件的顺利推进，因此，办案人员存在此种行为时就是违法的；

第四，对被监视居住人刑讯逼供、体罚、虐待或者变相体罚、虐待及其他侵犯被监视居住人合法权利或者其他违法行为的。

本案中，检察院在对王某贿赂案进行侦查的过程中，检察院的监所检察部门发现侦查人员梁某存在着私自向王某传递信件和生活用品的情形，属于上述违法情形之一，但该监所检察部门并未提出纠正意见，不符合上诉法律规定。

人民监督员在日常工作中，要准确把握上述四种情形，发现检察机关工作人员在检察工作中存在违法行为时，一定要及时提出监督意见。

哪些情形下检察院有权对违反监视居住规定的犯罪嫌疑人决定逮捕？

《人民检察院刑事诉讼规则》第一百二十一条第一款第三款规定：

犯罪嫌疑人有下列违反监视居住规定的行为，人民检察院应当对犯罪嫌疑人予以逮捕：（一）故意实施新的犯罪行为的；（二）企图自杀、逃跑，逃避侦查、审查起诉的；（三）实施毁灭、伪造证据或者串供、干扰证人作证行为，足以影响侦查、审查起诉工作正常进行的；（四）对被害人、证人、举报人、控告人及其他人员实施打击报复的。

需要对上述犯罪嫌疑人予以逮捕的，可以先行拘留。

以案说法

张某是某水利局的局长。2017年5月12日，张某因涉嫌利用职权在某工程招标中非法收受某公司的贿赂款项总计高达480.23万元，被检察院立案侦查，并被采取了指定居所监视居住的强制措施。期间，张某为了掩盖更多的犯罪证据，逃避法律的审判，多次企图自杀。然而，检察院在多次制止未果的情形下依然对张某进行监视居住，人民监督员何某认为张某的行为表明其已经不适用指定居所监视居住的强制措施了，为了保证案件的正常审理，应当对其采取逮捕措施，因而提出了监督意见。

监视居住是依法逮捕的替代性强制措施，能适用监视居住强制措施的犯罪嫌疑人必须在符合逮捕条件前提下同时符合可监视居住具体情形，因此可执行监视居住案件的严重性一般轻于直接逮捕的刑事案件。根据《人民检察院刑事诉讼规则》第一百二十一条第一款第三款规定，若犯罪嫌疑人有违反监视居住规定的行为的，人民检察院应当对犯罪嫌疑人予以逮捕，这说明对于采取监视居住的犯罪嫌疑人是有可能被转为逮捕的，这些违反监视居住规定的行为主要包括故意实施新的犯罪行为、企图自杀、逃跑，逃避侦查、审查起诉，实施毁灭、伪造证据或者串供、干扰证人作证行为，足以影响侦查、审查起诉工作正常进行以及对被害人、证人、举报人、控告人及其他人员实施打击报复。

本案中，人民检察院在立案侦查张某贿赂一案中，对张某采取了指定居所监视居住的强制措施，但在执行的过程中，张某为了掩盖更多罪行、逃避法律制裁，多次企图自杀，符合上述在监视居住时应当被逮捕的情形之一，因此，人民检察院应当立即予以批准逮捕，而本案中的人民检察院依然对张某实施指定居所监视居住不符合法律规定，人民监督员有权提出监督意见。

犯罪嫌疑人在被执行监视居住的期间若违反上述法律的规定，则应当予以逮捕，但在予以逮捕之前，可以对犯罪嫌疑人先行拘留。无论是逮捕还是先行拘留，都表明监视居住的强制措施在一定条件下必须进行变更，对此，检察机关工作人员应当依法履行相应的手续。作为人民监督员，也要在第一时间提出合理的监督意见。

监视居住期间擅自会见他人的，检察院能否予以逮捕？

《人民检察院刑事诉讼规则》第一百二十一条第二款第三款规定：

犯罪嫌疑人有下列违反监视居住规定的行为，人民检察院可以对犯罪嫌疑人予以逮捕：（一）未经批准，擅自离开执行监视居住的处所，造成严重后果，或者两次未经批准，擅自离开执行监视居住的处所的；（二）未经批准，擅自会见他人或者通信，造成严重后果，或者两次未经批准，擅自会见他人或者通信的；（三）经传讯不到案，造成严重后果，或者经两次传讯不到案的。

需要对上述犯罪嫌疑人予以逮捕的，可以先行拘留。

以案说法

陈某因涉嫌职务犯罪被检察院立案侦查，检察院对其采取了指定居所监视居住的强制措施。在执行的过程中，陈某未经批准，擅自会见他人三次，私自和他人通信一次，检察机关的办案人员对陈某的行为进行了批评教育，但人民监督员李某认为陈某多次违反监视居住期间的禁止性行为规定，应对其进行逮捕，故准备提出监督意见。

监视居住是一种限制犯罪嫌疑人人身自由的强制措施，在监视居住期间，被监视居住人的通信、人身自由都应当受到限制，同时监视居住是为了利于侦察机关依照法定程序侦查案件，所以就要求被监视居住人在监视居住期间经传讯应能够及时到案。根据《人民检察院刑事诉讼规则》第一百二十一条第二款第三款的规定：对于在监视居住期间，未经批准，擅自离开执行监视居住的处所，造成严重后果，或者两次未经批准，擅自离开执行监视居住的处所的；未经批准，擅自会见他人或者通信，造成严重后果，或者两次未经批准，擅自会见他人或者通信的；经传讯不到案，造成严重后果，或者经两次传讯不到案的，人民检察院可以对其予以逮捕。由此可见，对被监视居住人进行逮捕，必须符合一定的条件，如果被监视居住人的行为违反了监视居住期间的法律规定，但尚未严重到必须对其直接逮捕的，检察机关也不得实施逮捕。

本案中，人民检察院在对陈某涉嫌职务犯罪立案侦查的过程中，对陈某采取了指定居所监视居住的强制措施，但在执行中陈某未经批准，擅自会见他人三次，还私自和他人通信，符合上述可以对其采取逮捕措施的情形之一。然而，人民检察院的办案人员实际上会根据陈某的违法情形的严重性以及案件侦查的需要来判定是否对其进行逮捕，例如，本案中陈某虽然擅自会见他人和他人通信，但经过核查如果陈某对自己行为认错态度良好，其违法行为本身并不会对案件侦查活动造成实质上影响，则并非一定要逮捕陈某。

在判定是否需要对被监视居住人进行逮捕时，人民监督员应当区分哪些情形属于一旦发生，检察机关就应当采取逮捕措施，哪些情形属于发生后人民检察机关可根据具体违法行为的情节、后果等来考虑是否进行逮捕，以便更好地行使人民监督员的职权。

监视居住的期限是多长？

《人民检察院刑事诉讼规则》第一百二十二条规定：人民检察院决定对犯罪嫌疑人监视居住，最长不得超过六个月。

《中华人民共和国刑事诉讼法》第七十七条规定：人民法院、人民检察院和公安机关对犯罪嫌疑人、被告人取保候审最长不得超过十二个月，监视居住最长不得超过六个月。在取保候审、监视居住期间，不得中断对案件的侦查、起诉和审理。对于发现不应当追究刑事责任或者取保候审、监视居住期限届满的，应当及时解除取保候审、监视居住。解除取保候审、监视居住，应当及时通知被取保候审、监视居住人和有关单位。

以案说法

唐某是某市的副市长。2017 年 2 月 21 日，唐某被匿名举报涉嫌黑社会性质的犯罪案件，检察机关经过侦查，认为唐某符合指定居所监视居住的适用情形，于 3 月 6 日决定对谭某实施指定居所监视居住，直到 2017 年 10 月 13 日才解除了监视居住的强制措施。人民监督员经过了解，认为检察机关从作出对唐某实施监视居住的决定之日至解除对其监视居住的期限已经超出了法律规定，因而提出了监督意见。

刑事强制措施不属于刑罚，它是案件侦查过程中的暂时性措施，因此它具有严格的时效性，《中华人民共和国刑事诉讼法》第七十七条和《人民检察院刑事诉讼规则》第一百二十二条都对监视居住的期限作出了规定，要求人民检察院决定对犯罪嫌疑人监视居住，最长不得超过六个月。这意味着从决定对犯罪嫌疑人监视居住开始至监视居住结束，中间最长时间为六个月，否则，超期限的对犯罪嫌疑人采取监视居住属于违反法律的禁止性行为。

本案中，唐某被举报涉黑犯罪案件，人民检察院在立案侦查中对其采取了指定居所监视居住的强制措施，但从决定之日至解除指定居所监视居住已经超过了六个月，因此人民监督员提出的监督意见符合法律规定。

监视居住具有期限性，人民监督员在履行监督职责的过程中，应注意人民检察院是否在规定的期限内对犯罪嫌疑人采取监视居住。这不仅是保障犯罪嫌疑人人身权利的一个重要体现，也有利于督促检察机关合理推进案件进程，提高工作效率。

监视居住期间能否中断对案件的侦查？

《人民检察院刑事诉讼规则》第一百二十四条规定：在监视居住期间，不得中断对案件的侦查、审查起诉。

以案说法

2016年11月12日，王某因涉嫌受贿罪被检察机关立案侦查，并被采取了指定居所监视居住的强制措施。在案件侦查的过程中，由于临近年底，检察院的工作量激增，为了缓解办案压力，检察机关决定中断对王某受贿案件的侦查工作。人民监督员认为监视居住期间检察机关中断对王某受贿案件的侦查工作不符合法律规定，因此提出了监督意见。

监视居住的强制措施是通过限制犯罪嫌疑人人身自由的方式来实现的，而限制人身自由是刑事强制措施中最严厉的手段，如果运用不当将会造成对犯罪嫌疑人权利的侵犯，因此，我国的刑事法律规范对监视居住也作出了一些禁止性规定。其中，《人民检察院刑事诉讼规则》第一百二十四条就规定，在监视居住期间，不得中断对案件的侦查、审查起诉。之所以如此规定，主要是为了督促公安司法机关在监视居住的期限内能尽快以高效的工作方式侦破犯罪案件，尽量避免在刑事案件正式审判前对犯罪嫌疑人人身自由的限制。

本案中，人民检察院对王某受贿案进行立案侦查的过程中决定对其指定居所监视居住，但检察机关由于临近年底工作量大从而决定中断在王某监视居住期间的侦查工作，此种做法显然不符合上述法律规定，因此，人民监督员提出的监督意见符合法律规定。

监视居住强制措施的实行是为了更好地推进案件的侦查，但是，在这一过程中同样需要注意保护犯罪嫌疑人的合法权利。作为人民监督员，在工作过程中一定要时刻牢记这一职责，对于发现检察院的违法、违规行为时，要积极提出监督意见。

解除监视居住应当履行哪些程序？

《人民检察院刑事诉讼规则》第一百二十五条、第一百二十六条、第一百二十七条规定：监视居住期限届满或者发现不应当追究犯罪嫌疑人刑事责任的，应当解除或者撤销监视居住。解除或者撤销监视居住，应当由办案人员提出意见，部门负责人审核，检察长决定。解除或者撤销监视居住的决定应当通知执行机关，并将解除或者撤销监视居住的决定书送达犯罪嫌疑人。

以案说法

何某因涉嫌受贿罪被检察院立案侦查。在讯问的过程中，何某向办案人员供述其上级领导王某也拿了贿赂，检察机关经过调查认为王某有重大作案嫌疑，对其采取了指定居所监视居住的强制措施。随着侦查工作的进一步推进，办案人员发现何某因与王某积怨已久，为了报复王某才向检察机关做了虚假供述，王某实际上不存在贿赂行为，办案人员经商议后向部门负责人提出了解除监视居住的建议，部门负责人同意该建议。人民监督员认为部门负责人无权决定是否解除监视居住的权力，因此提出了监督建议。

公安司法机关为了办理案件所需可以对犯罪嫌疑人、被告人决定监视居住，同时，若满足一定的条件，监视居住的强制措施应当被解除或者撤销。根据《人民检察院刑事诉讼规则》第一百二十五条的规定，若监视居住的期限届满或者发现不应当追究犯罪嫌疑人刑事责任的，应当解除或者撤销监视居住。关于解除监视居住的程序，该法第一百二十六条、第一百二十七条还规定，首先，应当由办案人员提出意见；其次，由部门负责人审核；最后，提交给检察长决定是否解除或者撤销。若决定解除或撤销的，还应当制作解除或撤销监视居住的决定书，并送达给犯罪嫌疑人。

本案中，王某因涉嫌受贿罪被检察院立案侦查并决定指定居所监视居住，但在侦查的过程中，办案人员发现王某实际上不应当被追究刑事责任，于是办案人员经商议后提交给部门负责人，部门负责人却直接决定解除该监视居住而未经检察长的审批，这一行为显然不符合上述法律规定。

解除监视居住的强制措施应当遵循法定的程序，这是监视居住制度规范运行的一个重要内容。人民监督员不仅要准确把握可解除监视居住的法定情形，也要注意监督办案人员是否按照法定的程序层层上报，以保障监视居住的启动、结束都能受到约束和监督，这也是维护司法公信力的一个重要体现。

辩护人申请解除监视居住的，检察院应当如何审查决定？

《人民检察院刑事诉讼规则》第一百二十八条规定：犯罪

嫌疑人及其法定代理人、近亲属或者辩护人认为监视居住法定期限届满，向人民检察院提出解除监视居住要求的，人民检察院应当在三日以内审查决定。经审查认为法定期限届满的，经检察长批准后，解除监视居住；经审查未超过法定期限的，书面答复申请人。

以案说法

2016 年 4 月 12 日，检察机关决定对林某实施指定居所监视居住。10 月 8 日，林某的家属委托律师向人民检察院申请解除监视居住的强制措施，理由是该监视居住已经超过了法定期限，但人民检察院认为尚未超过法定期限，于 5 日后口头告知了林某家属所委托的律师。人民监督员认为人民检察院审查申请解除监视居住的期限及告知形式不符合刑事法律程序，于是提出了监督意见。

犯罪嫌疑人被采取指定居所监视居住期间内，其有权委托辩护人来维护自身合法权利。辩护人作为犯罪嫌疑人在刑事侦查、起诉、审判环节的代言人，有权为了犯罪嫌疑人的合法权利而提出解除监视居住的申请。根据《人民检察院刑事诉讼规则》第一百二十八条的规定，犯罪嫌疑人的辩护人若认为监视居住的法定期限届满，可向人民检察院提出解除监视居住的要求，检察院收到申请后应在三日内进行审查决定，若确已届满，则经过检察长的批准，应及时解除监视居住；若查明后尚未届满，则应当以书面的形式答复给申请人。

本案中，检察机关于 2016 年 4 月 12 日决定对林某实施监视居住。10 月 8 日，林某的辩护律师以监视居住已超过法定期限为由向检察院申请解除监视居住，此时由于监视居住未届满 6 个月，不应解除监视居住。对此，检察机关应当以书面形式答复林某的辩护律师，但是，检察机关仅口头告知辩护律师的做法不符合法律规定，因此，人民监督员提出的监督意见是正确的，检察机关应当及时纠正。

对于辩护律师申请解除监视居住的要求，人民检察院应当按照法定程序进行审查，并作出是否准予解除的决定。而无论是否应予解除，均需要履行相应的法律程序。作为人民监督员，不但要监察检察院的决定是否合法，还应当监察其作出决定时的程序是否合法。

第三章　搜查

进行搜查前，必须先经过批准且出示搜查证吗？

《中华人民共和国刑事诉讼法》第一百三十六条规定：进行搜查，必须向被搜查人出示搜查证。在执行逮捕、拘留的时候，遇有紧急情况，不另用搜查证也可以进行搜查。

《人民检察院刑事诉讼规则（试行）》第二百二十条、第二百二十一条规定：为了收集犯罪证据，查获犯罪人，经检察长批准，检察人员可以对犯罪嫌疑人以及可能隐藏罪犯或者犯罪证据的人的身体、物品、住处、工作地点和其他有关的地方进行搜查。进行搜查，应当向被搜查人或者他的家属出示搜查证。搜查证由检察长签发。

以案说法

2017 年 2 月 12 日，某市某县人民检察院直接受理了该县人民法院法官李某涉嫌受贿罪一案。2 月 19 日，该检察院指派两名工作人员对李某的住所进行了搜查。梁某作为该县人民检察院的一名人民监督员，认为此搜查行为未事先经过批准，因此上述两名工作人员无证搜查的行为是违法的，故提出了监督意见。

在此，人民检察院监督员梁某主要是针对检察机关无证搜查的行为提出监督意见。关于人民检察院向被搜查人进行搜查时，是否需要事先获得批准以及向其出示搜查证的问题，根据《中华人民共和国刑事诉讼法》第一百三十六条和《人民检察院刑事诉讼规则（试行）》第二百二十条、第二百二十一条的规定可知，检察人员可以对被搜查人的身体、物品、住处、工作地点和其他有关地点进行搜查，但必须向被搜查人或其家属出示搜查证，方可实施搜查行为；只有在紧急情况下，如执行逮捕、拘留任务时，不用搜查证也可以进行搜查。

而在上面的案件中，人民检察院的工作人员并未处于执行逮捕、拘留任务的紧急情况，因此不属于无需搜查证也可以进行搜查的特殊情形，所以说，本案的工作人员必须事先获得批准并向被搜查人出示搜查证方可实施搜查行为。人民检察院梁某提出的监督意见是合理合法的。

由此，我们可以知道，在一般情形下，检察人员实施搜查行为以前必须获得批准且取得搜查证，并依法向被搜查人出示搜查证。无证搜查的行为不仅会侵害被搜查人的合法权利，还会削减人民检察院的权威。作为一名人民监督员，在我们的日常工作中，必须时刻严格把控无证搜查的行为。

在哪些情形下，可以不用出示搜查证？

《中华人民共和国刑事诉讼法》第一百三十六条规定：进行搜查，必须向被搜查人出示搜查证。在执行逮捕、拘留的时候，遇有紧急情况，不另用搜查证也可以进行搜查。

《人民检察院刑事诉讼规则（试行）》第二百二十四条规定：在执行逮捕、拘留的时候，遇有下列紧急情况之一，不另用搜查证也可以进行搜查：（一）可能随身携带凶器的；（二）可能隐藏爆炸、剧毒等危险物品的；（三）可能隐匿、毁弃、转移犯罪证据的；（四）可能隐匿其他犯罪嫌疑人的；（五）其他紧急情况。搜查结束后，搜查人员应当在二十四小时内向检察长报告，及时补办有关手续。

以案说法

2017 年 7 月 1 日，某市人民检察院受理了张某涉嫌介绍贿赂罪一案。该案中，犯罪嫌疑人张某是该市中级人民法院的法官周某的妻子。因张某存在故意撮合行贿人贾某与受贿人周某从而促使行贿与受贿得以实现的行为，人民检察院决定对张某的住处进行搜查。考虑到张某可能转移犯罪证据，人民检察院的相关工作人员在未具备搜查证的情况下径自执行了搜查命令。该市人民检察院的人民监督员吴某认为此次搜查行为未事先经过批准，工作人员无证搜查的行为涉嫌违法，因此准备提出监督意见。

本案涉及检察机关工作人员不另用搜查证也可以进行搜查的例外情形。根据《中华人民共和国刑事诉讼法》第一百三十六条和《人民检察院刑事诉讼规则（试行）》第二百二十四条的规定可知，一般而言，人民检察院工作人员在执行逮捕、拘留命令时遇到紧急情况的，可以不另用搜查证直接进行搜查；具体而言，此类紧急情况表现为犯罪嫌疑人可能随身携带凶器；可能隐藏爆炸、剧毒等危险物品；可能隐匿、毁弃、转移犯罪证据；可能隐匿其他犯罪嫌疑人等等。由此可见，当犯罪嫌疑人存在持有、保管危险器械或物品，可能销毁证据以及包庇其他罪犯等行为时，人民检察院的工作人员为了避免以上危险的发生，有权直接进行无证搜查。但是，相关工作人员仍然需要在搜查结束后的二十四小时内向检察长报告，及时补办有关手续。

本案中，人民检察院的相关工作人员考虑到犯罪嫌疑人张某可能会转移犯罪证据，因此在未取得搜查证的情况下直接执行了搜查命令。根据以上法律规定可知，本案属于不另用搜查证也可以直接进行搜查的紧急情形。所以说，人民监督员吴某无需对人民检察院工作人员的此次搜查行为提出监督意见。

由此可以发现，为了保障更大的法益不受侵害，我国法律允许人民检察院的工作人员进行无证搜查。但是，法律所规定的可以进行无证搜查紧急情形是有一定限度的，任何人都不得无限制地扩大紧急情形的范围，否则就会侵害犯罪嫌疑人的合法权利。

执行搜查时，可以由一名检查人员主持，由公安机关协助吗？

《人民检察院刑事诉讼规则（试行）》第二百二十三条规定：搜查应当在检察人员的主持下进行，可以有司法警察参加。必要的时候，可以指派检察技术人员参加或者邀请当地公安机关、有关单位协助进行。执行搜查的检察人员不得少于二人。

以案说法

2017 年 5 月初，国家机关工作人员钱某因涉嫌巨额财产来源不明罪被某市人民检察院立案受理。为了查获犯罪嫌疑人钱某的赃款赃物，人民检察院依法下达了对钱某的住处进行搜查的命令。但是工作人员在执行此搜查命令时，由于检察院当日有其他任务，仅有一名检察人员到钱某的住处主持搜查，该检察人员还邀请了公安机关予以协助。人民监督员王某认为搜查行为必须由两名以上检察人员出席，因此提出了监督意见。

关于执行搜查时，是否可以由一名检察人员主持并由公安机关协助的问题，我国《人民检察院刑事诉讼规则（试行）》第二百二十三条作出了具体规定，根据该条文可知，人民检察院在执行搜查工作时，执行搜查的检察人员不得少于二人。为了便于开展搜查工作，人民检察院的工作人员可以邀请当地公安机关、有关单位予以协助。

本案中，人民检察院工作人员在执行搜查命令时，邀请公安机关予以协助的行为是合法的；但是仅有一名检察人员出席主持搜查活动，明显违反了以上法律规定。所以说，人民监督员王某提出监督意见的行为于法有据。

我国法律明确规定，执行搜查任务时，人民检察员不得少于二人，如此规定主要是为了保证搜查结果的公允性。具体来说，两名以上检察人员共同执行搜查命令不仅可以提高办案效率，还可以起到互相监督的效果，从而有效地减少搜查结果中可能出现的失误，进而保障犯罪嫌疑人的合法权益。

执行搜查时，需要有见证人在场吗？

《中华人民共和国刑事诉讼法》第一百三十七条规定：在搜查的时候，应当有被搜查人或者他的家属，邻居或者其他见证人在场。搜查妇女的身体，应当由女工作人员进行。

《人民检察院刑事诉讼规则（试行）》第二百二十五条规定：

搜查时，应当有被搜查人或者他的家属、邻居或者其他见证人在场，并且对被搜查人或者其家属说明阻碍搜查、妨碍公务应负的法律责任。搜查妇女的身体，应当由女工作人员进行。

以案说法

2017 年 3 月 20 日，邱某涉嫌行贿罪一案被某市人民检察院立案受理。人民检察院依法派员前往邱某的住处进行搜查。工作人员到达邱某住处时，邱某的家庭成员均不在家，工作人员未邀请其他人员在场见证就直接执行了搜查任务。人民监督员廖某认为该搜查行为是违法的，就此提出了监督意见。

本案的焦点问题是执行搜查时，是否需要见证人在场。根据《中华人民共和国刑事诉讼法》第一百三十七条以及《人民检察院刑事诉讼规则（试行）》第二百二十五条的规定可知，人民检察机关执行搜查任务时，必须有见证人在场。具体而言，见证人可以为被搜查人，也可以为被搜查人的家属、邻居或者其他人。

本案中，人民检察院工作人员在执行搜查命令时，没有任何见证人在场。根据以上法律规定可知，该做法是违法的。因此，人民监督员廖某的观点是正确的，他也有权提出监督意见。

人民检察员执行搜查任务需要有见证人在场是我国法律的强制性规定，检察机关应当严格遵守。对于人民监督员来说，也有权对司法实践中存在的此类违法搜查行为进行监督，并提出监督意见。

执行搜查时遇到阻碍的，应该怎么办？

《中华人民共和国刑事诉讼法》第一百三十五条规定：任何单位和个人，有义务按照人民检察院和公安机关的要求，交出可以证明犯罪嫌疑人有罪或者无罪的物证、书证、视听资料等证据。

《人民检察院刑事诉讼规则（试行）》第二百二十六条规定：搜查时，如果遇到阻碍，可以强制进行搜查。对以暴力、威胁方法阻碍搜查的，应当予以制止，或者由司法警察将其带离现场；阻碍搜查构成犯罪的，应当依法追究刑事责任。

以案说法

2017 年初，黄某利用职权侵吞了价值 200 万元的公共财产。2017 年 2 月 27 日，事情败露，某市人民检察院直接受理了此案。当人民检察院的工作人员依法对黄某的住处展开搜查时，黄某的父母却手持棒球棍执意阻碍搜查活动的正常进行。最后，工作人员不得不命令司法警察将黄某父母带离现场。人民监督员胡某认为人民检察院工作人员面对黄某父母而非黄某本人，不宜作出将其带离现场的过激反应，此行为会严重侵犯黄某父母的权益，因而提出了监督意见。

本案涉及人民检察院的工作人员在执行搜查活动时遇到阻碍，应该怎么办的问题。根据《中华人民共和国刑事诉讼法》第一百三十五条以及《人民检察院刑事诉讼规则（试行）》第二百二十六条的规定可知，人民检察机关执行搜查活动时，任何人都负有配合的义务。相关工作人员在执行搜查时若遇到阻碍的，可以强制进行搜查；若遇到暴力威胁的，则有权予以制止，或要求司法警察将阻碍者带离现场；若阻碍者构成刑事犯罪的，还有权追究其刑事责任。

具体到本案，人民检察院以黄某涉嫌滥用职权罪为由对其住所展开了搜查。工作人员在执行搜查活动的过程中，遭到黄某父母的暴力阻碍。根据以上法律规定可知，工作人员有权要求司法警察将黄某父母带离现场，防止其伤害执行搜查的工作人员，影响搜查工作的顺利进行。因此，人民检察院工作人员的做法是合法的，人民监督员胡某的监督意见欠缺法律依据。

人民检察院工作人员依法展开搜查活动是其积极履行职权的表现，对此，任何人都不得阻挠。若相关工作人员在执行搜查时遇到了阻挠，法律赋予了其排除干扰的权利。此外，人民检察院工作人员排除干扰的具体措施需要符合法律规定，若超过了法定界限，人民监督员则有权对其进行监督。

执行搜查时，可以任意扩大搜查范围吗？

《人民检察院刑事诉讼规则（试行）》第二百二十八条规定：进行搜查的人员，应当遵守纪律，服从指挥，文明执法，不得无故损坏搜查现场的物品，不得擅自扩大搜查对象和范围。对于查获的重要书证、物证、视听资料、电子数据及其放置、存储地点应当拍照，并且用文字说明有关情况，必要的时候可以录像。

以案说法

2017 年 8 月 11 日，刘某因涉嫌刑讯逼供罪被某市人民检察院立案受理。人民检察院为了查获刘某刑讯逼供的工具，依法下达了对位于 A 市 B 区某路刘某的住所展开搜查的命令。工作人员在执行此搜查命令的过程中，听闻刘某的邻居称刘某在 A 市 C 区还有一处住所，工作人员便直接前往刘某在 A 市 C 区的住所继续进行搜查。该检察院的人民监督员张某认为任意扩大搜查范围的行为是违法的，并就此发表了监督意见。

本案主要涉及人民检察员执行搜查任务时，是否可以擅自扩大搜查范围的问题。对此，我国《人民检察院刑事诉讼规则（试行）》第二百二十八条作出了规定，该条文明确规定擅自扩大搜查范围的行为属于法律的禁止性规定，进行搜查的人员，应当遵守纪律，服从指挥，文明执法，不得擅自扩大搜查对象和范围。

本案中，人民检察院下达的搜查令所包含的搜查范围仅为刘某在 A 市 B 区某路的住所，工作人员却在完成此搜查任务后，擅自决定继续搜查刘某位于 A 市 C 区的住所，此行为明显违反了法律的禁止性规定。因此，人民监督员张某提出的监督意见于法有据。

我国法律明确规定，人民检察院执行搜查的人员不得擅自扩大搜查范围。因为搜查范围关乎被搜查人的切身利益，而擅自扩大搜查范围的行为必然会侵犯其合法权益。人民监督员应当对此类违法行为积极地进行监督，从而有效地规范检察机关的司法活动，保护被搜查人的利益。

第四章　查封、扣押、冻结

不能立即明确是否系与案件有关的财物，扣押后还需要进一步审查吗？

《人民检察院刑事诉讼规则（试行）》第二百三十四条规定：在侦查活动中发现的可以证明犯罪嫌疑人有罪、无罪或者犯罪情节轻重的各种财物和文件，应当查封或者扣押；与案件无关的，不得查封或者扣押。不能立即查明是否与案件有关的可疑的财物和文件，也可以查封或者扣押，但应当及时审查。经查明确实与案件无关的，应当在三日以内解除查封或者予以退还。持有人拒绝交出应当查封、扣押的财物和文件的，可以强制查封、扣押。对于犯罪嫌疑人、被告人到案时随身携带的物品需要扣押的，可以依照前款规定办理。对于与案件无关的个人用品，应当逐件登记，并随案移交或者退还其家属。

以案说法

2017 年年初，国家工作人员郑某利用职务上的便利挪用 200 万公款归个人投资使用。很快，郑某因涉嫌挪用公款罪被该市人民检察院直接立案受理。人民检察员在侦查活动中，依法扣押了郑某处所中与本案相关的财物，还扣押了一些无法确定是否与本案有关联性的可疑财物。后因该检察员公务繁忙，一直未对这批可疑财物进行审查。人民监督员周某认为此行为欠妥，因而提出了监督意见。

本案主要涉及人民检察院扣押了不能立即查明是否与案件有关的可疑的财物后，是否需要进一步审查的问题。根据我国《人民检察院刑事诉讼规则（试行）》第二百三十四条的规定可知，人民检察院工作人员有权扣押不能立即查明是否与案件有关的可疑的财物，但是务必在扣押后及时进行审查。经审查，与案件无关的财物必须及时退还。

本案中的人民检察员扣押了郑某涉嫌挪用公款罪一案中不能确定是否与案件有关的可疑财物，但是，并未对可疑财物及时地进行审查。因此，该行为违反了以上法律规定，人民监督员有权提出监督意见。

为了提高办案效率，避免犯罪嫌疑人转移赃物，我国法律规定人民检察院可以对不能立即查明是否与案件有关的财物进行扣押。但为了权衡双方的权益，人民检察院必须在扣押可疑财物后及时进行审查。为了使此项法律规定落到实处，人民监督员应当严格监察人民检察院不及时审查可疑财物的拖延行为。

对于查封、扣押的具体操作工作，应该如何进行？对于一些贵重或者特殊物品的查封扣押，应该怎么做？

《中华人民共和国刑事诉讼法》第一百四十条规定：对查封、扣押的财物、文件，应当会同在场见证人和被查封、扣押财物、文件持有人查点清楚，当场开列清单一式二份，由侦查人员、见证人和持有人签名或者盖章，一份交给持有人，另一份附卷备查。

《人民检察院刑事诉讼规则（试行）》第二百三十六条规定：

对于查封、扣押的财物和文件，检察人员应当会同在场见证人和被查封、扣押物品持有人查点清楚，当场开列查封、扣押清单一式四份，注明查封、扣押物品的名称、型号、规格、数量、质量、颜色、新旧程度、包装等主要特征，由检察人员、见证人和持有人签名或者盖章，一份交给文件、资料和其他物品持有人，一份交被查封、扣押文件、资料和其他物品保管人，一份附卷，一份保存。持有人拒绝签名、盖章或者不在场的，应当在清单上记明。

查封、扣押外币、金银珠宝、文物、名贵字画以及其他不易辨别真伪的贵重物品，应当在拍照或者录像后当场密封，由检察人员、见证人和被扣押物品持有人在密封材料上签名或者盖章，根据办案需要及时委托具有资质的部门出具鉴定报告。启封时应当有见证人或者持有人在场并且签名或者盖章。

查封、扣押存折、信用卡、有价证券等支付凭证和具有一定特征能够证明案情的现金，应当注明特征、编号、种类、面值、张数、金额等，由检察人员、见证人和被扣押物品持有人在密封材料上签名或者盖章。启封时应当有见证人或者持有人在场并签名或者盖章。

查封、扣押易损毁、灭失、变质以及其他不宜长期保存的物品，应当用笔录、绘图、拍照、录像等方法加以保全后进行封存，或者经检察长批准后委托有关部门变卖、拍卖。变卖、拍卖的价款暂予保存，待诉讼终结后一并处理。

以案说法

邱某是一名在甲国有公司从事公务的人员，不久前，邱某涉嫌受贿罪一案由该市人民检察院立案受理。人民检察院相关工作人员依法对邱某的处所进行了搜查，期间，工作人员决定扣押两幅名贵字画。在密封袋已经用完的情况下，工作人员简单地将两幅字画装进普通袋子，也没有要求见证人签字认可。人民监督员宋某认为该扣押行为违反了法律规定，于是发表了监督意见。

本案的主要问题在于对名贵字画的扣押程序。关于扣押程序的一般性规定，可以参见我国《刑事诉讼法》第一百四十条以及《人民检察院刑事诉讼规则（试行）》第二百三十六条第一款。根据上述法律规定，合法的扣押程序需同时满足以下几点要求：1. 必须有见证人、被扣押财物持有人在场；2. 会同见证人、被扣押财物持有人查点清楚，并开列注明被扣押物品主要特征的扣押清单一式四份；3. 扣押清单需经检察人员、见证人和持有人签名或者盖章，持有人拒绝签名或不在场的需在清单上写明；4. 扣押清单一份交给物品持有人，一份交给物品保管人，一份附卷，一份保存。

关于扣押名贵字画等贵重或者特殊物品的具体程序，则涉及《人民检察院刑事诉讼规则（试行）》第二百三十六条第二款至第四款的规定。具体而言，关于"外币、金银珠宝、文物、名贵字画以及其他不易辨别真伪的贵重物品"的扣押，需遵循以下几步：1. 对此类物品进行拍照或录像后，当场进行密封；2. 由检察人员、见证人和被扣押物品持有人签名或者盖章；3. 及时委托相关部门出具鉴定报告；4. 启封密封材料时，要求有见证人或持有人在场，并签字、盖章。关于"存折、信用卡、有价证券等支付凭证和具有一定特征能够证明案情的现金"的扣押，需遵循以下几步：1. 详细标注此类财物主要特征；2. 检察人员、见证人和被扣押物品持有人签字或者盖章；3. 启封密封材料时，应当有见证人或者持有人在场，并签字、盖章。关于"易损毁、灭失、变质以及其他不宜长期保存的物品"的扣押，则有两种选择：1. 采取笔录、拍照等措施后当场进行封存；2. 检察长批准后，可以委托有关部门进行变卖、拍卖，所得价款暂予保存，待诉讼终结后一并处理。

本案中的人民检察员将邱某住处的两幅名贵字画装进了普通袋子，亦没有要求见证人签字认可的做法与以上法律规定不符，由此可见，该扣押行为存在程序性瑕疵。因此，人民监督员有权提出监督意见。

关于扣押程序，我国法律既作出了一般性规定，同时亦对贵重或特殊物品的扣押程序作出了特别规定。人民检察院相关工作人员必须熟悉此类法律规定，并严格按照程序的规定执行扣押，否则就会受到相应的惩罚。

在查封工作中，应该如何把握"不影响有关当事人的正常生活和生产经营活动"的规定？

《人民检察院刑事诉讼规则（试行）》第二百三十七条规定：

对于应当查封的不动产和置于该不动产上不宜移动的设施、家具和其他相关财物，以及涉案的车辆、船舶、航空器和大型机械、设备等财物，必要时可以扣押其权利证书，经拍照或者录像后原地封存，并开具查封清单一式四份，注明相关财物的详细地址和相关特征，同时注明已经拍照或者录像及其权利证书已被扣押，由检察人员、见证人和持有人签名或者盖章。持有人拒绝签名、盖章或者不在场的，应当在清单上注明。

人民检察院查封不动产和置于该不动产上不宜移动的设施、家具和其他相关财物，以及涉案的车辆、船舶、航空器和大型机械、设备等财物，应当在保证侦查活动正常进行的同时，尽量不影响有关当事人的正常生活和生产经营活动。必要时，可以将被查封的财物交持有人或者其近亲属保管，并书面告知保管人对被查封的财物应当妥善保管，不得转移、变卖、毁损、出租、抵押、赠予等。

人民检察院应当将查封决定书副本送达不动产、生产设备或者车辆、船舶、航空器等财物的登记、管理部门，告知其在查封期间禁止办理抵押、转让、出售等权属关系变更、转移登记手续。

以案说法

2017 年 5 月 25 日，甲私营企业为了在投标活动中胜出，私下向负责招标工作的国家工作人员区某交付 30 万元"活动经费"。不久后，甲企业因涉嫌单位行贿罪被某市人民检察院立案受理，人民检察院依法下达了查封涉案财物的命令，但是相关工作人员却对甲企业的全部厂房进行了查封。人民监督员储某发现该查封行为严重了甲企业的正常生产经营活动，因此出具了监督意见。

本案涉及"不影响有关当事人的正常生活和生产经营活动"的查封活动应该如何进行的问题，对此，我国《人民检察院刑事诉讼规则（试行）》第二百三十七条第二款作出了具体规定。根据此规定，人民检察院在查封涉案财物时，有义务采取不影响当事人正常生活和生产经营活动的措施，人民检察院甚至可以将被查封的涉案财物交给持有人或其近亲属保管。

本案中，甲私营企业为了谋取不正当利益而向国家工作人员行贿，人民检察院受理此案后对甲企业涉案财物进行查封。但是相关工作人员在执行查封命令时，却对甲企业的全部厂房进行了查封。可见，该查封范围明显超过了"涉案财物"的范围。所以说，本案中的查封行为违反了以上法律规定，人民监督员储某有权对此进行监督。

为了保障查封涉案财物的司法行为不会对当事人的正常生活和生产经营活动产生过于严重的影响，我国法律对人民检察院的查封行为附加了此项义务，人民检察院相关工作人员应当严格履行。与此同时，人民监督员应当严格监督此类违法行为，积极履行监督职责。

如何查封涉密的电子计算机等物品？

《人民检察院刑事诉讼规则（试行）》第二百三十九条第一款、第二款规定：查封单位的涉密电子设备、文件等物品，应当在拍照或者录像后当场密封，由检察人员、见证人、单位有关负责人签名或者盖章。启封时应当有见证人、单位有关负责人在场并签名或者盖章。对于有关人员拒绝按照前款有关规定签名或者盖章的，人民检察院应当在相关文书上注明。

以案说法

张某是一名国家机关工作人员，因工作性质特殊，他能够接触到有关国家事务重大决策中的秘密事项。不久前，因禁不住利益的诱惑，他将几条秘密事项泄露给境外间谍组织。2017 年 8 月 23 日，张某因触犯故意泄露国家秘密罪被某市人民检察院直接立案受理。人民检察院立即查封了张某使用的涉密计算机等物品。人民监督员事后发现相关工作人员在查封过程中并未采取拍照或录像等措施，认为查封程序违法，因此提出了监督意见。

本案涉及查封涉密电子计算机等物品的程序问题，对此，我国《人民检察院刑事诉讼规则（试行）》第二百三十九条第一款、第二款作出了规定。具体而言，查封涉密电子计算机等物品的程序分以下几步：1. 进行拍照或者录像后，当场进行密封；2. 由检察人员、见证人、单位有关负责人签字或盖章，有关人员拒绝签字或盖章的，应当注明；3. 启封时，应当有见证人、单位有关负责人在场，并签字、盖章。

而在本案中，人民检察院相关工作人员在执行查封命令时未进行拍照或录像。可见，本案的查封活动存在程序瑕疵，缺少法定程序中的第一步。因此，人民监督员的有权提出监督意见。

国家秘密与国家安全、国家利益息息相关，也是我国进行社会主义建设的重要保障，保守国家秘密是每个公民应尽的义务。因此，每位公民都应当同泄露国家秘密的不法行为作斗争。但是，作为检察机关的工作人员在查处此类违法行为时，要特别注意程序的合法性，确保依法查封涉密电子计算机等物品。

应该如何"妥善保管"查封、扣押物？

《中华人民共和国刑事诉讼法》第一百三十九条规定：在侦查活动中发现的可用以证明犯罪嫌疑人有罪或者无罪的各种财物、文件，应当查封、扣押；与案件无关的财物、文件，不得查封、扣押。对查封、扣押的财物、文件，要妥善保管或者封存，不得使用、调换或者损毁。

《人民检察院刑事诉讼规则（试行）》第二百四十条规定：

对于查封、扣押在人民检察院的物品、文件、邮件、电报，应当妥善保管，不得使用、调换、损毁或者自行处理。经查明确实与案件无关的，应当在三日以内作出解除或者退还决定，并通知有关单位、当事人办理相关手续。

以案说法

甲国有公司为了拉拢人心，曾于 2017 年 4 月 14 日以单位的名义将公司掌握的国有资产平均分配给全体职工。该市人民检察院获悉此情况后，立即立案受理。在侦查活动中，人民检察院相关工作人员依法扣押了与本案相关的文件。后来，相关文件却消失的无影无踪。人民监督员梁某认为人民检察院未尽到妥善保管扣押文件的义务，因此提出了监督意见。

本案主要涉及如何妥善保管查封、扣押物的问题，根据我国《刑事诉讼法》第一百三十九条以及《人民检察院刑事诉讼规则（试行）》第二百四十条的规定可知，人民检察院负有妥善保管查封、扣押物的义务。保管的方式可以采取密封的形式，并确保任何人不得使用、调换、损毁或者自行处理查封、扣押物。

本案中，人民检察院虽然依法扣押了与案件相关的文件，但是却因工作疏忽使得相关文件不慎丢失。根据以上法律规定可知，人民检察院相关工作人员未尽到妥善保管查封、扣押物的义务。所以说，人民监督员梁某有权进行监督。

司法实践中，查封、扣押物的保管工作非常关键。一方面是因为人民检察院在侦查活动中查获的查封、扣押物是还原案件事实的根据，也是断案的根据，人民检察院在诉讼中要承担举证责任。另一方面，对于那些与案件无关的查封、扣押物，人民检察院还负有退还义务。因此，人民检察院必须妥善保管查封、扣押物。

对于被扣押、冻结的债券、股票、基金份额等财产，当事人等有权利出售吗？

《人民检察院刑事诉讼规则（试行）》第二百四十四条规定：

扣押、冻结债券、股票、基金份额等财产，应当书面告知当事人或者其法定代理人、委托代理人有权申请出售。对于被扣押、冻结的债券、股票、基金份额等财产，在扣押、冻结期间权利人申请出售，经审查认为不损害国家利益、被害人利益，不影响诉讼正常进行的，以及扣押、冻结的汇票、本票、支票的有效期即将届满的，经检察长批准，可以在案件办结前依法出售或者变现，所得价款由检察机关指定专门的银行账户保管，并及时告知当事人或者其近亲属。

以案说法

2017年9月初，国家工作人员郭某为了让自己的外甥考上某名牌大学，利用职权使得不符合录取条件的外甥冒充合格考生予以招收。事后，郭某收到孩子家长赠送的价值40万元的债券。9月15日，该市人民检察院以郭某涉嫌招收学生徇私舞弊罪为由立案受理，并依法扣押了涉案债券。后来，郭某申请出售涉案债券，人民检察院经审查认为出售涉案债券既不会损害国家利益以及被害人利益，也不会影响诉讼活动的正常进行，因而同意了郭某的申请。但是，人民监督员安某认为人民检察院允许郭某出售涉案债券的行为违法，因而提出了监督意见。

本案涉及当事人等人是否有权申请出售被扣押、冻结的债券、股票或基金份额等财产问题，根据我国《人民检察院刑事诉讼规则（试行）》第二百四十四条的规定可知，当事人等人有权申请出售被扣押、冻结的债券、股票或基金份额等财产，但是需要满足的前提条件是"既不会损害国家利益或被害人的利益，也不影响诉讼正常进行"。除此之外，还需遵守法定程序，即需要得到检察长的批准,并将所得价款交到检察机关指定的银行账户保管。

本案中,犯罪嫌疑人郭某依法申请出售被扣押的债券,人民检察机关经审查认为出售涉案债券既不会损害国家利益以及被害人利益,也不会影响诉讼活动的正常进行,因而同意了郭某的申请。可见,本案符合以上法律所规定的限制性条件。因此,人民监督员安某提出的监督意见没有法律依据。

我国法律对"当事人等人申请出售被扣押、冻结的债券、股票或基金份额等财产"问题作出了相对灵活的规定,在特定条件下,权利人可以申请出售相关财物,但是,该申请必须得到检察长的批准,并将所得价款交到检察机关指定的银行账户保管。同时,对于那些不满足特定条件或者不符合法定程序的出售扣押债权的行为,人民监督员应当积极进行监督,从而保障各方利益以及诉讼活动的顺利进行。

对与案件无关的存款等进行解冻,应该在几日内完成?

《中华人民共和国刑事诉讼法》第一百四十三条规定:对查封、扣押的财物、文件、邮件、电报或者冻结的存款、汇款、债券、股票、基金份额等财产,经查明确实与案件无关的,应当在三日以内解除查封、扣押、冻结,予以退还。

《人民检察院刑事诉讼规则(试行)》第二百四十五条规定:对于冻结的存款、汇款、债券、股票、基金份额等财产,经查明确实与案件无关的,应当在三日以内解除冻结,并通知被冻结存款、汇款、债券、股票、基金份额等财产的所有人。

以案说法

2017 年 7 月 22 日,国家机关工作人员刘某因涉嫌受贿罪被某市人民检察院立案受理，人民检察院依法冻结了刘某名下的涉案财产，价值共计人民币 300 万元。后来经审查发现，冻结财产中的 50 万元存款与本案无关，该笔财产是刘某妻子的合法收益所得。5 天后，人民检察院采取了解冻措施。人民监督员李某认为人民检察院采取解冻措施的时间超出了法定期限，因此发表了监督意见。

本案涉及的争议问题为：与案件无关的存款的解冻应该在几日内完成。对此，《中华人民共和国刑事诉讼法》第一百四十三条以及《人民检察院刑事诉讼规则（试行）》第二百四十五条作出了相似的规定。具体而言，以上两部法律均规定，人民检察机关经审查发现冻结的存款等财产与案件无关的，必须在 3 日内解冻，并通知权利人。

本案中，人民检察院经过审查发现冻结财产中的 50 万元存款与本案无关，但是却于 5 日后才采取解冻措施。根据以上法律规定可知，人民检察院应当在 3 日内采取解冻措施，因此，人民监督员李某认为"解冻时间超出了法定期限"的观点于法有据，并有权发表监督意见。

在司法实践中，权利人的合法财产被不当冻结的现象可能是不可避免的。为了保障权利人的合法权益，法律规定人民检察机关应当尽快采取解冻措施从而恢复权利人对相关财产的占有。人民检察机关在作出解冻决定时，应当在规定的期限内依法进行。对此，人民监督员有权积极履行职责，对超期解冻的行为进行严格监督。

第五章　逮捕

在逮捕程序中，如何界定"有证据证明有犯罪事实"？

《人民检察院刑事诉讼规则（试行）》第一百三十九条规定：

人民检察院对有证据证明有犯罪事实，可能判处徒刑以上刑罚的犯罪嫌疑人，采取取保候审尚不足以防止发生下列社会危险性的，应当予以逮捕：可能毁灭、伪造证据，干扰证人作证或者串供的，即有一定证据证明或者有迹象表明犯罪嫌疑人在归案前或者归案后已经着手实施或者企图实施毁灭、伪造证据，干扰证人作证或者串供行为的。

有证据证明有犯罪事实是指同时具备下列情形：（一）有证据证明发生了犯罪事实；（二）有证据证明该犯罪事实是犯罪嫌疑人实施的；（三）证明犯罪嫌疑人实施犯罪行为的证据已经查证属实的。

犯罪事实既可以是单一犯罪行为的事实，也可以是数个犯罪行为中任何一个犯罪行为的事实。

以案说法

2017年12月1日，甲县检察院办理了一起县教育局长谢某受贿案。犯罪嫌疑人谢某利用职权便利，帮助本来成绩不合格的徐某女儿考入了县级重点中学，并为此收取了徐某两万元人民币。但对于证明谢某受贿的证据的真实性等还未查证属实，甲县检察院只对谢某采取了取保候审。但是，人民监督员李某认为既然已经有证据能够证明谢某受贿的事实，且谢某在取保候审之前就企图毁灭证据，应对其进行逮捕，所以，准备提出监督意见。

在此，李某主要是准备针对检察院认定是否有证据证明谢某有受贿事实提出建议。对于如何理解"有证据证明犯罪事实"，根据《人民检察院刑事诉讼规则（试行）》第一百三十九条的规定可知，满足"有证据证明犯罪事实"需要三个条件：一是有证据证明发生了犯罪事实；二是有证据证明该犯罪事实是犯罪嫌疑人实施的；三是证明犯罪嫌疑人实施犯罪行为的证据已经查证属实。上述三个条件需要同时满足，才能认定"有证据证明犯罪事实"。

在上面的案例中，犯罪嫌疑人谢某利用自己职权的便利，帮助徐某的女儿进入县级重点中学，并收取徐某两万元的"好处费"，明显已经构成了受贿罪。虽然已经有证据能够证明犯罪嫌疑人谢某收取了徐某的贿赂，实施了受贿行为，但是该证据的真实性等尚未查证属实。因此，在上述案例中，虽然犯罪嫌疑人谢某在取保候审之前存在企图毁灭证据的行为，但因无法证明其犯罪事实，甲县检察院无法对其进行逮捕。因此，甲县检察院的行为并无不当，李某无需对此提出监督意见。

由此我们可知，在根据《人民检察院刑事诉讼规则（试行）》第一百三十九条的规定判断是否应当对犯罪嫌疑人予以逮捕时，首先要判断是否满足"有证据证明犯罪事实"的条件，且并不是只要有证据能够证明犯罪嫌疑人实施犯罪事实就属于"有证据证明犯罪事实"，还需将证据查证属实才可以。所以，作为人民监督员，我们在实际工作中，要准确把握每一标准成立的条件，不能只懂得表面含义。

对于还有可能实施新的犯罪的嫌疑人，在不够采取取保候审条件的情形下，应当逮捕吗？

《人民检察院刑事诉讼规则（试行）》第一百三十九条规定：

人民检察院对有证据证明有犯罪事实，可能判处徒刑以上刑罚的犯罪嫌疑人，采取取保候审尚不足以防止发生下列社会危险性的，应当予以逮捕：可能实施新的犯罪的，即犯罪嫌疑人多次作案、连续作案、流窜作案，其主观恶性、犯罪习性表明其可能实施新的犯罪，以及有一定证据证明犯罪嫌疑人已经开始策划、预备实施犯罪的。

以案说法

B市乙区国税局副局长黄某利用自己的职权，多次将公款占为己有，贪污数额共计数十万元人民币。犯罪事实暴露后，黄某不仅没有收手，而是与妻子钱某计划再贪污五十万元人民币，并为此已经开始着手准备。乙区检察院认为黄某已经构成贪污罪，并于2017年12月12日立案侦查，同时决定对其采取取保候审。但人民监督员赵某认为犯罪事实暴露后，黄某仍与妻子钱某再次策划、预备实施贪污犯罪，所以其可能实施新的犯罪，应予以逮捕。故提出了监督意见。

在此，赵某主要是针对检察院对犯罪嫌疑人黄某是否应予以逮捕提出了监督意见。对于还有可能实施新的犯罪的嫌疑人，在采取取保候审不足以防止发生社会危险的情形下，应予以逮捕，但我国《人民检察院刑事诉讼规则（试行）》第一百三十九条还具体规定了需要逮捕的情形：人民检察院对有证据证明有犯罪事实，可能判处徒刑以上刑罚的犯罪嫌疑人，采取取保候审尚不足以防止发生下列社会危险性的，应当予以逮捕：（一）可能实施新的犯罪的，即犯罪嫌疑人多次作案、连续作案、流窜作案，其主观恶性、犯罪习性表明其可能实施新的犯罪，以及有一定证据证明犯罪嫌疑人已经开始策划、预备实施犯罪的。

在上面的案例中，犯罪嫌疑人黄某身为国家工作人员，多次利用职权便利，将公款占为己有，且数额已经达到了数十万元人民币，已构成贪污罪。在犯罪事实暴露之后，黄某不仅没有收手，还打算与妻子钱某再次合谋贪污国家财产，虽然在被取保候审之前没有实施，但仍有可能再次实施犯罪，符合《人民检察院刑事诉讼规则（实行）》第一百三十九条第一款规定的应予逮捕的情形。因此，乙区检察院仅对犯罪嫌疑人黄某采取取保候审，不足以防止其再次犯罪，赵某提出的监督意见是正确的，检察院应当予以纠正。

由此我们可得知，在有证据证明犯罪事实，可能判处徒刑以上刑罚的犯罪嫌疑人，采取取保候审不足以防止其再次犯罪的情形下，检察院应当予以逮捕。作为一名人民监督员，在检察机关作出不恰当的决定时，应当及时履行自己的职责，向其提出监督意见，以达到严惩犯罪的目的。

对具有社会危害性的可能判处徒刑的犯罪嫌疑人是否应予以逮捕？

《人民检察院刑事诉讼规则（试行）》第一百三十九条规定：人民检察院对有证据证明有犯罪事实，可能判处徒刑以上刑罚的犯罪嫌疑人，采取取保候审尚不足以防止发生下列社会危险性的，应当予以逮捕：有危害国家安全、公共安全或者社会秩序的现实危险的，即有一定证据证明或者有迹象表明犯罪嫌疑人在案发前或者案发后正在积极策划、组织或者预备实施危害国家安全、公共安全或者社会秩序的重大违法犯罪行为的。

以案说法

李某是某地人民检察院的人民监督员。2017 年，当地检察院办理了这样一起案例：张某是当地某局局长，主抓单位人事和财务工作。2017 年 6 月，单位一名职工托人找到张某，让其帮助自己行贿，后中间人共计向张某行贿二十余万元，上述事实证据确实充分。后来，检察机关对张某进行调查，调查过程中发现张某正在同其他人策划一起故意伤害案的证据。检察院对张某进行了批捕，但是张某不服逮捕决定，监督员李某对此案提出了监督意见。

在此，李某准备针对人民检察院对正在策划其他犯罪的具备社会危害性的犯罪嫌疑人是否应该批捕的问题进行监督。对于正在策划其他犯罪的犯罪嫌疑人的批捕问题，《人民检察院刑事诉讼规则（试行）》第一百三十九条作出了规定，即如果犯罪嫌疑人正在策划其他犯罪行为，且同时满足以下条件的，就应该予以逮捕。第一，有证据证明犯罪事实；第二，可能判处徒刑以上刑罚；第三，取保候审不足以阻止对国家安全、公共安全或者社会秩序的现实危险。

本案中，张某涉嫌受贿罪，可能被判处有期徒刑，检察机关掌握了充足的证据。同时，张某正在与其他人一起策划一起故意伤害案，而且检察机关也掌握了相关的证据线索，张某的这些行为满足上述法律之规定，检察机关应该对张某进行逮捕。本案中检察机关的做法是符合法律规定的，监督员无需提出监督意见。

犯罪嫌疑人可能会被判处徒刑以上刑罚，且具有社会危险性的，明显已经不适用取保候审等较轻的强制措施，应当对其立即实施逮捕。作为人民监督员，要充分考虑犯罪嫌疑人是否符合批捕的条件，满足基本条件的同时，还要考虑其其他可能涉嫌犯罪的不法行为。

对进行取保候审但可能毁灭证据的犯罪嫌疑人，是否应予以逮捕？

《人民检察院刑事诉讼规则（试行）》第一百三十九条规定：人民检察院对有证据证明有犯罪事实，可能判处徒刑以上刑罚的犯罪嫌疑人，采取取保候审尚不足以防止发生下列社会危险性的，应当予以逮捕：可能毁灭、伪造证据，干扰证人作证或者串供的，即有一定证据证明或者有迹象表明犯罪嫌疑人在归案前或者归案后已经着手实施或者企图实施毁灭、伪造证据，干扰证人作证或者串供行为的。

以案说法

2017 年 8 月 24 日，某县人民检察院接到群众举报，称当地不动产登记处公务员郝某玩忽职守，导致多名不动产所有权人无法办理不动产登记。人民检察院遂对该案进行了调查，调查过程中，检察院发现郝某曾多次试图毁灭记录其犯罪事实的监控录像，还一直在找人作伪证。于是，检察机关在掌握了相关的证据以后，对郝某进行了逮捕。但是郝某对该逮捕决定不服，遂向人民监督员何某申请，让何某对检察院的批捕行为提出监督意见，何某遂对此事进行了调查。

在此，何某准备针对人民检察院对试图毁灭、伪造证据的犯罪嫌疑人是否应该批捕进行监督。对于试图毁灭、伪造证据的犯罪嫌疑人的批捕问题，《人民检察院刑事诉讼规则（试行）》第一百三十九条作出了规定，如果有证据证明犯罪嫌疑人可能毁灭、伪造证据，并且有证据证明其犯罪事实，可能判处徒刑以上刑罚的，人民检察院就应该予以逮捕。

本案中，国家工作人员郝某因涉嫌玩忽职守罪被检察机关立案侦查，检察机关已经掌握了郝某涉嫌犯罪的相关证据，但是郝某不仅没有意识到自己问题的严重性，反而试图毁灭、伪造证据。对于该行为，符合《人民检察院刑事诉讼规则（试行）》第一百三十九条第三项的规定，检察机关应该对郝某进行批捕。虽然郝某不服检察机关的决定，但是，检察机关的做法是合法的，监督员无需提出监督意见。

有些犯罪嫌疑人本身的犯罪行为符合取保候审的条件，但是由于其具备一定的社会危害性，需要对其进行批捕。比如，毁灭伪造证据，该行为虽然不如策划其他犯罪行为危害性大，但这足以表明犯罪嫌疑人不知悔改、对抗法律的态度，对于该行为，检察机关应该予以逮捕。人民监督员在实际工作中要注意类似行为的案件，切实做好监督工作。

对于可能对举报人实施打击报复的犯罪嫌疑人，是否应予以逮捕？

《人民检察院刑事诉讼规则（试行）》第一百三十九条规定：人民检察院对有证据证明有犯罪事实，可能判处徒刑以上刑罚的犯罪嫌疑人，采取取保候审尚不足以防止发生下列社会危险性的，应当予以逮捕：有一定证据证明或者有迹象表明犯罪嫌疑人可能对被害人、举报人、控告人实施打击报复的。

以案说法

2018年7月4日，韩某实名举报某财政局霍科长贪污，并提交了有关证据，该地人民检察院立即对此事进行立案侦查。案件调查期间，霍某找到举报人韩某，对韩某进行了言语威胁，并准备对韩某实施打击报复。检察机关掌握这一事实以后，对霍某进行了逮捕。但是霍某对逮捕决定不服，遂告知人民监督员薛某，让薛某对检察院的批捕行为提出监督意见，薛某对此事进行了调查。

在此，薛某准备针对人民检察院对试图打击报复举报人的犯罪嫌疑人是否应该批捕进行监督。对于可能打击报复举报人的犯罪嫌疑人的批捕问题，《人民检察院刑事诉讼规则（试行）》第一百三十九条明确规定，如果犯罪嫌疑人同时满足以下条件，就应该予以逮捕：第一，有证据证明犯罪事实；第二，可能判处徒刑以上刑罚；第三，有一定证据证明或者有迹象表明犯罪嫌疑人可能对被害人、举报人、控告人实施打击报复。

本案中，某财政局霍科长作为国家机关工作人员因涉嫌贪污罪被检察机关立案侦查。在检察机关已经掌握了霍某涉嫌犯罪的相关证据的情况下，霍某不思悔改，反而对举报人韩某进行言语威胁，并试图报复韩某。对于该行为，检察机关应该对霍某进行批捕。本案中检察机关的做法是符合法律规定的，虽然霍某不服检察机关的决定，但监督员对于霍某的申请事项无需提出监督意见。

国家机关工作人员因涉案而对被害人、举报人、控告人进行打击报复，这是性质十分恶劣的行为，按照法律规定，应当对其予以逮捕，杜绝这一行为的出现。作为一名人民监督员，不仅要监督检察人员的违法行为，还要通过监督案件，对检察机关起到警醒和提示的作用。

对采取取保候审但企图自杀的犯罪嫌疑人，是否应予以逮捕？

《人民检察院刑事诉讼规则（试行）》第一百三十九条规定：人民检察院对有证据证明有犯罪事实，可能判处徒刑以上刑罚的犯罪嫌疑人，采取取保候审尚不足以防止发生下列社会危险性的，应当予以逮捕：企图自杀或者逃跑的，即犯罪嫌疑人归案前或者归案后曾经自杀，或者有一定证据证明或者有迹象表明犯罪嫌疑人试图自杀或者逃跑的。

以案说法

孙某是某教育局副局长，2017年，孙某因涉嫌挪用公款罪被检察机关立案侦查。后孙某申请了取保候审，在取保候审期间，孙某在家自行吃下一瓶安眠药试图自杀。后来家人及时发现，将其送到医院抢救，孙某才脱离了生命危险。孙某出院后，又多次试图自杀均未果。后来，检察机关对孙某进行了逮捕，人民监督员王某对此事提出了监督意见。

对于采取取保候审措施后，多次试图自杀的犯罪嫌疑人是否应该予以逮捕的问题，我国法律有着明确规定。根据我国《人民检察院刑事诉讼规则（试行）》第一百三十九条的规定可知，人民检察院对有证据证明有犯罪事实，可能判处徒刑以上刑罚的犯罪嫌疑人，采取取保候审尚不足以防止其自杀或者逃跑的，应当予以逮捕。

在本案中，孙某在被取保候审以后，多次试图自杀均未果，其行为符合上述法律规定。即孙某涉嫌挪用公款罪，检察机关已经掌握了其可能判处徒刑以上刑罚的证据，且有证据证明孙某已经自杀未遂，并仍企图自杀。在这种情况下，检察机关可以对其予以逮捕，检察机关的逮捕决定并无不当。

许多犯罪嫌疑人被取保候审以后，知道自己身陷牢狱之灾，为了不连累亲人朋友或者不想锒铛入狱，而选择自杀，一死了之。但是这种情况与检察机关查明案件事实，惩罚犯罪，保障人权是相悖的，检察机关应当采取相应的措施避免此类情况发生。人民监督员在监督此类案件中，要明白一个案子背后可能带来的不利影响和隐患，正确、依法行使自己的监督权利。

对犯罪事实清楚且可能判处十年以上有期徒刑的犯罪嫌疑人，是否应当逮捕？

《人民检察院刑事诉讼规则（试行）》第一百四十条第一款规定：对有证据证明有犯罪事实，可能判处十年有期徒刑以上刑罚的犯罪嫌疑人，应当批准或者决定逮捕。

以案说法

2017 年 12 月 3 日，某检察院接到群众举报，称当地地税局局长许某有贪污的犯罪事实，多个群众匿名向检察院提交了多份证明许某贪污的证据材料。后检察院对许某涉嫌贪污一案进行了立案侦查，经查，许某确实涉嫌贪污罪，有足够的证据证明犯罪事实，并且，许某很可能被判处十五年以上有期徒刑。检察机关遂决定对许某进行逮捕，人民监督员林某认为不能仅根据现有证据就猜测其可能判处十五年有期徒刑并实施逮捕，于是准备提出监督意见。

在此，人民监督员林某准备对可能判处十年以上有期图形的犯罪嫌疑人是否应该逮捕进行监督。对于这一问题，我国《人民检察院刑事诉讼规则（试行）》第一百四十条作出了规定。即如果有证据证明犯罪嫌疑人有犯罪事实，而且所犯罪行可能判处十年以上有期徒刑，那么检察机关就应当决定逮捕。该法条明确规定了检察机关对此类犯罪实施逮捕的限制条件：一是已经有证据证明犯罪嫌疑人有犯罪事实，二是其犯罪行为经法院审判后可能会被判处十年以上有期徒刑。

在本案中，国家工作人员许某因涉嫌贪污罪被检察机关立案侦查，并且检察机关已经掌握了孙某涉嫌犯罪的相关证据。根据孙某涉嫌犯罪的金额、情节等，检察机关已经认定其罪行很可能被判处十五年以上有期徒刑，符合《人民检察院刑事诉讼规则（试行）》第一百四十条第一款规定的逮捕标准。所以，本案中检察机关的行为是合法的，监督员无需提出监督意见。

对于犯罪事实清楚且可能被判处十年以上有期徒刑的犯罪嫌疑人，检察机关应该予以逮捕。人民监督员在监督此类案件时，要注意调查检察员在侦办案件过程中掌握的证据情况，即现有证据是否足以证明其所犯罪行确实可能被判处十年以上有期徒刑。如果符合法律规定，就应当逮捕犯罪嫌疑人。

对曾经故意犯罪的犯罪嫌疑人，是否应当批准或者决定逮捕？

《人民检察院刑事诉讼规则（试行）》第一百四十条第二款规定：对有证据证明有犯罪事实，可能判处徒刑以上刑罚，犯罪嫌疑人曾经故意犯罪或者不讲真实姓名、住址，身份不明的，应当批准或者决定逮捕。

以案说法

2017 年 11 月 3 日，某派出所民警在对犯罪嫌疑人刘某进行讯问时，对刘某拳打脚踢，存在刑讯逼供的行为。2017 年 11 月 14 日，检察机关对该民警涉嫌刑讯逼供进行立案侦查，在侦查过程中，发现犯罪嫌疑人刘某曾经涉嫌故意伤害罪，但是该案由于各种原因没有被立案侦查。后来，检察机关对刘某作出了批捕决定，刘某对批捕决定不服，遂向人民监督员赵某申请，让赵某对检察院的批捕行为提出监督意见，赵某遂对此事进行了调查。

在此，赵某准备针对人民检察院对曾经故意犯罪的犯罪嫌疑人是否应该批捕进行监督。对于曾经故意犯罪的犯罪嫌疑人的批捕问题，《人民检察院刑事诉讼规则（试行）》第一百四十条第二款明确规定，如果犯罪嫌疑人曾经故意犯罪，且同时满足以下条件，就应该予以逮捕：第一，有证据证明犯罪事实；第二，可能判处徒刑以上刑罚。

本案中，某派出所民警因涉嫌刑讯逼供罪被检察机关立案侦查，在侦查过程中，检察机关掌握了刘某曾经故意犯罪的证据，但是因为某些原因，该案没有被立案侦查。根据法律规定，刘某的行为符合应予逮捕的两个法定条件，所以，检察机关应该对刘某进行逮捕，检察机关的行为是合法的。

对于曾经故意犯罪的人，其再次犯罪，说明该犯罪嫌疑人的社会危害性是极大的。对于这样的案件，人民监督员在监督的时候，也要十分注意，不仅要监督检察机关是否在不该批捕的时候决定批捕，还要监督对于应该批捕的社会危害性大的案件，检察机关是不是没有依法批捕。

对违反取保候审、监视居住规定的犯罪嫌疑人，应当如何处理？

《人民检察院刑事诉讼规则（试行）》第一百四十一条规定：人民检察院经审查认为被取保候审、监视居住的犯罪嫌疑人违反取保候审、监视居住规定的，依照本规则第一百条、第一百二十一条的规定办理。

以案说法

薛某是某法院民庭的法官，2017年11月，薛某因徇私枉法罪被检察机关立案侦查，后薛某被取保候审。在取保候审期间，薛某整日呆在家里无所事事。某日，薛某看到邻居家的孩子美美独自放学回来，遂把美美骗到了自己家中进行猥亵。美美的父母报警以后，公安机关向检察院反映了这一情况，检察院遂对薛某进行了逮捕。但是对于检察院的逮捕，薛某并不服气，人民监督员王某对此事进行了监督。

在此，王某准备针对人民检察院对违反取保候审规定的犯罪嫌疑人是否应该批捕进行监督。对于违反取保候审规定的犯罪嫌疑人的批捕问题，《人民检察院刑事诉讼规则（试行）》第一百四十一条作出了规定，即人民检察院经审查认为被取保候审、监视居住的犯罪嫌疑人违反取保候审、监视居住规定的，依法应予以逮捕。犯罪嫌疑人在取保候审、监视居住期间如果有下列行为之一的，检察机关应该依法立即实施逮捕：（一）故意实施新的犯罪的；（二）企图自杀、逃跑，逃避侦查、审查起诉的；（三）实施毁灭、伪造证据，串供或者干扰证人作证，足以影响侦查、审查起诉工作正常进行的；（四）对被害人、证人、举报人、控告人及其他人员实施打击报复的。而犯罪嫌疑人有下列行为之一的，检察机可以根据情况决定是否逮捕：（一）未经批准，擅自离开所居住的市、县，造成严重后果，或者两次未经批准，擅自离开所居住的市、县的；（二）经传讯不到案，造成严重后果，或者经两次传讯不到案的；（三）住址、工作单位和联系方式发生变动，未在二十四小时以内向公安机关报告，造成严重后果的；（四）违反规定进入特定场所、与特定人员会见或者通信、从事特定活动，严重妨碍诉讼程序正常进行的。

本案中，薛某被取保候审以后，涉嫌猥亵儿童罪，即故意实施新的犯罪，根据《人民检察院刑事诉讼规则（试行）》第一百四十一条之规定 薛某已经违反了取保候审规定，检察机关应该依法进行逮捕。

犯罪嫌疑人在满足法定条件时，可以对其进行取保候审或者监视居住，但取保候审和监视居住作为强制措施，仍然需要犯罪嫌疑人遵守一定的规定。如果犯罪嫌疑人违反了取保候审或者监视居住的规定，检察机关要视具体情形进行逮捕。因此，作为一名人民监督员，必须牢牢掌握法律关于犯罪嫌疑人在取保候审、监视居住期间应当遵守的各项规定，以更好地履行监督职责。

共同犯罪案件的犯罪嫌疑人，是否应当批准或者决定逮捕？

《人民检察院刑事诉讼规则（试行）》第一百四十二条规定：

对实施多个犯罪行为或者共同犯罪案件的犯罪嫌疑人，符合本规则第一百三十九条的规定，具有下列情形之一的，应当批准或者决定逮捕：（一）有证据证明犯有数罪中的一罪的；（二）

有证据证明实施多次犯罪中的一次犯罪的；（三）共同犯罪中，已有证据证明有犯罪事实的犯罪嫌疑人。

以案说法

某国土局办公室主任崔某和科员张某等人因涉嫌挪用公款罪，被检察机关立案侦查。侦查过程中有证据指向崔某和张某以及其他多人系共同犯罪，但是在该起共同犯罪中，只有崔某和张某涉嫌犯罪的证据切实充分，而且有证据表明崔某和张某多次试图毁灭证据，对于其他同案犯目前证据尚不确凿。对此，检察机关决定先逮捕崔某和张某。人民监督员李某认为，本案涉及多名同案犯，应当全部逮捕，因此准备提出监督意见。

人民监督员李某准备针对人民检察院对满足一定条件的共同犯罪嫌疑人是否应该批捕进行监督。本案中，崔某和张某同其他人员一起涉嫌挪用公款罪，在共同犯罪中，有证据证明崔某和张某存在犯罪事实，那么，根据法律规定必须对崔某和张某进行逮捕。同时，根据《人民检察院刑事诉讼规则（试行）》第一百三十九条第（三）项的规定，对于可能毁灭、伪造证据，干扰证人作证或者串供的，即有一定证据证明或者有迹象表明犯罪嫌疑人在归案前或者归案后已经着手实施或者企图实施毁灭、伪造证据，干扰证人作证或者串供行为的，人民检察院应该予以逮捕。所以，检察机关应当认真核实已经收集到的证据，对于涉嫌该起挪用公款罪的其他犯罪嫌疑人，如果满足上述法律规定，也应一并予以逮捕。

在共同犯罪案件中，很多时候只能掌握个别犯罪嫌疑人的犯罪证据，并不能将其一网打尽，这时候，可以对个别犯罪嫌疑人进行批捕，但是对任何人的批捕都需要满足法律规定的条件，任何人都不可以逾越法律。人民监督员在监督检查此类案件时更好尽职尽责，不允许检察机关的任何人有逾越法律的行为。

哪些情形下，检察院应当作出不批准逮捕的决定或者不予逮捕？

《人民检察院刑事诉讼规则（试行）》第一百四十三条规定：对具有下列情形之一的犯罪嫌疑人，人民检察院应当作出不批准逮捕的决定或者不予逮捕：（一）不符合本规则第一百三十九条至第一百四十二条规定的逮捕条件的；（二）具有刑事诉讼法第十五条规定的情形之一的。

以案说法

2016 年 12 月 31 日，某地检察院接到人民群众的举报，称当地财政局局长钱某受贿。3 月 4 日，某财政局局长钱某因涉嫌受贿罪被检察机关立案侦查。在检察机关掌握了一定的证据以后，决定逮捕钱某，结果钱某突发心梗抢救无效去世。对此，检察院作出了不予逮捕的决定。但是人民群众对此不满意，人民监督员刘某对此事进行了监督。

在此，人民群众要求人民监督员针对人民检察院对已经死亡的犯罪嫌疑人是否应该批捕进行监督。根据《人民检察院刑事诉讼规则（试行）》第一百四十三条的规定可知，如果犯罪嫌疑人有两种情形之一的，就不应逮捕：（一）不符合本规则第一百三十九条至第一百四十二条规定的逮捕条件的；（二）具有刑事诉讼法第十五条规定的情形之一的。而我国《刑事诉讼》第十五条规定：有下列情形之一的，不追究刑事责任，已经追究的，应当撤销案件，或者不起诉，或者终止审理，或者宣告无罪：（一）情节显著轻微、危害不大，不认为是犯罪的；（二）犯罪已过追诉时效期限的；（三）经特赦令免除刑罚的；（四）依照刑法告诉才处理的犯罪，没有告诉或者撤回告诉的；（五）犯罪嫌疑人、被告人死亡的；（六）其他法律规定免予追究刑事责任的。

在本案中，犯罪嫌疑人钱某虽然涉嫌受贿，并且有足够的证据予以证明。但是钱某在案件的侦查过程中，突发心梗去世。即犯罪嫌疑人已经死亡，该情形符合我国《刑事诉讼法》第十五条第五项之规定，应该不予逮捕。

人民监督员在监督检察机关工作的过程中，要相信法律，以事实为依据，以法律为准绳，不能受到人民群众的情绪或者舆论的影响。自己要客观面对案情，以事实为正确导向，不以任何人的判断为自己的评判标准。

在哪些情形下，可以作出不批准逮捕的决定或者不予逮捕？

《人民检察院刑事诉讼规则（试行）》第一百四十四条规定：犯罪嫌疑人涉嫌的罪行较轻，且没有其他重大犯罪嫌疑，具有以下情形之一的，可以作出不批准逮捕的决定或者不予逮捕：（一）属于预备犯、中止犯，或者防卫过当、避险过当的；（二）主观恶性较小的初犯，共同犯罪中的从犯、胁从犯，犯罪后自首、有立功表现或者积极退赃、赔偿损失、确有悔罪表现的；（三）过失犯罪的犯罪嫌疑人，犯罪后有悔罪表现，有效控制损失或者积极赔偿损失的；（四）犯罪嫌疑人与被害人双方根据刑事诉讼法的有关规定达成和解协议，经审查，认为和解系自愿、合法且已经履行或者提供担保的；（五）犯罪嫌疑人系已满十四周岁未满十八周岁的未成年人或者在校学生，本人有悔罪表现，其家庭、学校或者所在社区、居民委员会、村民委员会具备监护、帮教条件的；（六）年满七十五周岁以上的老年人。

以案说法

徐某是 W 市丙县政府工作人员，主要负责政府机关食堂采购工作。王某为了取得向县政府食堂提供食材的机会，便偷偷给了徐某 7000 元人民币。2017 年 12 月 20 日，丙县检察院接到群众举报，以徐某涉嫌受贿立案。经过侦查后，丙县检察院办案人员认为徐某主观恶性较小且为初犯，犯罪后积极退赃，确有悔罪表现，故仅采取取保候审措施，并没有作出逮捕的决定。该检察院人民监督员孙某认为既然犯罪嫌疑人徐某的行为已经构成受贿罪，就应该根据规定予以逮捕，丙县检察院不予逮捕的决定错误，故准备提出监督意见。

在此，孙某主要是准备针对检察院对徐某不予逮捕是否符合法律规定提出监督意见。

犯罪嫌疑人徐某虽然收受了王某 7000 元，已经构成受贿罪，但是其属于初犯，主观恶性较小，犯罪后积极退赃，确有悔罪表现，符合上述法律规定的情形之一，丙县检察院可以对徐某作出不批准逮捕的决定，孙某无需对丙县检察院的此种行为提出监督意见。

由此我们可知，关于检察院的自侦案件，检察院可以根据案情的实际情况，作出不批准逮捕的决定。作为一名人民监督员，我们需要对法律规定有全面的了解，特别是一些特殊情况的法律规定。只有这样，我们才能真正发挥人民监督员的作用，做好监督，维护法律的公平正义。

对于犯罪嫌疑人是人大代表的，如何进行逮捕？

《人民检察院刑事诉讼规则（试行）》第一百四十六条规定：人民检察院对担任本级人民代表大会代表的犯罪嫌疑人批准或者决定逮捕，应当报请本级人民代表大会主席团或者常务委员会许可。报请许可手续的办理由侦查机关负责。

对担任上级人民代表大会代表的犯罪嫌疑人批准或者决定逮捕，应当层报该代表所属的人民代表大会同级的人民检察院报请许可。

对担任下级人民代表大会代表的犯罪嫌疑人批准或者决定逮捕，可以直接报请该代表所属的人民代表大会主席团或者常务委员会许可，也可以委托该代表所属的人民代表大会同级的人民检察院报请许可；对担任乡、民族乡、镇的人民代表大会代表的犯罪嫌疑人批准或者决定逮捕，由县级人民检察院报告乡、民族乡、镇的人民代表大会。

对担任两级以上的人民代表大会代表的犯罪嫌疑人批准或者决定逮捕，分别依照本条第一、二、三款的规定报请许可。

对担任办案单位所在省、市、县（区）以外的其他地区人民代表大会代表的犯罪嫌疑人批准或者决定逮捕，应当委托该代表所属的人民代表大会同级的人民检察院报请许可；担任两级以上人民代表大会代表的，应当分别委托该代表所属的人民代表大会同级的人民检察院报请许可。

以案说法

周某是 D 市丁区人民检察院的监督员。2017 年 12 月 22 日，丁区检察院办理了一起地税局处长毛某贪污案，犯罪嫌疑人毛某利用职权便利，私自将公款挪用其个人炒股，最后因炒股不利，无法将挪用的两万元人民币归还。由于毛某既是区人大代表，又是该市人大代表，所以检察院在对其进行逮捕时，既向上报区级人民代表大会常务委员会许可，又层报毛某所属的人民代表大会同级的人民检察院报请许可。周某认为毛某虽然担任两级人大代表，但是只需层报到毛某所属的人民大表大会同级的检察院报请许可即可，故准备实施监督，提出监督意见。

在此，周某主要是准备针对犯罪嫌疑人是两级人大代表的，检察院是否还需向本级人民代表大会主席团或者常务委员会许可提出监督意见。对于犯罪嫌疑人是人大代表的，应如何进行逮捕？对此，我国《人民检察院刑事诉讼规则（试行）》第一百四十六条作出了明确的规定，人民检察院对担任本级人民代表大会代表的犯罪嫌疑人批准或者决定逮捕，应当报请本级人民代表大会主席团或者常务委员会许可。报请许可手续的办理由侦查机关负责。对担任上级人民代表大会代表的犯罪嫌疑人批准或者决定逮捕，应当层报该代表所属的人民代表大会同级的人民检察院报请许可。对担任下级人民代表大会代表的犯罪嫌疑人批准或者决定逮捕，可以直接报请该代表所属的人民代表大会主席团或者常务委员会许可，也可以委托该代表所属的人民代表大会同级的人民检察院报请许可；对担任乡、民族乡、镇的人民代表大会代表的犯罪嫌疑人批准或者决定逮捕，由县级人民检察院报告乡、民族乡、镇的人民代表大会。对担任两级以上的人民代表大会代表的犯罪嫌疑人批准或者决定逮捕，分别依照本条第一、二、三款的规定报请许可。对担任办案单位所在省、市、县（区）以外的其他地区人民代表大会代表的犯罪嫌疑人批准或者决定逮捕，应当委托该代表所属的人民代表大会同级的人民检察院报请许可；担任两级以上人民代表大会代表的，应当分别委托该代表所属的人民代表大会同级的人民检察院报请许可。

在上面的案例中，毛某私自将公款占为已有，已经构成贪污罪，但由于毛某又担任区级人大代表又担任市级人大代表，所以检察院在对其进行逮捕时，需要经过报请许可。因毛某担任两级人大代表，所以在对其决定逮捕时，不仅要报请区级人大代表大会主席团或者常务委员会许可，还要层报其所属的市级人大代表大会同级的人民检察院报请许可。所以，在上述案例中，检察院报请对毛某批准逮捕的程序符合法律的规定。

由此我们可知，在对人大代表涉嫌犯罪需要进行逮捕时，检察院应经过报请，对于担任两级以上的人大代表的犯罪嫌疑人决定逮捕，应分别进行报请。作为一名人民监督员，我们需要仔细研读法律规定，精确掌握法条内容，只有这样才能及时发现问题，并提出纠正意见，保障公平正义的实现。

第六章 羁押期限

拘留后至送押看守所，最迟不能超过多少小时？

《人民检察院刑事诉讼规则（试行）》第一百三十一条规定：

人民检察院作出拘留决定后，应当将有关法律文书和案由、犯罪嫌疑人基本情况的材料送交同级公安机关执行。必要时人民检察院可以协助公安机关执行。

拘留后，应当立即将被拘留人送看守所羁押，至迟不得超过二十四小时。

《中华人民共和国刑事诉讼法》第一百六十三条、第一百六十四条规定：

人民检察院直接受理的案件中符合本法第七十九条、第八十条第四项、第五项规定情形，需要逮捕、拘留犯罪嫌疑人的，由人民检察院作出决定，由公安机关执行。

人民检察院对直接受理的案件中被拘留的人，应当在拘留后的二十四小时以内进行讯问。在发现不应当拘留的时候，必须立即释放，发给释放证明。

以案说法

石某是某市某区人民检察院的一名人民监督员。2017年10月，该区人民检察院办理了一起渎职案件，犯罪嫌疑人田某是某区人民法院的法官，在审理一宗合同案件过程中，其忽视案件事实，不当适用法律，枉法裁判，致使案件原告遭受重大损失。在田某涉嫌渎职一案的侦查过程中，某区检察院办案人员发现犯罪嫌疑人田某有逃往国外的企图。为了防止犯罪嫌疑人逃跑，该区人民检察院作出对田某进行拘留的决定。由于当日工作特别忙，工作人员将田某拘留了两天后，才把他送看守所羁押。人民监督员石某认为某区检察院存在超期羁押的情形，田某被拘留后至被送往看守所羁押时已超过 24 小时，故准备实施监督，提出监督意见。

在此，石某主要是准备针对检察院对田某拘留后被送往看守所羁押的期限是否符合法律规定提出意见。对于犯罪嫌疑人拘留后被送往看守所羁押的期限，根据《人民检察院刑事诉讼规则（试行）》第一百三十一条以及《刑事诉讼法》第一百六十三条、第一百六十四条的规定可知，人民检察院在作出对犯罪嫌疑人的拘留决定后应当立即送交公安机关执行。犯罪嫌疑人被拘留后送往看守所羁押是有严格的时间期限要求的，最迟不能超过二十四小时，超过二十四小时的最长期限则构成超期羁押，属于违法行为。

而在上面的案件中，某区检察院在作出对犯罪嫌疑人田某的拘留决定后，没有立即将其送交公安机关执行，而是在拘留 48 小时后才将其送押看守所，超过了法律规定的期限要求，构成了超期羁押。因此，在上述案件中，检察院对田某拘留后至送押看守所的期限超出法律规定，属于超期羁押的情形，石某是有权对检察院的此种行为提出监督意见的。

由此我们也可得知，人民检察院在作出拘留决定送交公安机关执行拘留时，应当在规定时间内尽快将拘留人送押看守所，要严格遵守羁押期限规定。作为人民监督员，我们在实际的工作中，针对检察院作出拘留决定的案件，要细致把握每个细节，注意被拘留人拘留后被送押看守所是否符合法律规定的期限要求。

人民检察院拘留犯罪嫌疑人的羁押期限最长是几日？

《人民检察院刑事诉讼规则（试行）》第一百三十六条规定：人民检察院拘留犯罪嫌疑人的羁押期限为十四日，特殊情况下可以延长一日至三日。

《中华人民共和国刑事诉讼法》第一百六十五条规定：人民检察院对直接受理的案件中被拘留的人，认为需要逮捕的，应当在十四日以内作出决定。在特殊情况下，决定逮捕的时间可以延长一日至三日。对不需要逮捕的，应当立即释放；对需要继续侦查，并且符合取保候审、监视居住条件的，依法取保候审或者监视居住。

以案说法

胡某是某市某区人民检察院的一名人民监督员。2017 年 8 月，某区人民检察院办理了一起区政府人员贪污案件。案件侦查过程中犯罪嫌疑人李某企图毁灭自己贪污的证据，某区人民检察院立即作出对其进行拘留的决定。李某被拘留 15 天后，人民检察院作出对其逮捕的决定。但是胡某认为区检察院对李某的拘留时间超过了法定期限一四天，属于超期羁押，故准备实施监督，提出监督意见。

在此，胡某主要是准备针对检察院拘留犯罪嫌疑人的羁押期限是否符合法律规定提出意见。对于检察院拘留犯罪嫌疑人的羁押期限，根据《人民检察院刑事诉讼规则（试行）》第一百三十六条以及《刑事诉讼法》第一百六十五条的规定可知，通常情况下，人民检察院拘留犯罪嫌疑人的羁押期限为十四天，该期限为检察院决定是否对犯罪嫌疑人进行逮捕的期限。但是这一期限又不是绝对的，在特定情况下，拘留的羁押期限是可以延长一日至三日的。因此，人民检察院拘留犯罪嫌疑人的羁押期限最长可以是十七日，这取决于案件的具体情况。

而在上面的案件中，某区检察院对犯罪嫌疑人李某拘留十五天后，作出了对其进行逮捕的决定，即拘留的羁押期限为十五天，这是符合法律关于"人民检察院拘留犯罪嫌疑人的羁押期限为十四日，特殊情况下可以延长一日至三日"的规定的。因此，在上述案件中，检察院对犯罪嫌疑人李某拘留十五天符合法律对拘留羁押期限的规定，不属于超期羁押。

由此我们也可得知，人民检察院拘留犯罪嫌疑人的羁押期限有明确的法律规定，通常情况下为十四日，特殊情况下是可以适当延长的，这样就充分考虑了特殊案件的性质，更加科学合理。所以，作为人民监督员，我们在实际的工作中，针对检察院拘留的羁押期限，要认识到不同情况下期限是可以做适当变通的，当然，这就要求我们必须严格审查是否存在特殊情况以及检察院延长拘留的羁押期限是否合理。

对于各级检察院直接受理立案侦查的案件，羁押期限的延长是如何规定的？

《人民检察院刑事诉讼规则（试行）》第二百七十四条、第二百七十五条、第二百七十六条规定：

对犯罪嫌疑人逮捕后的侦查羁押期限不得超过二个月。基层人民检察院，分、州、市人民检察院和省级人民检察院直接受理立案侦查的案件，案情复杂、期限届满不能终结的案件，可以经上一级人民检察院批准延长一个月。

基层人民检察院和分、州、市人民检察院直接受理立案侦查的案件，属于交通十分不便的边远地区的重大复杂案件、重大的犯罪集团案件、流窜作案的重大复杂案件和犯罪涉及面广、取证困难的重大复杂案件，在依照本规则第二百七十四条规定的期限届满前不能侦查终结的，经省、自治区、直辖市人民检察院批准，可以延长二个月。

省级人民检察院直接受理立案侦查的案件，属于上述情形的，可以直接决定延长二个月。

基层人民检察院和分、州、市人民检察院直接受理立案侦查的案件，对犯罪嫌疑人可能判处十年有期徒刑以上刑罚，依照本规则第二百七十五条的规定依法延长羁押期限届满，仍不能侦查终结的，经省、自治区、直辖市人民检察院批准，可以再延长二个月。

省级人民检察院直接受理立案侦查的案件，属于上述情形的，可以直接决定再延长二个月。

《中华人民共和国刑事诉讼法》第一百五十四条、第一百五十六条、第一百五十七条规定：

对犯罪嫌疑人逮捕后的侦查羁押期限不得超过二个月。案情复杂、期限届满不能终结的案件，可以经上一级人民检察院批准延长一个月。

下列案件在本法第一百五十四条规定的期限届满不能侦查终结的，经省、自治区、直辖市人民检察院批准或者决定，可以延长二个月：（一）交通十分不便的边远地区的重大复杂案件；（二）重大的犯罪集团案件；（三）流窜作案的重大复杂案件；

（四）犯罪涉及面广，取证困难的重大复杂案件。

对犯罪嫌疑人可能判处十年有期徒刑以上刑罚，依照本法第一百五十六条规定延长期限届满，仍不能侦查终结的，经省、自治区、直辖市人民检察院批准或者决定，可以再延长二个月。

以案说法

冯某是某市人民检察院的一名人民监督员。2017 年 8 月，某市人民检察院办理了一起政府官员受贿案件，犯罪嫌疑人王某、何某、齐某分别为市政府、市财政局、市环保局的领导人员。检察院已经对三名犯罪嫌疑人进行了逮捕。在案件侦查过程中，检察院多次以该案案情复杂、期限届满不能终结为由，申请延长对犯罪嫌疑人的侦查羁押期限。最终，某市检察院对犯罪嫌疑人王某、何某、齐某逮捕的羁押期限总共长达到八个月。但是冯某认为检察院对犯罪嫌疑人侦查羁押的期限过长，超出了法定延长期限，属于超期羁押，故准备实施监督，提出监督意见。

在此，冯某主要是针对检察院对于直接受理立案侦查的案件，羁押期限的延长是否符合法律规定提出意见。对于检察院直接受理立案侦查的案件，羁押期限的延长限制，《人民检察院刑事诉讼规则（试行）》第二百七十四条、第二百七十五条、第二百七十六条以及《刑事诉讼法》第一百五十四条、第一百五十六条、第一百五十七条作出了明确规定，检察院对犯罪嫌疑人逮捕后的侦查羁押期限有一固定要求，但是由于具体案情的不同，可以适当进行期限的延长，具体规定为：（1）通常情况下，检察院对犯罪嫌疑人逮捕的侦查期限最多为二个月。（2）如果案情复杂、期限届满不能终结，检察院可申请羁押期限延长一个月，批准机关为上一级人民检察院。（3）在延长一个月侦查羁押期限的基础上，检察院仍不能在期限届满前侦查终结的，如果案件属于交通十分不便的边远地区的重大复杂案件、重大的犯罪集团案件、流窜作案的重大复杂案件或犯罪涉及面广，取证困难的重大复杂案件，检察院还可再申请侦查羁押期限延长两个月，批准机关为省、自治区、直辖市人民检察院。当然，如果是省级人民检察院直接受理立案侦查的案件，可以直接决定延长二个月。（4）在已经两次延长对犯罪嫌疑人逮捕的侦查羁押期限的基础上，侦查期限届满检察院仍不能侦查终结，如果该案件中的犯罪嫌疑人可能判处十年有期徒刑以上刑罚，检察院还可最后一次申请延长侦查羁押期限两个月，批准或决定机关为省、自治区、直辖市人民检察院。当然，如果是省级人民检察院直接受理立案侦查的案件，可以直接决定延长二个月。因此，检察院直接受理立案侦查的案件，羁押期限通常为两个月，特点情况下可延长，最多可延长三次，延长期限最多为五个月，这取决于案件的具体情况。

而在上面的案件中，某市检察院对犯罪嫌疑人王某、何某、齐某逮捕的羁押期限总共长达到八个月，显然是多次延长侦查羁押期限。由于该案是涉及多名政府工作人员的受贿案件，案情重大复杂，涉及面广，取证困难，且犯罪嫌疑人可能被判处十年有期徒刑以上，因此检察院在侦查过程中是可以适当延长侦查期限的，但是法律规定的延长期限最多为五个月，因此最终逮捕的侦查羁押期限不能超过七个月。很明显，在上述案件中，某市检察院对犯罪嫌疑人犯王某、何某、齐某逮捕的羁押期限的延长不符合法律对羁押期限延长的规定，故人民监督员胡某是有权对检察院的此种行为提出监督意见的，人民检察院应当及时纠正。

各级检察院对于直接受理立案侦查的案件，法律针对其羁押期限的延长有严格的规定，检察院要充分考虑案件性质和侦查的难易程度适当把控期限的延长问题。作为一名人民监督员，我们在实际的工作中，针对检察院侦查羁押期限的延长，要考虑具体案件的性质和侦查难易程度，严格审查。

发现犯罪嫌疑人"另有重要罪行"，羁押期限需要重新计算吗？

《人民检察院刑事诉讼规则（试行）》第二百八十一条、第二百八十二条规定：

人民检察院在侦查期间发现犯罪嫌疑人另有重要罪行的，自发现之日起依照本规则第二百七十四条的规定重新计算侦查羁押期限。

另有重要罪行是指与逮捕时的罪行不同种的重大犯罪和同种的影响罪名认定、量刑档次的重大犯罪。

人民检察院重新计算侦查羁押期限，应当由侦查部门提出重新计算侦查羁押期限的意见，移送本院侦查监督部门审查。侦查监督部门审查后应当提出是否同意重新计算侦查羁押期限的意见，报检察长决定。

《中华人民共和国刑事诉讼法》第一百五十八条规定：

在侦查期间，发现犯罪嫌疑人另有重要罪行的，自发现之日起依照本法第一百五十四条的规定重新计算侦查羁押期限。

以案说法

刘某是某市某区人民检察院的一名人民监督员。2017年9月，该区人民检察院办理了一起区人民法院法官渎职案件，犯罪嫌疑人顾某在办理案件过程中多次公开违反审判程序，枉法裁判，严重损害司法公正和当事人利益。检察院对其作出逮捕决定并执行。在侦查羁押期限届满前十天，检察院发现顾某还存在贪污和受贿行为，其多次利用职权将国家财产据为己有，并且收受案件被告的贿赂。基于发现犯罪嫌疑人"另有重要罪行"，该区检察院重新开始计算侦查羁押期限。但是刘某认为犯罪嫌疑人顾某的贪污受贿行为不属于"另有重要罪行"，检察院重新计算侦查羁押期限的行为不符合法律规定，故准备实施监督，提出监督意见。

在此，刘某主要是针对检察院发现犯罪嫌疑人"另有重要罪行"，羁押期限是否需要重新计算提出意见。对于犯罪嫌疑人"另有重要罪行"，羁押期限是否需要重新计算的问题，根据《人民检察院刑事诉讼规则（试行）》第二百八十一条、第二百八十二条以及《刑事诉讼法》第一百五十八条第一款的规定可知，在侦查期间，检察院发现犯罪嫌疑人另有重要罪行的，需要重新计算侦查羁押期限。同时，法律对"另有重要罪行"做出了详细规定，分为两类：一类是与逮捕时的罪行不同种的重大犯罪，一类是与逮捕时的罪行同种，会影响罪名认定、量刑档次的重大犯罪。如果犯罪嫌疑人在被侦查羁押时又发现存在以上两种犯罪情形的，检察院应当按照法定程序重新计算侦查羁押期限。

在上面的案件中，某区检察院在对犯罪嫌疑人顾某的渎职行为进行侦查羁押的过程中，发现其还犯有贪污受贿罪行，该罪行显然不同于渎职罪行，属于与逮捕时的罪行不同种的重大犯罪，符合法律关于"另有重要罪行"的法定情形，因此检察院重新计算侦查羁押期限是符合法律规定的。

由此我们也可得知，人民检察院发现犯罪嫌疑人"另有重要罪行"，侦查羁押期限是需要重新计算的，当然"另有重要罪行"一定要符合法律规定的情况，重新计算侦查羁押期限也要遵守法定的程序。作为人民监督员，在实际的工作中，必须按照法律规定认真核查已经发现的罪行是否属于"另有重要罪行"，是否应当重新计算侦查羁押期限。

经延长羁押期限仍未能侦查终结的，还可以继续羁押犯罪嫌疑人吗？

《人民检察院刑事诉讼规则（试行）》第二百八十四条规定：

人民检察院直接受理立案侦查的案件，不能在法定侦查羁押期限内侦查终结的，应当依法释放犯罪嫌疑人或者变更强制措施。

以案说法

潘某是某市某区人民检察院的一名人民监督员。2017年3月，某区人民检察院办理了一起区公安机关工作人员利用职权实施侵犯公民人身权利的案件，犯罪嫌疑人赵某在侦查一起故意杀人案件的过程中对犯罪嫌疑人李某进行了刑讯逼供，致使李某死亡。检察院对赵某做出了逮捕决定。在案件侦查过程中，由于该案案情重大复杂，侦查难度大，检察院多次延长侦查羁押期限。2017年10月，侦查期限届满，检察院仍未能侦查终结，于是继续关押着赵某。但是潘某认为检察院经延长羁押期限仍未能侦查终结，继续羁押犯罪嫌疑人的行为不符合法律规定，故提出了监督意见。

在此，潘某主要是针对检察院直接受理立案侦查的案件经延长羁押期限仍未能侦查终结的，是否可以采取继续羁押犯罪嫌疑人的措施提出意见。对于检察院不能在法定侦查羁押期限内侦查终结的，应当对犯罪嫌疑人采取何种强制措施的问题，根据《人民检察院刑事诉讼规则（试行）》第二百八十四条的规定可知，人民检察院对于直接受理立案侦查的案件，如果侦查羁押期限经过延长，仍不能在法定期限内侦查终结，则不能继续对犯罪嫌疑人进行羁押，应当释放犯罪嫌疑人或者变更强制措施。

而在上面的案件中，某区检察院对犯罪嫌疑人赵某刑讯逼供的犯罪行为进行侦查羁押，经过多次延长期限仍未能侦查终结，由于此时侦查羁押期限届满，检察院就不能再对赵某继续羁押，因此检察院在侦查羁押期限届满仍未侦查终结的情况下，仍然继续羁押犯罪嫌疑人的行为是不符合法律规定的。故人民监督员刘某提出的监督意见是合法有据的，区检察院应当采纳并立即改正。

由此我们也可得知，人民检察院在对案件进行立案侦查的过程中，一定要遵守法律规定的侦查羁押期限，如果达到法定期限仍未能侦查终结，则应当释放犯罪嫌疑人或变更强制措施。所以，作为人民监督员，我们在实际的工作中，要严格监督检察院的侦查行为以及侦查终结后的行为，确保检察院在法定期限内按照法定程序实施强制措施。

第七章 撤销案件

具有哪些情形时，应当撤销案件？

《人民检察院刑事诉讼规则（试行）》第二百九十条规定：

人民检察院在侦查过程中或者侦查终结后，发现具有下列情形之一的，侦查部门应当制作拟撤销案件意见书，报请检察长或者检察委员会决定：（一）具有刑事诉讼法第十五条规定情形之一的；（二）没有犯罪事实的，或者依照刑法规定不负刑事责任或者不是犯罪的；（三）虽有犯罪事实，但不是犯罪嫌疑人所为的。

对于共同犯罪的案件，如有符合本条规定情形的犯罪嫌疑人，应当撤销对该犯罪嫌疑人的立案。

《中华人民共和国刑事诉讼法》第十五条、第一百六十一条规定：

有下列情形之一的，不追究刑事责任，已经追究的，应当撤销案件，或者不起诉，或者终止审理，或者宣告无罪：（一）情节显著轻微、危害不大，不认为是犯罪的；（二）犯罪已过追诉时效期限的；（三）经特赦令免除刑罚的；（四）依照刑法告诉才处理的犯罪，没有告诉或者撤回告诉的；（五）犯罪嫌疑人、被告人死亡的；（六）其他法律规定免予追究刑事责任的。

在侦查过程中，发现不应对犯罪嫌疑人追究刑事责任的，应当撤销案件；犯罪嫌疑人已被逮捕的，应当立即释放，发给释放证明，并且通知原批准逮捕的人民检察院。

以案说法

梁某是某市某区人民检察院的一名人民监督员。2017 年 11 月，某区人民检察院受理了一起某区政府工作人员挪用公款的案件。犯罪嫌疑人王某是市财政部门的工作人员，在工作过程中多次利用职务之便挪用单位公款偿还个人债务，数额达 10 万元人民币。在案件侦查过程中，检察院发现挪用公款的犯罪事实发生在 2008 年，已经超过了挪用公款罪 5 年的追诉期限。某区检察院最终决定撤销该案件。但是梁某认为犯罪嫌疑人挪用公款的事实和证据都很充分，不应当撤销案件，故准备实施监督，提出监督意见。

在此，梁某主要是针对检察院撤销案件的情形是否符合法律规定提出意见。对于检察院撤销案件的情形，《人民检察院刑事诉讼规则（试行）》第二百九十条以及《刑事诉讼法》第十五条和一百六十一条作出了具体规定，人民检察院在侦查过程中或者侦查终结后撤销案件的情形包括两大种：（1）行为人的违法行为不构成犯罪。具体包括情节显著轻微、危害不大，不认为是犯罪，不存在犯罪事实和虽有犯罪事实，但不是犯罪嫌疑人所为三种情形。（2）行为人构成犯罪，但由于某种情形，不再对犯罪嫌疑人进行追究。具体包括犯罪已过追诉时效期限，经特赦令免除刑罚，依照刑法告诉才处理的犯罪，没有告诉或者撤回告诉，犯罪嫌疑人、被告人死亡和依照刑法规定不负刑事责任五种情形。只要具备以上情形之一，检察院就应当作出撤销案件的处理决定。

而在上面的案件中，某区检察院在侦查过程中发现，犯罪嫌疑人王某确实存在挪用公款的犯罪事实，但是该犯罪行为已经超过了法定的追诉时效期限，属于法定的撤销案件情形，因此某区人民检察院撤销该案的决定是符合法律规定的，梁某对此无需提出监督意见。

由此我们也可得知，检察院撤销案件的情形，既包括犯罪嫌疑人根本就未构成犯罪的情形，也包括犯罪嫌疑人构成犯罪，但由于特定原因，不再追究其刑事责任的情形。所以，作为人民监督员，我们在实际的工作中，针对检察院撤销案件的具体情形要全面把握，要考察检察院撤销案件的各种情形，不能只监督根本就未构成犯罪的情形。

撤销案件的报批程序是怎样的？

《人民检察院刑事诉讼规则（试行）》第二百九十一条、第二百九十二条规定：

检察长或者检察委员会决定撤销案件的，侦查部门应当将撤销案件意见书连同本案全部案卷材料，在法定期限届满七日前报上一级人民检察院审查；重大、复杂案件在法定期限届满十日前报上一级人民检察院审查。

对于共同犯罪案件，应当将处理同案犯罪嫌疑人的有关法律文书以及案件事实、证据材料复印件等，一并报送上一级人民检察院。

上一级人民检察院侦查部门应当对案件事实、证据和适用法律进行全面审查，必要时可以讯问犯罪嫌疑人。

上一级人民检察院侦查部门经审查后，应当提出是否同意撤销案件的意见，报请检察长或者检察委员会决定。

人民检察院决定撤销案件的，应当告知控告人、举报人，听取其意见并记明笔录。

上一级人民检察院审查下级人民检察院报送的拟撤销案件，应当于收到案件后七日以内批复；重大、复杂案件，应当于收到案件后十日以内批复下级人民检察院。情况紧急或者因其他特殊原因不能按时送达的，可以先行通知下级人民检察院执行。

以案说法

高某是某市某区人民检察院的一名人民监督员。2017年5月，某区人民检察院办理了一起某区政府工作人员贪污案件，犯罪嫌疑人齐某和张某合谋利用职务之便将单位财物据为己有。在案件侦查过程中，犯罪嫌疑人李某因病去世。检察院侦查部门提出撤销李某贪污案件的意见，并在法定期限届满七日前上报了市人民检察院审查，提交的材料仅包括撤销案件意见书和李某的相关法律文书和案件事实、证据材料等。但是人民监督员高某认为，某区检察院撤销该案的报批程序中缺少对同案犯张某相关法律文书及案件证据、材料的报送，不符合法律规定，故准备实施监督，提出监督意见。

在此，高某主要是针对检察院撤销案件的报批程序是否符合法律规定提出意见。对于检察院撤销案件的报批程序，根据《人民检察院刑事诉讼规则（试行）》第二百九十一条、第二百九十二条的规定可知，检察院撤销案件的报批程序要严格遵循法定的期间、机关和报送及审查内容的要求。首先，机关要求。报批机关为决定撤销案件的检察院的侦查部门，审查机关为上一级人民检察院的侦查部门；其次，期间要求。报送期限为法定期限届满七日前，重大、复杂案件为法定期限届满十日前查。上级侦查部门的批复期限为收到案件后七日以内，重大、复杂案件为收到案件后十日以内。最后，报送及审查内容的要求。侦查部门需要报送的材料是撤销案件意见书和本案的全部案卷材料，如果是共同犯罪案件，则应同时将同案犯罪嫌疑人的有关法律文书以及案件事实、证据材料复印件等一同报送。上级侦查部门需要对案件事实、证据和适用法律进行全面审查，必要时可以讯问犯罪嫌疑人。

而在上面的案件中，某区检察院由于共同贪污犯罪案件中的一名犯罪嫌疑人死亡，需要对案件进行撤销，按照法律规定，侦查部门需要将拟准备撤销的案件向上级检察院侦查部门报批，这就要严格遵守期限、材料等要求。由于本案属于共同犯罪，检察院在将李某的相关案件信息进行报送同时，需要同时将同案犯张某的相关法律文书、事实证据材料等一同报送。某区检察院并未报送同案犯张某的相关材料，因此不符合撤销案件报批程序的相关法律规定，检察院应当采纳高某的监督意见，并按照法律规定上报所有涉案材料。

由此我们也可得知，人民检察院在撤销案件，进行报批的过程中，要严格遵守法律关于报批程序的相关规定，这既包括机关要求，期限要求，还包括报送材料和内容等要求。所以，作为人民监督员，对检察院撤销案件的报批程序要进行严格审查，既要审查报送和批复期限是否合法，又要审查报送材料是否充足。

报请上一级人民检察院审查期间，犯罪嫌疑人羁押期限届满的，还能继续羁押吗？

《人民检察院刑事诉讼规则（试行）》第二百九十三条规定：

上一级人民检察院同意撤销案件的，下级人民检察院应当作出撤销案件决定，并制作撤销案件决定书。上一级人民检察院不同意撤销案件的，下级人民检察院应当执行上一级人民检察院的决定。

报请上一级人民检察院审查期间，犯罪嫌疑人羁押期限届满的，应当依法释放犯罪嫌疑人或者变更强制措施。

以案说法

楚某是某市某区人民检察院的一名人民监督员。2017 年 6 月，某区人民检察院办理了一起某区政府工作人员渎职案件。犯罪嫌疑人杨某是某区工商局的工作人员，其在工作过程中玩忽职守，致使不符合资质的企业获得了工商行政许可，危害了公众安全。检察院侦查过程中发现杨某的渎职行为已经过了追诉期限，因此打算撤销案件，并报上级部门审查。2017 年 8 月，案件仍未审查终结，但犯罪嫌疑人杨某的侦查羁押期限已届满。该检察院继续等待上级检察院的回复，对犯罪嫌疑人杨某继续羁押。但是人民监督员楚某认为此时检察院仍然继续羁押犯罪嫌疑人的行为不符合法律规定，故准备实施监督，提出监督意见。

在此，楚某主要是针对检察院撤销案件报请上一级人民检察院审查期间，犯罪嫌疑人羁押期限届满，是否需要继续羁押提出意见。对于这一问题，根据《人民检察院刑事诉讼规则（试行）》第二百九十三条的规定可知，检察院撤销案件必须报请上一级人民检察院审查，然后根据上级检察院的回复作出撤销案件或执行上一级人民检察院决定的决定。如果在报请上级审查期间犯罪嫌疑人羁押期限届满，则不能再继续羁押犯罪嫌疑人，而应当释放犯罪嫌疑人或者变更强制措施。

而在上面的案件中，某区检察院发现犯罪嫌疑人的渎职行为超过法定的追诉期限，符合撤销案件的情形，遂向上一级人民检察院报请审查，这是符合法律规定的。但是在报请上级检察院审查期间，犯罪嫌疑人的侦查期限届满，此时应当立即释放犯罪嫌疑人或变更强制措施，但某区检察院却继续对某进行羁押，显然是不符合法律规定的。故人民监督员刘某是有权对检察院的此种行为提出监督意见的。

人民检察院撤销案件报请上一级人民检察院审查，要注意该期间内犯罪嫌疑人羁押期限是否届满，一旦届满就不能再继续羁押犯罪嫌疑人。作为人民监督员，我们在实际的工作中，针对检察院撤销案件报请上级检察院审查要进行全程把控，既要严格审查其报批程序是否合法，还要审查报批后其是否按照上级回复作出相应处理决定，更重要的是，不能忽略对撤销案件报请期间，犯罪嫌疑人羁押期限届满检察院是否继续羁押犯罪嫌疑人进行审查监督。

人民检察院撤销案件时，对犯罪嫌疑人的违法所得应当如何处理？

《人民检察院刑事诉讼规则（试行）》第二百九十六条、第二百九十七条规定：

人民检察院撤销案件时，对犯罪嫌疑人的违法所得应当区分不同情形，作出相应处理：

因犯罪嫌疑人死亡而撤销案件，依照刑法规定应当追缴其违法所得及其他涉案财产的，按照本规则第十三章第三节的规定办理。

因其他原因撤销案件，对于查封、扣押、冻结的犯罪嫌疑人违法所得及其他涉案财产需要没收的，应当提出检察建议，移送有关主管机关处理。

对于冻结的犯罪嫌疑人存款、汇款、债券、股票、基金份额等财产需要返还被害人的，可以通知金融机构返还被害人；对于查封、扣押的犯罪嫌疑人的违法所得及其他涉案财产需要返还被害人的，直接决定返还被害人。

人民检察院申请人民法院裁定处理犯罪嫌疑人涉案财产的，应当向人民法院移送有关案件材料。

人民检察院撤销案件时，对查封、扣押、冻结的犯罪嫌疑人的涉案财产需要返还犯罪嫌疑人的，应当解除查封、扣押或者书面通知有关金融机构解除冻结，返还犯罪嫌疑人或者其合法继承人。

以案说法

2017 年 8 月，某区人民检察院办理了一起贪污犯罪案件，犯罪嫌疑人彭某是某国有企业委托管理国有财产的人员，其在工作过程中，多次利用职务之便，侵吞国有财产，贪污数额达 88 万元人民币。为防止犯罪嫌疑人转移资金，检察院申请法院冻结了涉案财产。后检察院在案件侦查过程中发现彭某的贪污行为已经超过了追诉时效，故法院决定撤销案件。案件撤销后，某区检察院对已经冻结的涉案财产进行处理，没收了这 88 万贪污款。但是人民监督员韩某认为该笔钱款属于犯罪嫌疑人的贪污款，系违法所得，是应当返还受害单位的，没收该笔财产的决定不符合法律规定，故提出了监督意见。

在此，韩某主要是针对检察院撤销案件时，对犯罪嫌疑人的违法所得的处理是否符合法律规定提出意见。根据《人民检察院刑事诉讼规则（试行）》第二百九十六条、第二百九十七条的规定可知，人民检察院撤销案件时，对犯罪嫌疑人的违法所得需要区分不同情况进行处理。首先要根据撤销案件的原因进行区分：（1）撤销原因为犯罪嫌疑人死亡的案件，按照本规则第十三章第三节的规定办理追缴其违法所得及其他涉案财产。（2）因其他原因撤销案件，根据犯罪所得性质进行处理。如果查封、扣押、冻结的犯罪嫌疑人违法所得及其他涉案财产是需要没收的，检察院应提出检察建议，移送有关主管机关处理。如果犯罪所得需要返还受害人，则根据犯罪所得被采取措施的不同，采取不同的返还措施——存款、汇款、债券、股票等财产被冻结的，检察院需要通知金融机构返还被害人；违法所得及其他涉案财产被查封、扣押的，直接决定返还被害人。如果查封、扣押、冻结的犯罪嫌疑人的涉案财产是需要返还犯罪嫌疑人的，检察院应当解除查封、扣押或者书面通知有关金融机构解除冻结，返还犯罪嫌疑人或者其合法继承人。因此检察院要根据案件撤销原因及违法所得性质，作出处理决定。

　　而在上面的案件中，某区检察院撤销案件，是由于案件超过追诉期限，因此要按照第二种情况处理违法所得。在具体处理过程中，也要区分该违法所得性质，如果是属于受害人的财产，则应当通过金融机构返还，或者直接返还受害人。该案中，违法所得 88 万元人民币属于受害单位的财产，因此应当返还给受害单位。在该财产被冻结的情况下，检察院应当通知金融机构返还。但其却做出将该违法所得没收的决定，这是不符合法律规定的。故，在上述案件中，人民监督员韩某是有权对检察院的此种行为提出监督意见的。

　　由此我们也可得知，人民检察院撤销案件时，对犯罪嫌疑人的违法所得的处理应当区分不同情况，主要是考察案件撤销原因及违法所得性质。作为人民监督员，我们在实际的工作中遇到此类案件时，一定要全面把握，区分不同的情况，根据案件撤销原因和违法所得的性质，监督检察院做出正确的处理决定。

人民检察院直接受理立案侦查的案件，应于多久内做出相应的处理意见？

《人民检察院刑事诉讼规则（试行）》第三百零一条规定：人民检察院直接受理立案侦查的案件，对犯罪嫌疑人没有采取取保候审、监视居住、拘留或者逮捕措施的，侦查部门应当在立案后二年以内提出移送审查起诉、移送审查不起诉或者撤销案件的意见；对犯罪嫌疑人采取取保候审、监视居住、拘留或者逮捕措施的，侦查部门应当在解除或者撤销强制措施后一年以内提出移送审查起诉、移送审查不起诉或者撤销案件的意见。

以案说法

2015 年 10 月，某市人民检察院办理了一起某区人民检察院检察官渎职案。犯罪嫌疑人谭某在办理公诉案件过程中，多次徇私枉法，对应当起诉的案件作出不起诉决定。某市人民检察院对该案立案侦查后，由于谭某患有严重的心脏病，检察院对其采取了取保候审措施。2016 年 10 月，取保候审期限届满，某市人民检察院解除了取保候审。直到 2017 年 11 月，某市人民检察院侦查部门发现谭某的渎职行为已经超过追诉期限，遂作出撤销案件的决定。但是人民监督员史某认为人民检察院直接受理立案侦查的案件，从立案侦查到做出撤销案件的处理决定，期限过长，不符合法律规定，故准备实施监督，提出监督意见。

　　在此，史某主要是针对人民检察院直接受理立案侦查的案件，做出相应的处理决定的期限是否符合法律规定提出意见。根据《人民检察院刑事诉讼规则（试行）》第三百零一条的规定可知，检察院直接受理立案侦查的案件，由于对犯罪嫌疑人是否采取取保候审、监视居住、拘留或者逮捕措施的不同，做出相应的处理决定的期限也不同。如果没有对犯罪嫌疑人采取取保候审、监视居住、拘留或者逮捕措施，则侦查部门作出移送审查起诉、移送审查不起诉或者撤销案件的意见的期限为二年以内；如果对犯罪嫌疑人采取取保候审、监视居住、拘留或者逮捕措施，则侦查部门作出处理决定的期限为解除或者撤销强制措施后一年以内。

　　而在上面的案件中，某市人民检察院对犯罪嫌疑人谭某采取了取保候审的强制措施，根据法律规定，检察院作出审查起诉、审查不起诉或撤销案件的处理决定的期限为解除或者撤销强制措施后一年以内。但本案中检察院作出撤销案件的决定时，已经超过了法定期限，不符合法律规定。故，在上述案件中，人民监督员史某是有权对检察院的此种行为提出监督意见的。

　　由此我们也可得知，人民检察院直接受理立案侦查的案件，做出相应的处理决定的期限的长短取决于是否对犯罪嫌疑人采取取保候审、监视居住等强制措施。一旦采取强制措施，则作出处理决定的期限为解除或者撤销强制措施后一年内。作为人民监督员，我们在实际的工作中，针对检察院直接受理立案侦查的案件作出处理决定的期限，一定要全面把握，根据其是否对犯罪嫌疑人采取强制措施来确定不同的期限。

第八章 不起诉

对于哪些案件应当做出不起诉的决定？

《人民检察院刑事诉讼规则（试行）》第四百零一条、第四百零二条规定：

人民检察院对于公安机关移送审查起诉的案件，发现犯罪嫌疑人没有犯罪事实，或者符合刑事诉讼法第十五条规定的情形之一的，经检察长或者检察委员会决定，应当作出不起诉决定。

对于犯罪事实并非犯罪嫌疑人所为，需要重新侦查的，应当在作出不起诉决定后书面说明理由，将案卷材料退回公安机关并建议公安机关重新侦查。

公诉部门对于本院侦查部门移送审查起诉的案件，发现具有本规则第四百零一条第一款规定情形的，应当退回本院侦查部门，建议作出撤销案件的处理。

以案说法

杨某是当地的一名警察。一天，当地检察院接到匿名举报信，称杨某在对犯罪嫌疑人魏某讯问的过程中，进行了刑讯逼供，使得魏某被迫承认了犯罪事实。接到匿名举报后，当地检察院对此案进行了调查，经走访各方当事人，调查发现杨某在讯问魏某的过程中并无刑讯逼供事实，拟决定作出不起诉决定。检察院在对杨某作出拟不起诉决定的第二天，该检察院的人民监督员郑某认为不起诉决定不符合法律规定，准备提出监督意见。

一般而言，对于不起诉的案件，人民检察院需要移送到该检察院的监督办事机构，做好监督评议的准备。那么依照我国法律，哪些案件是应当作出不起诉决定需要履行监督评议程序的呢？根据《人民检察院刑事诉讼规则（试行）》第四百零一条的规定，拟不起诉的案件主要包括：犯罪嫌疑人没有犯罪事实，犯罪情节显著轻微、危害不大，不认为是犯罪的，犯罪已过追诉时效期限的，经特赦令免除刑罚的，依照刑法告诉才处理的犯罪，没有告诉或者撤回告诉的，犯罪嫌疑人、被告人死亡的，其他法律规定免予追究刑事责任的，犯罪事实并非犯罪嫌疑人所为，需要重新侦查的，在上述这几种情况下，检察院应当作出不起诉决定。

而在上面的刑讯逼供案件中，很显然在经过检察院相关人员的侦查后，发现杨某在对犯罪嫌疑人魏某的讯问过程中，并没有进行刑讯逼供，可以说是没有犯罪事实和犯罪行为，在不起诉案件的范围之内，为此人民检察院作出的不起诉决定是正确的，即使郑某等人民监督员对该案进行监督评议，该案也是符合不起诉决定的法律规定。

我国法律上对不起诉案件的范围规定的十分明确，简单来说就是没有犯罪事实，没有犯罪行为，依法不需要追究刑事责任的几种情况。不起诉案件的相关法律规定，充分体现出了法律的公平公正，作为人民监督员也要了解相关法律规定，以更好地履行监督职责。

因证据不足而不起诉的，具体有哪些情形？

《人民检察院刑事诉讼规则（试行）》第四百零四条规定：

具有下列情形之一，不能确定犯罪嫌疑人构成犯罪和需要追究刑事责任的，属于证据不足，不符合起诉条件：（一）犯罪构成要件事实缺乏必要的证据予以证明的；（二）据以定罪的证据存在疑问，无法查证属实的；（三）据以定罪的证据之间、证据与案件事实之间的矛盾不能合理排除的；（四）根据证据得出的结论具有其他可能性，不能排除合理怀疑的；（五）根据证据认定案件事实不符合逻辑和经验法则，得出的结论明显不符合常理的。

以案说法

宋某是某县的县长，其弟弟在该县的某村务农。近日，宋某弟弟所在的村庄进行了选举，宋某的弟弟当选了该村的村主任。与宋某弟弟一同竞争的刘某认为，宋某弟弟当选村主任，与其宋某有很大关系，是宋某帮助其弟弟贿选，于是刘某便到检察院揭发举报宋某和宋某的弟弟。检察院对该案进行了立案侦查，在侦查过程中，发现该案中，只有几个村民证人证言证实宋某和宋某弟弟给予其好处费，绝大数村民表示其都是自愿选举宋某弟弟的，并没有得到任何好处费。除此之外，并没有任何证据证明宋某和宋某弟弟贿选。因此检察院作出了证据不足不起诉的决定，并将卷宗移交给了人民监督员监督办事机构。人民监督员郑某等人将对此案进行监督评议，郑某等人将如何处理此案？

此案涉及的是证据不足不起诉的法律问题，根据《人民检察院刑事诉讼规则（试行）》第四百零四条的规定，如果犯罪构成要件事实缺乏必要的证据予以证明的；或者据以定罪的证据存在疑问，无法查证属实的；或者据以定罪的证据之间、证据与案件事实之间的矛盾不能合理排除的；或者根据证据得出的结论具有其他可能性，不能排除合理怀疑的；或者根据证据认定案件事实不符合逻辑和经验法则，得出的结论明显不符合常理的。在符合上述五种情形之一，且人民检察院不能确定犯罪嫌疑人构成犯罪和需要追究刑事责任的，人民检察院应当作出证据不足不起诉的决定。

在本案中，关于宋某和宋某弟弟是否是破坏选举，只有少数几个村民的证人证言，这还与多数村民的证言相冲突，除此之外，没有任何其他证据表明宋某和宋某弟弟存在贿选的情形，可以说该案的证据并不充足，符合证据不足不起诉五种情形的第一种情形，即犯罪构成要件事实缺乏必要的证据予以证明的，对此，人民检察院应当作出证据不足不予起诉的决定。因此人民监督员郑某等人对此案监督评议过程中，应对人民检察院作出的不起诉决定无异议。

从上述案例可知，对证据不足不起诉的案件，主要是考虑证据问题，只有在有充分证据证明犯罪事实时，才能对犯罪嫌疑人做出起诉的决定。人民监督员在对这类案件进行监督时，应当牢牢掌握不起诉的五种情形，并仔细阅卷查找证据是否确凿，是否应当起诉。

酌定不起诉的情形有哪些？

《人民检察院刑事诉讼规则（试行）》第四百零六条规定：人民检察院对于犯罪情节轻微，依照刑法规定不需要判处刑罚或者免除刑罚的，经检察长或者检察委员会决定，可以作出不起诉决定。

以案说法

郑某是某县教育局的一名工作人员，宋某是郑某的好朋友。宋某的女儿今年刚从师范学校毕业，他想让郑某给自己的女儿安排个临时教师的工作，并给了郑某 2000 块钱的礼品作为表示。郑某碍于朋友情面，接受了宋某的礼品。后郑某认为自己不应该接受该礼品，便想退还该礼品，并向上级领导交代了此事。上级领导将此事交给了人民检察院处理。人民检察院在办理此案后，认为郑某犯罪情节轻微，拟作出不起诉决定。之后，该案由人民检察院人民监督员办事机构进行监督评议。那么人民监督员应该如何对此案监督评议？

此案涉及酌定不起诉的情形，对此，《人民检察院刑事诉讼规则（试行）》第四百零六条作出了明确规定，即当犯罪嫌疑人的犯罪情节轻微，依照刑法规定不需要判处刑罚或者免除刑罚的，可以作出不起诉决定。也就是说，对于一些犯罪行为，即使犯罪嫌疑人已经触犯了法律规定，但由于其情节轻微，对社会危害不大，按照法律规定也无需判处刑罚或者应免除刑罚，此时人民检察院可以根据具体案情作出是否起诉。这一规定体现了我国法律宽严相济的原则。

在本案中，依照我国刑法关于受贿罪的规定，当个人受贿数额不满 5 千元，情节较重的，处 2 年以下有期徒刑或者拘役；情节较轻的，由其所在单位或者上级主管机关酌情给予行政处分。郑某作为国家工作人员，虽然收受了朋友宋某 2000 元的礼品，但是事后郑某向领导主动交代此事，并将 2000 元主动退还给宋某，具有有悔罪表现。因此应属于犯罪情节轻微，可以对其受贿罪做出不起诉的决定。

　　酌定不起诉的情形不要是根据犯罪情节予以衡量的，办案人员需要分析具体案情作出决定，而作为人民监督员也需要对案件进行判定，以监督办案人员作出的酌定不起诉是否符合法律规定，是否存在滥用这一法定情形。

第九章 辩护与代理

应该在怎样的"第一时间"告知犯罪嫌疑人有权委托辩护人？

《人民检察院刑事诉讼规则（试行）》第三十四条、第三十六条第一款规定规定：

人民检察院在办案过程中，应当依法保障犯罪嫌疑人行使辩护权利。

人民检察院侦查部门在第一次开始讯问犯罪嫌疑人或者对其采取强制措施的时候，应当告知犯罪嫌疑人有权委托辩护人，并告知其如果经济困难或者其他原因没有聘请辩护人的，可以申请法律援助。对于属于刑事诉讼法第三十四条规定情形的，应当告知犯罪嫌疑人有权获得法律援助。

以案说法

2017 年 11 月 18 日，犯罪嫌疑人李某涉嫌行贿罪一案被当地人民检察院立案侦查。立案后，人民检察院相关工作人员对李某进行了多次讯问。后来，侦查阶段终结，人民检察院作出起诉的决定。此时，相关工作人员才告知李某有权委托辩护人。人民监督员张某认为该地人民检察院在办案过程中存在违法之处，根据法律规定，人民检察院当在第一时间告知犯罪嫌疑人有委托辩护人的权利。

本案主要涉及人民检察院应当在何时告知犯罪嫌疑人有权委托辩护人的问题，如果人民检察院应当在"第一时间"履行告知义务，那么，这里的"第一时间"应当如何界定？根据最高人民检察院颁布的《人民检察院刑事诉讼规则（试行）》第三十四条以及第三十六条第一款的规定可知，人民检察院必须保障犯罪嫌疑人行使辩护的权利，并且应当在第一次开始讯问犯罪嫌疑人或者对其采取强制措施的时候，告知犯罪嫌疑人有权委托辩护人。可见，这里所谓的"第一时间"指的是第一次开始讯问犯罪嫌疑人或者对其采取强制措施时。

具体到本案，人民检察院相关工作人员先后对犯罪嫌疑人李某进行了多次讯问，但是，直到侦查终结后才告知李某依法享有委托辩护人的权利。根据以上分析可知，人民检察院未在第一次开始讯问李某或者对其采取强制措施时的"第一时间"履行此项告知义务，该行为明显违反了相关法律规定。所以说，人民监督员张某的观点是正确的。

辩护权是我国《刑事诉讼法》为了保障犯罪嫌疑人的合法权益、确保案件能够得到公正的处理而设置的。人民检察院只有在"第一时间"将此项权利告知犯罪嫌疑人，辩护权的预期效果才能够得到充分的发挥。因此，人民检察院必须严格把握时间节点，保障犯罪嫌疑人的辩护权利。

在押犯罪嫌疑人提出要委托辩护人的，可以置之不理吗？

《人民检察院刑事诉讼规则（试行）》第三十七条规定：人民检察院办理直接受理立案侦查案件、审查逮捕案件和审查起诉案件，在押或者被指定居所监视居住的犯罪嫌疑人提出委托辩护人要求的，侦查部门、侦查监督部门和公诉部门应当及时向其监护人、近亲属或者其指定的人员转达其要求，并记录在案。

以案说法

邢某于 2017 年 8 月 22 日因涉嫌贪污罪接受某市人民检察院的立案审查。为了保障自己的合法权利，邢某在羁押期间曾提出委托辩护人的请求。但是，人民检察院相关工作人员却对该要求置之不理。人民监督员郑某认为人民检察院工作人员的做法欠妥，会对犯罪嫌疑人行使辩护权产生不利影响，并提出监督意见。那么，人民监督员的观点是否正确？

本案围绕"在押犯罪嫌疑人提出委托辩护人要求的，人民检察院是否可以置之不理"这一问题展开。对此问题，《人民检察院刑事诉讼规则（试行）》第三十七条明确规定，人民检察院的任何部门都应当将犯罪嫌疑人的此项要求传达给监护人、近亲属或者指定的其他人员，并进行记录。

本案中，犯罪嫌疑人邢某在羁押期间提出了委托辩护人的请求，但是相关工作人员却"置之不理"，既不进行记录，也不传达给邢某的"监护人、近亲属或者其指定的人员"。根据以上法律规定可知，人民检察院工作人员的做法是违法的，人民监督员郑某的观点于法有据。

辩护是当事人及其辩护律师针对检察院的控诉而进行的申辩，其目的是为了削约司法机关的活动，提出对犯罪嫌疑人有利的证据。因此，人民检察院必须将犯罪嫌疑人委托辩护人的请求进行传达，否则，我国刑事法律赋予给犯罪嫌疑人的辩护权将会被"束之高阁"。

对于哪些人，应当通知法律援助机构指派援助律师为其辩护？

《人民检察院刑事诉讼规则（试行）》第四十一条规定：人民检察院办理直接受理立案侦查案件和审查起诉案件，发现犯罪嫌疑人是盲、聋、哑人或者是尚未完全丧失辨认或者控制自己行为能力的精神病人，或者可能被判处无期徒刑、死刑，没有委托辩护人的，应当及时书面通知法律援助机构指派律师为其提供辩护。

《中华人民共和国刑事诉讼法》第三十四条规定：

犯罪嫌疑人、被告人因经济困难或者其他原因没有委托辩护人的，本人及其近亲属可以向法律援助机构提出申请。对符合法律援助条件的，法律援助机构应当指派律师为其提供辩护。

犯罪嫌疑人、被告人是盲、聋、哑人，或者是尚未完全丧失辨认或者控制自己行为能力的精神病人，没有委托辩护人的，人民法院、人民检察院和公安机关应当通知法律援助机构指派律师为其提供辩护。

犯罪嫌疑人、被告人可能被判处无期徒刑、死刑，没有委托辩护人的，人民法院、人民检察院和公安机关应当通知法律援助机构指派律师为其提供辩护。

以案说法

2017 年 5 月 30 日，周某因涉嫌隐瞒境外存款罪被某市人民检察院控制在案。人民检察院相关工作人员控制住犯罪嫌疑人周某后，才发现他是一名聋哑人。工作人员在了解到犯罪嫌疑人周某未委托辩护人后，口头告知周某有权申请法律援助。人民监督员胡某就此发表了监督意见，并认为人民检察院工作人员的做法是错误的，周某属于"应当及时书面通知法律援助机构指派律师为其提供辩护"的人群。那么，对于哪类人群，人民检察院"应当通知法律援助机构指派律师为其提供辩护"？

本案主要涉及对于哪些犯罪嫌疑人，应当通知法律援助机构指派律师为其提供辩护的问题。对此，我国《人民检察院刑事诉讼规则（试行）》第四十一条作出了具体规定，人民检察院"应当通知法律援助机构指派律师为其提供辩护"的适用对象包括以下几类：（1）犯罪嫌疑人是盲、聋、哑人或者是尚未完全丧失辨认或控制自己行为能力的精神病人，却没有委托辩护人的；（2）犯罪嫌疑人可能会被判处无期徒刑、死刑，却没有委托辩护人的。此外，我国《刑事诉讼法》第三十四条第二款、第三款也作出了类似规定。

就本案而言，犯罪嫌疑人周某属于以上法律所规定的第一类人群。因此，人民检察院相关工作人员应当按照规定，务必书面通知法律援助机构指派律师为周某提供辩护。所以说，人民监督员胡某的观点是正确的的。

犯罪嫌疑人不论是在身体方面、精神方面患有残疾，还是罪责深重可能被判处无期、死刑，这些人群在辩护权的行使方面都属于弱势群体。因此，我国法律赋予其获得法律援助的机会。人民检察院必须严格遵守上述法律规定，切实保障相关人群这一权利。

对于在押犯罪嫌疑人的法律援助申请，人民检察院应给予怎样的配合？

《人民检察院刑事诉讼规则（试行）》第四十二条规定：人民检察院收到在押或者被指定居所监视居住的犯罪嫌疑人提出的

法律援助申请，应当在三日以内将其申请材料转交法律援助机构，并通知犯罪嫌疑人的监护人、近亲属或者其委托的其他人员协助提供有关证件、证明等相关材料。

以案说法

2017 年 10 月 18 日，国家公务人员齐某涉嫌放纵走私罪一案被某市人民检察院立案审理。开始的时候，齐某问心无愧，坚称自己是被冤枉的。因此，他一直拒绝委托律师为自己辩护。在他被羁押的第五天，他愈发觉得情势对自己不利，于是提出了法律援助申请。但是，人民检察院相关工作人员却对齐某的申请置之不理。人民监督员宋某认为人民检察院相关工作人员的做法是不合理的，并提出监督意见。

此问题涉及在押的犯罪嫌疑人提出法律援助申请的，人民检察院应当怎样配合的问题。根据《人民检察院刑事诉讼规则（试行）》第四十二条的规定可知，人民检察院应当在收到犯罪嫌疑人提出的法律援助申请的 3 日以内将申请材料转交法律援助机构，并通知相关人员协助提供有关证件、证明等材料。

具体到本案，犯罪嫌疑人齐某提出了法律援助的申请，但是人民检察院既不转交申请材料，也不通知有关人员提供其他材料，而是对该申请置之不理。根据以上法律规定可知，人民检察院的做法是违法的。所以说，人民监督员宋某的观点才是正确的。

获得法律援助是任何一个犯罪嫌疑人理应享受的一项权利。尤其是对于那些特殊案件或者有经济困难的特殊群体，只有为其提供法律援助，才能够实现犯罪嫌疑人与国家控诉机关抗衡。因此，面对犯罪嫌疑人提出的法律援助申请，人民检察院必须积极地予以配合，从而使犯罪嫌疑人的辩护权落到实处。

可能被判死刑的犯罪嫌疑人拒绝了法律援助律师，那么，还应该给其指派其他律师进行辩护吗？

《人民检察院刑事诉讼规则（试行）》第四十三条规定：犯罪嫌疑人拒绝法律援助机构指派的律师作为辩护人的，人民检察院应当查明拒绝的原因，有正当理由的，予以准许，但犯罪嫌疑人需另行委托辩护人；犯罪嫌疑人未另行委托辩护人的，应当书面通知法律援助机构另行指派律师为其提供辩护。

以案说法

2017 年 8 月 21 日，于某涉嫌贪污罪一案被所在地人民检察院立案受理。因于其贪污数额特别巨大，并使国家利益、人民利益遭受了特别严重的损失，因此，他极有可能被判处死刑。于某自知罪行严重，便放弃了委托律师为自己辩护的权利。此外，他还拒绝了法律援助机构的律师。对此，人民检察院相关工作人员默示认可了于某的弃权行为，并未采取其他后续措施。人民监督员朱某认为人民检察院的做法是违法的，并提出监督意见。

本案例主要涉及可能被判处死刑的犯罪嫌疑人拒绝了法律援助机构指派的律师的，是否还需为其指派其他律师进行辩护的问题。对此问题，我国《人民检察院刑事诉讼规则（试行）》第四十三条作出了具体规定。根据此规定可知，人民检察院应当查明犯罪嫌疑人拒绝法律援助律师的原因，若原因不充分的或者犯罪嫌疑人未另行委托辩护人的，必须书面通知法律援助机构另行指派律师为其提供辩护。

本案中的犯罪嫌疑人于某拒绝了法律援助律师，但是人民检察院并未查明于某拒绝法律援助的原因，也并未采取其他补救措施。根据以上分析可知，人民检察院的做法是违法的，人民监督员朱某的观点是有据可循的。

在我国的司法审判领域，法律援助属于国家的责任，是国家对公民应尽的一项义务。为了确保弱势群体能够充分地行使辩护权，我国法律特别规定，在犯罪嫌疑人拒绝法律援助律师后，仍不委托辩护人的，还需另行指派一名法律援助律师为其进行辩护。

对于特别重大的贿赂犯罪案件，在律师会见犯罪嫌疑人方面，人民检察院应该尽到哪些职责？

《人民检察院刑事诉讼规则（试行）》第四十五条规定：

对于特别重大贿赂犯罪案件，犯罪嫌疑人被羁押或者监视居住的，人民检察院侦查部门应当在将犯罪嫌疑人送交看守所或者送交公安机关执行时书面通知看守所或者公安机关，在侦查期间辩护律师会见犯罪嫌疑人的，应当经人民检察院许可。

有下列情形之一的，属于特别重大贿赂犯罪：（一）涉嫌贿赂犯罪数额在五十万元以上，犯罪情节恶劣的；（二）有重大社会影响的；（三）涉及国家重大利益的。

《人民检察院刑事诉讼规则（试行）》第四十六条规定：

对于特别重大贿赂犯罪案件，辩护律师在侦查期间提出会见在押或者被监视居住的犯罪嫌疑人的，人民检察院侦查部门应当提出是否许可的意见，在三日以内报检察长决定并答复辩护律师。

人民检察院办理特别重大贿赂犯罪案件，在有碍侦查的情形消失后，应当通知看守所或者执行监视居住的公安机关和辩护律师，辩护律师可以不经许可会见犯罪嫌疑人。

对于特别重大贿赂犯罪案件，人民检察院在侦查终结前应当许可辩护律师会见犯罪嫌疑人。

以案说法

2017 年年初，公民黄某为了获得不正当利益，曾赠予国家机关工作人员关某人民币 66 万元。后来，东窗事发，黄某涉嫌行贿罪一案被该市人民检察院立案受理。在案件的侦查期间，犯罪嫌疑人黄某的辩护律师张某申请会见犯罪嫌疑人，人民检察院担心黄某"翻供"，于是未经审查直接拒绝了律师张某的请求。人民监督员姜某认为人民检察院的做法与法律规定不符，应当予以改正，并就此提出监督意见。

本案主要涉及特别重大贿赂犯罪案件中，律师申请会见犯罪嫌疑人的，人民检察院应当尽到哪些职责的问题。根据《人民检察院刑事诉讼规则（试行）》第四十五条以及第四十六条的规定可知，所谓"特别重大贿赂犯罪案件"指的是犯罪数额较大且情节恶劣、影响重大或者涉及国家重大利益的行贿、受贿或者介绍贿赂犯罪案件。人民检察院在办理上述案件的过程中，如果收到了律师会见犯罪嫌疑人的申请，检察院侦查部门应当发表是否许可的意见，并在 3 日以内报检察长决定并答复辩护律师。另外，只有在一种例外情形下，辩护律师可以不经许可，直接会见犯罪嫌疑人。该例外情形是指，人民检察院办理此类案件时出现了有碍侦查的情形，在有碍侦查的情形消失后，辩护律师可以不经许可会见犯罪嫌疑人。

就本案而言，犯罪嫌疑人黄某涉嫌特别重大贿赂罪，黄某的辩护律师向人民检察院提出了会见犯罪嫌疑人的申请。根据以上法律规定可知，人民检察院的侦查部门应当发表是否许可的意见，并且应当在 3 日内报检察长决定并做出答复。所以说，人民监督员姜某的监督意见是正确的。

辩护律师会见犯罪嫌疑人的主要目的是为了深入地了解犯罪嫌疑人以及案件的具体情况，从而为辩护活动做准备工作。对于那些特别重大的贿赂犯罪案件，保障律师的会见权就显得尤其重要。因此，法律作出规定，在人民检察院侦查终结前，必须确保辩护律师有权会见犯罪嫌疑人。

律师有阅卷权吗？

《人民检察院刑事诉讼规则（试行）》第四十七条规定：自案件移送审查起诉之日起，人民检察院应当允许辩护律师查阅、摘抄、复制本案的案卷材料。案卷材料包括案件的诉讼文书和证据材料。

以案说法

2017 年 9 月 23 日，国家机关工作人员史某因涉嫌玩忽职守罪被某市人民检察院羁押。史某被羁押后，委托律师于某担任他的辩护人。2017 年 11 月 19 日，本案侦查终结，人民检察院决定将案件移送审查起诉。此后，辩护律师于某多次申请查阅案卷，但是均遭到人民检察院的拒绝。人民监督员徐某认为人民检察院的做法违反了相关法律规定，根据规定，人民检察院应当配合辩护律师的阅卷请求。

本案主要涉及如何保障律师阅卷权的问题，根据《人民检察院刑事诉讼规则（试行）》第四十七条的规定可知，案件被移送审查起诉后，辩护律师有权查阅、摘抄或复制本案的诉讼文书和证据材料，人民检察院必须予以配合，不得无故拒绝。

具体到本案，2017 年 11 月 19 日，史某玩忽职守案被移送审查起诉，律师于其多次提出查阅案卷的申请，但均被人民检察院拒绝。根据以上法律规定可知，人民检察院的做法是违法的，人民检察院应当允许律师于某查阅案卷。因此，人民监督员徐某的观点才是正确的。

查阅案卷是刑事辩护律师进行代理活动中的重要一环，也是律师熟悉案件的主要途径。只有保障辩护律师充分地行使阅卷权，才能实现抗辩双方力量的均衡，才能确保犯罪嫌疑人、被告人的人权，使其得到合法、公正的裁判。

律师以外的辩护人的阅卷权，与律师的阅卷权有哪些不同？

《人民检察院刑事诉讼规则（试行）》第四十八条规定：

自案件移送审查起诉之日起，律师以外的辩护人向人民检察院申请查阅、摘抄、复制本案的案卷材料或者申请同在押、被监视居住的犯罪嫌疑人会见和通信的，人民检察院公诉部门应当对申请人是否具备辩护人资格进行审查并提出是否许可的意见，在三日以内报检察长决定并书面通知申请人。

人民检察院许可律师以外的辩护人同在押或者被监视居住的犯罪嫌疑人通信的，可以要求看守所或者公安机关将书信送交人民检察院进行检查。

对于律师以外的辩护人申请查阅、摘抄、复制案卷材料或者申请同在押、被监视居住的犯罪嫌疑人会见和通信，具有下列情形之一的，人民检察院可以不予许可：（一）同案犯罪嫌疑人在逃的；（二）案件事实不清，证据不足，或者遗漏罪行、遗漏同案犯罪嫌疑人需要补充侦查的；（三）涉及国家秘密或者商业秘密的；（四）有事实表明存在串供、毁灭、伪造证据或者危害证人人身安全可能的。

以案说法

2017 年中秋节前夕，犯罪嫌疑人林某因涉嫌滥用职权罪被当地人民检察院控制在案。林某被羁押后，立即联系了辩护律师邱某，并委托邱某作为自己的辩护人。普通公民周某是林某的妻子，周某曾在大学期间学过法律，于是主动要求担任丈夫的辩护人。两个月以后，该案被移送审查起诉。为了获悉案件的具体情况，辩护律师邱某决定查阅案卷。邱某前往检察院查阅案卷时，周某也决定一同前往，但是周某的查卷行为却遭到检察院工作人员的阻挠。人民监督员王某认为人民检察院的做法并无不妥，周某作为非律师辩护人，在查阅案卷前需要事先取得人民检察院的许可。

本案涉及律师以外的辩护人的阅卷权与律师阅卷权的区别问题。《人民检察院刑事诉讼规则（试行）》第四十七条对律师的阅卷权作出了规定，根据第四十七条的规定，自案件被移送审查起诉之后，辩护律师享有随时阅卷的权利，人民检察院应当予以配合，并且无需事先申请；而该规则第四十八条则对律师以外的辩护人的阅卷权作了规定。根据第四十八条的规定可知，案件被移送审查起诉后，律师以外的辩护人欲查阅案卷的，需要向人民检察院提出申请，公诉部门应当对该申请进行审查并发表是否许可的意见，并在 3 日内报检察长决定并将决定书面通知申请人。此外，在特定情形下，律师以外的辩护人申请查阅案卷的，人民检察院可以不予许可。这里所说的"特定情形"包括：（1）同案犯罪嫌疑人在逃的；（2）案件事实不清，证据不足，或者遗漏罪行、遗漏同案犯罪嫌疑人需要补充侦查的；（3）涉及国家秘密或者商业秘密的；（4）有事实表明存在串供、毁灭、伪造证据或者危害证人人身安全可能的。

就本案来说，邱某为律师辩护人，周某为律师以外的辩护人，本案被移送审查起诉之后，二人均享有阅卷权。但是根据以上分析可知，二人享有的阅卷权存在区别，不同之处主要在于阅卷权的行使是否需要事先经过人民检察院的许可：邱某行使阅卷权无需征求检察院的意见，而周某阅卷必须事先征得检察院的同意。所以说，本案中周某的阅卷行为才会遭到检察院工作人员的阻挠。因此，人民监督员王某的观点于法有据。

律师阅卷权与律师以外的辩护人的阅卷权存在区别，后者行使权利的条件比前者更为严格。究其原因，主要在于律师以外的辩护人欠缺律师专业素养，较容易引发阅卷权的滥用，进而增添人民检察院的诉累，因此需经人民检察院进一步批准才能行使该权利。从长远角度讲，对律师以外辩护人施加更严格的条件有利于规范此类辩护人的阅卷行为，同时亦能减轻司法机关的诉累。

对于辩护人的阅卷等行为，人民检察院应给予怎样的配合？

《人民检察院刑事诉讼规则（试行）》第四十九条规定：

辩护律师或者经过许可的其他辩护人到人民检察院查阅、摘抄、复制本案的案卷材料，由案件管理部门及时安排，由公诉部门提供案卷材料。因公诉部门工作等原因无法及时安排的，应当向辩护人说明，并安排辩护人自即日起三个工作日以内阅卷，公诉部门应当予以配合。

查阅、摘抄、复制案卷材料，应当在人民检察院设置的专门场所进行。必要时，人民检察院可以派员在场协助。

辩护人复制案卷材料可以采取复印、拍照等方式，人民检察院只收取必需的工本费用。对于承办法律援助案件的辩护律师复制必要的案卷材料的费用，人民检察院应当根据具体情况予以减收或者免收。

以案说法

2017年10月18日，国家机关工作人员马某因涉嫌徇私舞弊罪被当地人民检察院控制在案。鉴于自己不太懂法律，马某委托律师蒋某作为辩护人。后来，蒋律师为了准备开庭阶段的辩护词，决定查阅本案的案卷材料。但是，人民检察院公诉部门的相关工作人员却因工作原因一直无法为蒋律师安排阅卷。人民监督员钱某认为人民检察院的做法是违法的，因为根据规定，本案中的人民检察院安排辩护人阅卷必须在3日内完成。

本案主要涉及辩护人阅卷的，人民检察院应当如何配合的问题。根据《人民检察院刑事诉讼规则（试行）》第四十九条的规定可知，辩护人阅卷的，人民检察院的案件管理部门应当及时地进行安排，公诉部门应当提供相应的案卷材料。公诉部门因工作等原因无法及时安排的，需要在3日内重新安排辩护人阅卷。此外，为了方便辩护人阅卷，人民检察院在必要时，可以派员协助；辩护人对案卷复印、拍照的，人民检察院只能收取必需的工本费；法律援助律师复制必要的案卷材料的费用，人民检察院还应根据案件情况予以减收、免收。

结合本案，辩护人蒋某欲查阅案卷材料，但是人民检察院公诉部门却因工作等原因一直未安排蒋律师阅卷。根据以上法律规定可知，人民检察院应当在3日内重新安排辩护人蒋某阅卷，不得拖沓。可见，本案检察院的做法与法律规定不符，因此人民监督员钱某的观点是正确的。

因案卷材料掌握在人民检察院的手中，所以说，辩护人阅卷行为的完成，需要人民检察院的配合。人民检察院必须为辩护人行使此项权利提供尽可能多的便利，否则，辩护人的阅卷权无异于形同虚设。

辩护人申请提交证明犯罪嫌疑人无罪或者罪轻的证据材料的，人民检察院应当如何配合？

《人民检察院刑事诉讼规则（试行）》第五十条规定：

案件移送审查逮捕或者审查起诉后，辩护人认为在侦查期间公安机关收集的证明犯罪嫌疑人无罪或者罪轻的证据材料未提交，申请人民检察院向公安机关调取的，人民检察院案件管理部门应当及时将申请材料送侦查监督部门或者公诉部门办理。经审查，认为辩护人申请调取的证据已收集并且与案件事实有联系的，应当予以调取；认为辩护人申请调取的证据未收集或者与案件事实没有联系的，应当决定不予调取并向辩护人说明理由。公安机关移送相关证据材料的，人民检察院应当在三日以内告知辩护人。

人民检察院办理直接立案侦查的案件，按照本条规定办理。

以案说法

2017年9月20日，杨某涉嫌故意泄露国家秘密罪一案被某市人民检察院直接立案受理。杨某为了维权，委托毛律师为其辩护。一个多月以后，案件被移送审查起诉。毛律师通过阅卷，发现人民检察院收集的证明犯罪嫌疑人无罪或罪轻的证据材料并未记入案卷。鉴于此，毛律师申请人民检察院提交以上证据材料。人民检察院未经审查，便直接认定毛律师的申请欠缺事实依据，因此并未理会。人民监督员储某就此发表了监督意见，并认为人民检察院的做法不妥当，针对辩护人提出的请求，人民检察院应当配合。那么，人民检察院应当如何配合呢？

本案例涉及的核心问题是辩护人申请提交证明犯罪嫌疑人无罪或罪轻的证据材料的，人民检察院应当如何配合。对此问题，《人民检察院刑事诉讼规则（试行）》第五十条进行了规定。具体来说，人民检察院应当对辩护人的申请进行审查，如果经审查认为，辩护人申请调取的证据已被收集且与案件事实有联系的，人民检察院应当予以调取并在3日以内告知辩护人；若认为辩护人申请调取的证据尚未收集或与案件事实没有联系的，人民检察院应当决定不予调取并向辩护人说明理由。

就本案而言，犯罪嫌疑人杨某的辩护律师毛某发现人民检察院收集的证明犯罪嫌疑人无罪或罪轻的证据材料未被记录到案卷中，毛律师据此申请人民检察院提交相关证据。但是，人民检察院却不做审查，直接予以否决。根据以上法律规定可知，人民检察院应当对辩护人的申请进行审查，然后才宜作出同意调取或不同意调取的决定，不同意调取的还应向辩护人说明理由。所以说，人民监督员储某的观点是正确的。

犯罪嫌疑人无罪或罪轻的证据材料有时可以减轻犯罪嫌疑人的刑罚，有时甚至可以洗清犯罪嫌疑人的罪责。但是，此类证据往往掌握在人民检察院的手中，人民检察院为了论证犯罪嫌疑人构成犯罪，可能不乐于将此类证据呈现出来。为了避免这种情况的发生，我国法律才规定，人民检察院收到辩护人调取证据的申请后，需要仔细审查，不予调取的需要说明具体理由。

对于辩护人收集的证据，人民检察院应如何处理？

《人民检察院刑事诉讼规则（试行）》第五十一条规定：在人民检察院侦查、审查逮捕、审查起诉过程中，辩护人收集到有关犯罪嫌疑人不在犯罪现场、未达到刑事责任年龄、属于依法不负刑事责任的精神病人的证据，告知人民检察院的，人民检察院相关办案部门应当及时进行审查。

《人民检察院刑事诉讼规则（试行）》第五十二条规定：案件移送审查起诉后，辩护律师依据刑事诉讼法第四十一条第一款的规定申请人民检察院收集、调取证据的，人民检察院案件管理部门应当及时将申请材料移送公诉部门办理。人民检察院认为需要收集、调取证据的，应当决定收集、调取并制作笔录附卷；决定不予收集、调取的，应当书面说明理由。人民检察院根据辩护律师的申请收集、调取证据时，辩护律师可以在场。

《中华人民共和国刑事诉讼法》第四十一条第一款规定：辩护律师经证人或者其他有关单位和个人同意，可以向他们收集与本案有关的材料，也可以申请人民检察院、人民法院收集、调取证据，或者申请人民法院通知证人出庭作证。

以案说法

2017 年 7 月 17 日，江某因涉嫌枉法裁判罪被市人民检察院立案侦查。江某坚称自己从未枉法裁判，为了洗清自己的罪名，江某委托胡律师为其辩护。案件到了审查起诉阶段，胡律师打算以江某所在单位为线索收集相关证据，在取得该单位的同意后，胡律师向人民检察院提出此项申请。人民检察院收到该申请后，认为本案案件事实已经查清，辩护律师的申请欠缺事实及法律依据，便以口头形式直接拒绝了辩护律师的申请。人民监督员薛某认为检察院的做法与法律规定相冲突，于是发表了监督意见。

本案主要涉及针对辩护律师收集的证据或者辩护律师向人民检察院申请收集的证据，人民检察院应当如何处理的问题。对此，根据《人民检察院刑事诉讼规则（试行）》第五十一条、第五十二条以及《中华人民共和国刑事诉讼法》第四十一条第一款的规定可知，对于辩护律师收集的证明犯罪嫌疑人无罪的证据，人民检察院相关办案部门必须及时地进行审查。对于辩护律师取得证人、其他有关单位或个人同意后，申请人民检察院收集的证据，人民检察院的案件管理部门应当及时将申请材料移送公诉部门办理；人民检察院决定收集相关证据的，应当制作笔录附卷，决定不予收集的，则以书面形式说明理由。

具体到本案，辩护律师胡某欲向犯罪嫌疑人所在单位收集相关证据，胡律师在取得该单位同意后，向人民检察院提出收集证据的申请。人民检察院却以案件事实已经查清为由，以口头形式直接拒绝了胡律师的申请。根据以上法律规定可知，人民检察院必须及时地将胡律师的申请材料移送公诉部门办理，如果人民检察院作出收集相关证据的决定的，还应当制作笔录附卷；若决定不予收集的，则需要以书面形式说明理由。所以说，人民监督员薛某的观点于法有据。

在我国，辩护律师依法享有调查取证权，尤其是在犯罪嫌疑人无罪、罪轻证据的发掘方面，律师调查取证权的充分行使将会起到极为重要的作用。可以说，犯罪嫌疑人欲得到公平、公正的审判，在很大程度上依赖于辩护律师调查取证权的充分行使。因此，针对辩护律师收集的证据或者辩护律师向人民检察院申请收集的证据，人民检察院应当认真对待，严格依法处理。

辩护人提出要求听取其意见的，人民检察院应给予怎样的配合？

《人民检察院刑事诉讼规则（试行）》第五十四条规定：在人民检察院侦查、审查逮捕、审查起诉过程中，辩护人提出要求听取其意见的，案件管理部门应当及时联系侦查部门、侦查监督部门或者公诉部门对听取意见作出安排。辩护人提出书面意见的，案件管理部门应当及时移送侦查部门、侦查监督部门或者公诉部门。

以案说法

2017 年国庆节前夕，国家机关工作人员贾某涉嫌环境监管失职罪一案被所在地人民检察院直接立案审理。律师界的孙律师声誉良好，胜诉率高，所以贾某被羁押后，委托孙律师为其辩护。在案件的侦查阶段，孙律师以书面形式要求人民检察院听取其在犯罪嫌疑人定罪量刑方面的意见，但是，人民检察院却直接忽略了孙律师的请求。人民监督员陆某认为人民检察院的做法与法律规定相抵触，于是就此发表了监督意见。

本案例主要围绕辩护人提出要求听取其意见的，人民检察院应当如何配合这一问题展开。关于此问题，根据《人民检察院刑事诉讼规则（试行）》第五十四条的规定可知，针对辩护人以口头形式提出的听取其意见的要求，人民检察院案件管理部门必须及时联系侦查部门、侦查监督部门或公诉部门并作出安排；针对辩护人以书面形式提出的此项要求，案件管理部门则应当及时移送到前述三部门。

结合本案，贾某委托孙律师为其辩护，在案件的侦查阶段，孙律师以书面形式提出听取其意见的要求，但是却被人民检察院忽略。很显然，人民检察院的做法是违法的，因为根据以上法律规定可知，人民检察院案件管理部门应当及时地将孙律师的请求移送到侦查部门、侦查监督部门或公诉部门。所以说，人民监督员陆某的观点是正确的。

人民检察院作为控诉方，在自侦案件的侦查、审查逮捕、审查起诉等各个阶段均发挥着主导作用。为了确保人民检察院决策的公平性和公正性，人民检察院对辩方意见的听取就显得十分必要。因此，辩护人向人民检察院提出听取其意见的要求的，人民检察院必须予以重视。

在告知被害人有权委托诉讼代理人上，人民检察院应该尽到怎样的职责？

《人民检察院刑事诉讼规则（试行）》第五十五条规定：

人民检察院自收到移送审查起诉的案件材料之日起三日以内，应当告知被害人及其法定代理人或者其近亲属、附带民事诉讼的当事人及其法定代理人有权委托诉讼代理人。

告知可以采取口头或者书面方式。口头告知的，应当制作笔录，由被告知人签名；书面告知的，应当将送达回执入卷；无法告知的，应当记录在案。

被害人有法定代理人的，应当告知其法定代理人；没有法定代理人的，应当告知其近亲属。

法定代理人或者近亲属为二人以上的，可以只告知其中一人，告知时应当按照刑事诉讼法第一百零六条第三、六项列举的顺序择先进行。

当事人及其法定代理人、近亲属委托诉讼代理人的，参照刑事诉讼法第三十二条和本规则第三十八条、第三十九条、第四十四条的规定执行。

《中华人民共和国刑事诉讼法》第一百零六条第三项、第六项规定："法定代理人"是指被代理人的父母、养父母、监护人和负有保护责任的机关、团体的代表；"近亲属"是指夫、妻、父、母、子、女、同胞兄弟姊妹。

以案说法

2017 年 10 月 24 日，负责商检工作的柳某在工作过程中失职，引发了重大事故，并导致储某、曹某等十余位公民受害。10 月 26 日，柳某便因涉嫌商检失职罪被某市人民检察院控制在案。在告知被害人有权委托诉讼代理人时，人民检察院以口头形式进行了告知，并制作了笔录。但是，因人民检察院工作人员的疏忽，并未要求被告知人在笔录上签名。人民监督员郝某认为人民检察院的做法是不恰当的，于是对此进行了监督。

本案主要涉及人民检察院在告知被害人有权委托诉讼代理人时，应尽到怎样的职责的问题。根据《人民检察院刑事诉讼规则（试行）》第五十五条以及《中华人民共和国刑事诉讼法》第一百零六条第三项、第六项的规定可知，人民检察院在办理自侦案件过程中告知被害人有权委托诉讼代理人的，需要注意三个问题，具体而言：（1）关于告知时间，人民检察院应当在作出移送审查起诉的决定之日起 3 日内，履行告知义务。（2）关于告知的形式，既包括口头形式又包括书面形式。以口头形式告知的，需制作笔录，并由被告知人签名；以书面形式告知的，应制作回执并入卷；无法告知的，应记录在案。（3）关于告知的对象，被害人有法定代理人的，应告知法定代理人；无法定代理人的，应告知近亲属。法定代理人或近亲属为两人以上的，"法定代理人"按照父母、养父母、监护人或负有保护责任的机关、团体的代表的顺序择先进行；"近亲属"按照夫、妻、父、母、子、女、同胞兄弟姊妹的顺序择先进行。

本案中，人民检察院以口头的形式告知受害人有权委托辩护人，并依法制作了笔录，但是并未要求被告知人在笔录上签名。根据以上分析可知，人民检察院在履行告知义务时是存在瑕疵的，人民检察院应当在笔录制作完成后，要求被告知人在笔录上签名。所以说，人民监督员郝某的观点有法律依据，应当发表监督意见。

在人民检察院告知被害人有权委托诉讼代理人方面，我国法律规定了较为严格的方法和步骤。制度如此设计，既可以有效地规范检察院的职权行为，更重要的是，可以确保受害人的合法权益得到及时且充分的救助。

辩护人认为人民检察院及其工作人员阻碍其依法行使诉讼权利而向相关部门申诉或控告的，相关部门应当如何处理？

《人民检察院刑事诉讼规则（试行）》第五十七条规定：

辩护人、诉讼代理人认为公安机关、人民检察院、人民法院及其工作人员具有下列阻碍其依法行使诉讼权利的行为之一的，可以向同级或者上一级人民检察院申诉或者控告，控告检察部门应当接受并依法办理，相关办案部门应当予以配合：（一）对辩护人、诉讼代理人提出的回避要求不予受理或者对不予回避决定不服的复议申请不予受理的；（二）未依法告知犯罪嫌疑人、被告人有权委托辩护人的；（三）未转达在押的或者被监视居住的犯罪嫌疑人、被告人委托辩护人的要求的；（四）应当通知而不通知法律援助机构为符合条件的犯罪嫌疑人、被告人或者被申请强制医疗的人指派律师提供辩护或者法律援助的；（五）在规定时间内不受理、不答复辩护人提出的变更强制措施申请或者解除强制措施要求的；（六）未依法告知辩护律师犯罪嫌疑人涉嫌的罪名和案件有关情况的；（七）违法限制辩护律师同在押、被监视居住的犯罪嫌疑人、被告人会见和通信的；（八）违法不允许辩护律师查阅、摘抄、复制本案的案卷材料的；（九）违法限制辩护律师收集、核实有关证据材料的；（十）没有正当理由不同意辩护律师提出的收集、调取证据或者通知证人出庭作证的申请，或者不答复、不说明理由的；（十一）未依法提交证明犯罪嫌疑人、被告人无罪或者罪轻的证据材料的；（十二）未依法听取辩护人、诉讼代理人的意见的；（十三）未依法将开庭的时间、地点及时通知辩护人、诉讼代理人的；（十四）未依法向辩护人、诉讼代理人及时送达本案的法律文书或者及时告知案件移送情况的；（十五）阻碍辩护人、诉讼代理人在法庭审理过程中依法行使诉公权利的；（十六）其他阻碍辩护人、诉讼代理人依法行使诉讼权利的。

辩护人、诉讼代理人认为看守所及其工作人员有阻碍其依法行使诉讼权利的行为，向人民检察院申诉或者控告的，监所检察部门应当接收并依法办理；控告检察部门收到申诉或者控告的，应当及时移送监所检察部门办理。

《人民检察院刑事诉讼规则》第五十八条规定：辩护人、诉讼代理人认为其依法行使诉讼权利受到阻碍向人民检察院申诉或者控告的，人民检察院应当在受理后十日以内进行审查，情况属实的，经检察长决定，通知有关机关或者本院有关部门、下级人民检察院予以纠正，并将处理情况书面答复提出申诉或者控告的辩护人、诉讼代理人。

以案说法

2017 年年初，牛某涉嫌介绍贿赂罪一案被所在地人民检察院立案侦查。牛某被羁押后，牛某的家属为其联系了郑律师作为他的辩护人。后来，郑律师为了熟悉案件的具体情况，决定前往人民检察院查阅案卷。不料，郑律师的阅卷行为遭到人民检察院工作人员的阻拦。郑律师认为自己依法享有阅卷权，人民检察院不得阻碍。于是，郑律师向上一级人民检察院有关部门提出申诉，但是该申诉意见却遭到控告检察部门的拒绝。人民监督员宋某支持郑律师的观点，并就此发表了监督意见。

本案主要涉及辩护人在依法行使诉讼权利的过程中，遭到人民检察院及其工作人员的阻碍而向相关部门申诉或控告的，相关部门应当如何处理的问题。根据《人民检察院刑事诉讼规则（试行）》第五十七条以及第五十八条的规定可知，辩护人在此种情形下，既可以向同级人民检察院提出申诉或控告，也可以向上一级人民检察院提出申诉或控告。对于辩护人的申诉或控告，控告检察部门必须接受并依法办理，相关办案部门必须予以配合。关于审查步骤，人民检察院必须在 10 日内审查完毕，若情况属实，检察长可以做出责令有关部门予以纠正的决定，同时将处理情况以书面形式答复给申诉人。

就本案而言，郑律师在行使阅卷权时遭到人民检察院的阻拦，他便以人民检察院违反《人民检察院刑事诉讼规则》第五十七条第八项规定为由，向上一级人民检察院提出申诉，但却遭到相关部门的拒绝。根据以上法律规定可知，相关部门接到辩护人的申诉后，必须接受并依法办理，无权拒绝。所以说，人民监督员宋某的观点是正确的，宋某有权对此进行监督。

人民检察院不得阻碍辩护人行使诉讼权利，因为这一行为会严重压制辩方的力量，导致控辩双方力量对比失衡。因此，我国法律明确赋予辩护人提出申诉或控告的权利，同时，相关部门必须接受辩护人的申诉或控告，并在法定期限内严格依法处理。

第十章　刑事赔偿

违反程序拘留嫌疑人，最后不起诉的，需要赔偿吗？

《中华人民共和国国家赔偿法》第十七条第一款规定：行使侦查、检察、审判职权的机关以及看守所、监狱管理机关及其工作人员在行使职权时有下列侵犯人身权情形的，受害人有取得赔偿的权利：违反刑事诉讼法的规定对公民采取拘留措施的，或者依照刑事诉讼法规定的条件和程序对公民采取拘留措施，但是拘留时间超过刑事诉讼法规定的时限，其后决定撤销案件、不起诉或者判决宣告无罪终止追究刑事责任的。

以案说法

2017年10月11日，某政府机关工作人员李某因涉嫌受贿罪被某市人民检察院立案受理。人民检察院依法拘留了李某，但是相关工作人员并未立即对其进行讯问，而是在两天后才开展讯问工作。经过询问，人民检察院最终做出了不起诉的决定。人民监督员胡某认为人民检察院未在拘留后的二十四小时内进行讯问，且该案最终未起诉，应当赔偿李某，于是就此提出监督意见。

本案主要涉及违反法定程序拘留嫌疑人，最后决定不起诉的，是否需要赔的问题。对此，我国《国家赔偿法》第十七条第一款做出了具体规定，行使检察职权的机关违反刑事诉讼法的规定对公民采取拘留措施，其后决定不起诉从而终止追究犯罪嫌疑人的刑事责任的，犯罪嫌疑人有权获得赔偿。

本案中，人民检察院虽然依法拘留了李某，但是并未在 24 小时内对李某进行讯问，拘留时间超过了法定时限，而且经过侦查后又决定不予起诉。可见，人民检察院的拘留措施违反了法定程序，根据以上法律规定，李某依法享有获得赔偿的权利，人民监督员提出的监督意见合法有据。

为了保障犯罪嫌疑人的合法权益不受侵犯，我国相关法律规定人民检察院执行拘留措施时必须严格遵守法律规定，否则因违法拘留后决定不起诉不追究犯罪嫌疑人刑事责任的，人民检察院还需要给予受害人一定的赔偿。此外，作为一名人民监督员，应当积极履行职责，时刻对此类行为进行严格的监督。

对公民实施逮捕措施后，决定撤销案件的，需要赔偿受害人吗？

《中华人民共和国国家赔偿法》第十七条第二款规定：行使侦查、检察、审判职权的机关以及看守所、监狱管理机关及其工作人员在行使职权时有下列侵犯人身权情形的，受害人有取得赔偿的权利：对公民采取逮捕措施后，决定撤销案件、不起诉或者判决宣告无罪终止追究刑事责任的。

以案说法

2017 年 11 月 1 日，某市人民检察院以蒋某涉嫌滥用职权罪为由依法将其逮捕。后来，经过侦查人民检察院决定撤销该案。蒋某认为人民检察院错误地将其逮捕的行为违反了法律规定，于是向检察机关提出了赔偿请求，但是人民检察院却拒绝赔偿。人民监督员郑某认为蒋某依法享有获得赔偿的权利，于是就此发表了监督意见。

本案涉及的法律问题是公民被逮捕后，人民检察机关依法决定撤销案件的，受害人是否享有获得赔偿的权利。我国《国家赔偿法》第十七条第二款对此问题进行了解答，此法条明确规定，在此种情形下，受害人有权获得赔偿。

可见，本案就属于以上法律所规定的情形，因此人民检察院不得拒绝蒋某的赔偿请求，而应依照相关法律规定对其进行赔偿。所以说，人民监督员郑某的观点是正确的，该监督意见于法有据，人民检察院应当采纳。

人民检察机关虽然有权对公民实施逮捕措施，但是经其审查后，决定撤销案件的，就需要对错误逮捕行为承担相应的法律责任，其表现形式即为金钱赔偿。因此，人民检察机关下达逮捕决定时应当具备一定的法律依据，切勿在欠缺法律依据的情况下随意实施逮捕措施。而作为人民监督员应当对此类案件进行严格的监督，有效地督促检察机关严格依法办案。

对嫌疑人刑讯逼供导致其受伤的，是否需要给予其一定的赔偿？

《中华人民共和国国家赔偿法》第十七条第四款规定：

行使侦查、检察、审判职权的机关以及看守所、监狱管理机关及其工作人员在行使职权时有下列侵犯人身权情形的，受害人有取得赔偿的权利：刑讯逼供或者以殴打、虐待等行为或者唆使、放纵他人以殴打、虐待等行为造成公民身体伤害或者死亡的。

以案说法

2017 年 8 月 26 日，公民王某涉嫌行贿罪一案被某市人民检察院立案受理。几日后，人民监督员许某发现犯罪嫌疑人王某精神萎靡，走路姿势怪异，于是怀疑其遭受了刑讯逼供。人民监督员许某认为负责讯问工作的相关人员涉嫌刑讯逼供罪，应当对王某给予赔偿，并就此发表了监督意见。

本案主要涉及人民检察机关工作人员刑讯逼供给嫌疑人造成身体伤害的，是否需要赔偿的问题。对此，我国《国家赔偿法》第十七条第四款做出了详细规定，针对实践中存在的刑讯逼供导致公民身体伤害的情形，该法条明确赋予受害人索赔权。

据此，本案中的王某有权向人民检察院提出赔偿请求，如果检察院负责讯问工作的相关人员确实涉嫌刑讯逼供，那么就应当承担赔偿责任，人民监督员许某的观点有法律依据，检察院应当接受许某的监督意见，并及时纠正自己的不当行为。

人民检察机关在办理刑事案件的过程中，不得实施刑讯逼供行为。因为刑讯逼供有损国家机关的威信，有悖保障人员的宪法精神。此外，依靠刑讯逼供手段取得的供述亦不能保证供词的真实性、可靠性，不利于查明案件事实。为了规制检察机关的刑讯逼供行为，人民监督员应当积极对此类现象进行监督。

违法使用武器导致公民受伤的，受害人享有获得赔偿的权利吗？

《中华人民共和国国家赔偿法》第十七条第五款规定：

行使侦查、检察、审判职权的机关以及看守所、监狱管理机关及其工作人员在行使职权时有下列侵犯人身权情形的，受害人有取得赔偿的权利。违法使用武器、警械造成公民身体伤害或者死亡的。

以案说法

2017 年 9 月 23 日，张某因涉嫌刑讯逼供罪被所在地人民检察院依法立案受理。该案由检察院廖某进行讯问，廖某不应配备武器，却在讯问张某的过程中，违法使用武器导致张某受伤。人民监督员钱某认为廖某违法使用武器的行为是违法的，应当给予受害人相应的赔偿，并提出监督意见。对此，廖某并不认同。那么，本案中的受害人张某是否享有获得赔偿的权利？

本案涉及违法使用武器导致公民受伤，受伤公民是否享有赔偿权的问题，我国《国家赔偿法》第十七条第五款对此问题作出了解答。根据此规定，针对实践中存在的此类现象，受害人有权获得赔偿。

据此，本案中的犯罪嫌疑人张某因工作人员廖某违法使用武器而受伤，张某有权请求人民检察机关给予赔偿。所以说，人民监督员钱某的观点是正确的，该监督意见也是合理、合法的。

人民检察院工作人员违法使用武器的行为本身就是违法的，相关工作人员违法使用武器导致公民身体受伤显然也是违法的，人民监督员应当对此类现象进行严厉监督，从而规诫国家机关工作人员的职务行为，保障受害人的合法权益。

违法对财产采取查封、扣押、冻结、追缴等措施的，需要赔偿吗？

《中华人民共和国国家赔偿法》第十八条规定：

行使侦查、检察、审判职权的机关以及看守所、监狱管理机关及其工作人员在行使职权时有下列侵犯财产权情形之一的，受害人有取得赔偿的权利：（一）违法对财产采取查封、扣押、冻结、追缴等措施的；（二）依照审判监督程序再审改判无罪，原判罚金、没收财产已经执行的。

以案说法

2017年9月10日，某市人民检察院依法受理了薛某涉嫌介绍贿赂罪一案。随后，该人民检察院立即下达了对涉案财产进行查封、扣押、冻结的决定。人民检察院相关工作人员在执行命令时误将薛某子女支付的赡养费等款项视为赃物进行查封，导致薛某合法财产受到了损失。人民监督员赵某对此发表了监督意见，认为人民检察院的做法违法，需要给予受害人相应的赔偿。

本案主要涉及人民检察院违法对财产采取查封、扣押、冻结、追缴等措施时，是否需要赔偿的问题。我国《国家赔偿法》第十八条第一款对本问题进行了规定，本法条明确规定人民检察院在行使职权的过程中，如果实施了此种违法行为，受害人就依法享有获得赔偿的权利。

本案中，人民检察院相关工作人员在执行公务的过程中，错误地查封了犯罪嫌疑人薛某的合法财产。可见，本案属于法律中所规定的"违法对财产采取查封、扣押、冻结、追缴等措施的"情形。据此，人民监督员赵某对人民检察院的违法行为提出的监督意见合法有据，薛某也有权获得赔偿。

我国法律赋予人民检察机关对犯罪嫌疑人的财产采取查封、扣押、冻结、追缴等措施的权力，但是，人民检察机关有权采取强制措施的"财产"的范围仅限于涉案财产。为了防止人民检察机关滥用权力、随意扩大采取强制措施的财产的范围，人民监督员应当积极发挥监督职能，切实起到保障受害人合法权益的作用。

公民故意伪造有罪的证据而被判处刑罚的，国家承担赔偿责任吗？

《中华人民共和国国家赔偿法》第十九条第一款规定：属于下列情形的，国家不承担赔偿责任：因公民自己故意作虚伪供述，或者伪造其他有罪证据被羁押或者被判处刑罚的。

以案说法

2016 年 6 月初，蒋某以涉嫌行贿罪为由主动前往当地人民检察院自首，人民检察院立即受理了此案。后来，蒋某因涉嫌行贿罪被判处三年有期徒刑。2017 年 7 月 3 日，蒋某称自己并未犯罪，当初是为了顶替公司领导人吴某，才作虚假供述承认自己有罪，后经查证蒋某确实没有实施行贿。与此同时，蒋某还要求国家承担赔偿责任。人民监督员孙某认为蒋某被判处刑罚与其自身行为存在直接联系，因此无权要求国家赔偿。

本案涉及公民故意伪造有罪证据而被判处刑罚时，国家是否承担赔偿责任的问题，《国家赔偿法》第十九条第一款对此作出了具体规定。根据第十九条第一款的规定可知，国家对"公民因故意行为导致其被羁押或判刑"的情形不负赔偿责任。

具体到本案，蒋某以顶替公司领导人为目的主动前往人民检察院自首，由此导致自己被判处刑罚。蒋某属于"故意作虚假供述导致其被判刑"，符合法律规定国家不承担赔偿责任的情形。因此，蒋某无权要求国家赔偿，人民监督员孙某的观点也是正确的。

对于那些确因国家原因导致受害人遭受损害的情形，国家负有赔偿责任；但是，由于当事人故意行为导致自身受到损害的，国家则不负赔偿责任。国家不会为公民的故意行为"买单"，这一道理，任何一位公民都应当通晓，尤其是作为人民监督员，更要清楚知道这些内容，并认真履行职责，严防此类行为发生。

不负刑事责任的人被羁押的，国家是否负有赔偿责任？

《中华人民共和国国家赔偿法》第十九条第二款规定：

属于下列情形的，国家不承担赔偿责任：依照刑法第十七条、第十八条规定不负刑事责任的人被羁押的。

《中华人民共和国刑法》第十七条、第十八条规定：

已满十六周岁的人犯罪，应当负刑事责任。

已满十四周岁不满十六周岁的人，犯故意杀人、故意伤害致人重伤或者死亡、强奸、抢劫、贩卖毒品、放火、爆炸、投毒罪的，应当负刑事责任。

已满十四周岁不满十八周岁的人犯罪，应当从轻或者减轻处罚。

因不满十六周岁不予刑事处罚的，责令他的家长或者监护人加以管教；在必要的时候，也可以由政府收容教养。

第十七条之一已满七十五周岁的人故意犯罪的，可以从轻或者减轻处罚；过失犯罪的，应当从轻或者减轻处罚。

精神病人在不能辨认或者不能控制自己行为的时候造成危害结果，经法定程序鉴定确认的，不负刑事责任，但是应当责令他的家属或者监护人严加看管和医疗；在必要的时候，由政府强制医疗。

间歇性的精神病人在精神正常的时候犯罪，应当负刑事责任。

尚未完全丧失辨认或者控制自己行为能力的精神病人犯罪

的，应当负刑事责任，但是可以从轻或者减轻处罚。

醉酒的人犯罪，应当负刑事责任。

以案说法

2017 年 6 月 20 日，周某涉嫌行贿罪一案被某市人民检察院立案受理。之后，周某便被羁押于该市某看守所内。2017 年 7 月 10 日，负责侦查活动的人民检察院工作人员朱某怀疑周某患有精神病。后来经鉴定，证实了周某患有精神病的事实，人民检察院随即下达了释放周某决定。事后，周某的家人请求国家承担赔偿责任。人民监督员宋某认为，周某属于依法不负刑事责任的精神病人，其被羁押的，国家不负赔偿责任。

本案主要涉及不负刑事责任的人被羁押的，国家是否承担赔偿责任的问题。对此，根据我国《国家赔偿法》第十九条第二款的规定可知，不负刑事责任的人被羁押的，国家不负赔偿责任。本法条涉及我国《刑法》第十七条以及第十八条所规定的不负刑事责任的人主要包括：（1）嫌疑人因不满 16 周岁不予刑事处罚的；（2）精神病人在不能辨认或不能控制自己行为的时候造成危害结果，经法定程序鉴定，不负刑事责任的。

具体到本案，周某为一名精神病人，其因涉嫌行贿罪而被羁押。根据以上法律规定可知，周某属于不负刑事责任的人，不负刑事责任的人被羁押的，国家不承担赔偿责任。因此，周某无权请求国家承担赔偿责任，人民监督员宋某的观点是正确的。

在通常情况下，公民涉嫌犯罪被错误地羁押的，可归咎于国家的过错，因此，国家对此负有赔偿责任。但是，法律也作出了例外规定，犯罪嫌疑人未达到追责年龄或在精神状态失常时犯罪的，犯罪嫌疑人不承担刑事责任。对于此类人员，并非其没有实施犯罪行为，而是国家出于法律总体价值的考量，免于其相应的刑事责任。此时，国家机关即使羁押了该嫌疑人，也无需承担赔偿责任。作为人民监督员，一定要正确把握罪与非罪的界限，正确区分哪些犯罪行为无需承担刑事责任。

不追究刑事责任的人被羁押的，国家承担赔偿责任吗？

《中华人民共和国国家赔偿法》第十九条第三款规定：属于下列情形的，国家不承担赔偿责任：依照刑事诉讼法第十五条、第一百七十三条第二款、第二百七十三条第二款、第二百七十九条规定不追究刑事责任的人被羁押的。

《中华人民共和国刑事诉讼法》第十五条、第一百七十三条第二款、第二百七十三条第二款、第二百七十九条规定：

有下列情形之一的，不追究刑事责任，已经追究的，应当撤销案件，或者不起诉，或者终止审理，或者宣告无罪：（一）情节显著轻微、危害不大，不认为是犯罪的；（二）犯罪已过追诉时效期限的；（三）经特赦令免除刑罚的；（四）依照刑法告诉才处理的犯罪，没有告诉或者撤回告诉的；（五）犯罪嫌疑人、被告人死亡的；（六）其他法律规定免予追究刑事责任的。

对于犯罪情节轻微，依照刑法规定不需要判处刑罚或者免除刑罚的，人民检察院可以作出不起诉决定。

被附条件不起诉的未成年犯罪嫌疑人，在考验期内没有上述情形，考验期满的，人民检察院应当作出不起诉的决定。

对于达成和解协议的案件，公安机关可以向人民检察院提出从宽处理的建议。人民检察院可以向人民法院提出从宽处罚的建议；对于犯罪情节轻微，不需要判处刑罚的，可以作出不起诉的决定。人民法院可以依法对被告人从宽处罚。

以案说法

2017 年 11 月 10 日，国家工作人员黄某因涉嫌挪用公款罪被所在市人民检察院立案追究。经审查，黄某应当被判处 5 年以下有期徒刑，但其实施挪用公款行为的时间为 2010 年 10 月 20 日。因此，届至立案时，本案已经超过追诉时效期限。于是，人民检察院立即释放了黄某。黄某认为国家应当对其进行赔偿，与此同时，他还认为人民监督员未尽到监督职责。但是，人民监督员薛某认为本案不属于国家应当承担赔偿责任的情形，因此也不涉及人民监督员未尽到职责的问题。

本案案情主要围绕不追究刑事责任的人被羁押，国家是否承担赔偿责任这一问题展开，根据我国《国家赔偿法》第十九条第三款的规定可知，不追究刑事责任的人被羁押的，国家不负赔偿责任。那么，不追究刑事责任的具体情形有哪些？根据该法条可知，不追究刑事责任的具体情形包括我国《刑事诉讼法》第十五条、第一百七十三条第二款、第二百七十三条第二款和第二百七十九条。以上四款法条主要涉及以下内容：（1）情节显著轻微、危害不大，不认为是犯罪的；（2）犯罪已过追诉时效期限的；（3）经特赦令免除刑罚的；（4）依照刑法告诉才处理的犯罪，没有告诉或者撤回告诉的；（5）犯罪嫌疑人、被告人死亡的等其他情形；（6）对于犯罪情节轻微，不需要判处刑罚或者免除刑罚的，人民检察院作出不起诉决定的；（7）被附条件不起诉的未成年犯罪嫌疑人考验期满，人民检察院作出不起诉决定的；（8）对于达成和解协议的案件，因犯罪情节轻微，不需要判处刑罚，人民检察院作出不起诉决定的。

本案中，黄某实施挪用公款行为的时间为 2010 年 10 月 20 日，但是其犯罪行为于 2017 年 11 月 10 日才被立案侦查。因为他应当被判处 5 年以下有期徒刑，根据有关法律规定可知，司法机关对黄某涉嫌挪用公款罪的追诉时效期限为 5 年。显然，本案立案时已经超过 5 年追诉时效，本案属于不追究刑事责任的情形。其次，根据《国家赔偿法》第十九条第三款的规定可知，黄某虽被羁押，但是国家不负赔偿责任。因此，人民监督员薛某的观点有法律依据，本案不涉及人民监督员未尽到监督职责的问题。

犯罪嫌疑人是否应当被追究刑事责任是一个严肃、复杂的法律问题，在得出确定结论之前，国家司法机关有必要对嫌疑人进行羁押。因此，司法实践中错误羁押嫌疑人的情形是不可避免的，但并非国家都必须承担赔偿责任，只要符合以上所述的例外情形，国家就不负赔偿责任。需要提醒人民监督员注意的是，不负刑事责任和不追究刑事责任大不相同，人民监督员在实际工作中一定要进行区分。

针对检察机关工作人员实施的个人行为，国家是否需要承担赔偿责任？

《中华人民共和国国家赔偿法》第十九条第四款规定：属于下列情形的，国家不承担赔偿责任：行使侦查、检察、审判职权的机关以及看守所、监狱管理机关的工作人员与行使职权无关的个人行为。

以案说法

2017 年 9 月 9 日，金某涉嫌对单位行贿罪一案被某市人民检察院立案受理。10月10日，金某反映：人民检察院工作人员储某曾向其索要人民币50万元，并声称交付50万元就可以将其释放，自己按照储某的要求向其交付了50万元，但是储某却携款而逃。现在，金某要求国家就其损失承担赔偿责任。人民监督员邱某却认为，储某向金某索要钱财的行为并非职务行为，因此，国家无需承担赔偿责任。

本案是关于"国家是否需要对检察机关工作人员行使的个人行为承担赔偿责任"问题的一个典型案例，根据我国《国家赔偿法》第十九条第四款的规定可知，针对检察机关工作人员行使的与职权无关的个人行为，国家不承担赔偿责任。

本案中，人民检察机关工作人员储某在讯问嫌疑人金某的过程中，私自决定向金某索要人民币50万元。该行为属于上述法律所规定的"与职权无关的个人行为"，因此国家不承担赔偿责任，人民监督员邱某的观点于法有据。

人民检察机关的工作人员代表本机关行使职权，相应地，行使职权行为的法律后果理应由人民检察机关承受。但是，工作人员如果实施了与职权无关的个人行为，人民检察机关则不再承担其法律后果，受害人只得向工作人员主张权利。作为人民监督员，在遇到此类国家赔偿案件时，一定要注意区分人民检察机关工作人员的职权行为及与职权无关的个人行为，以确定国家是否需要给予受害人赔偿。

公民故意导致损害发生的，国家还需承担赔偿责任吗？

《中华人民共和国国家赔偿法》第十九条第五款规定：属于下列情形的，国家不承担赔偿责任：因公民自伤、自残等故意行为致使损害发生的。

以案说法

2017 年 4 月 30 日，高某涉嫌暴力取证罪一案被某市人民检察院立案受理。高某认为检察机关搜集的证据不足以证明其有罪，于是决定以"自残"明志。之后，他便砍掉了自己的两根手指。后来，羁押期限届至，人民检察院对高某作出不起诉的决定。高某便以丧失手指为由请求国家承担赔偿责任。人民监督员王某认为高某的损失是其自残行为导致的，国家对此不负赔偿责任。人民监督员的观点是否正确？

本案主要涉及公民故意导致损害发生的，国家是否仍需承担赔偿责任的问题。根据我国《国家赔偿法》第十九条第五款的规定可知，国家因公民自伤、自残等故意行为造成的损害后果不负赔偿责任。

具体到本案，高某故意砍掉自己两根手指的行为属于以上法律所规定的"自伤、自残等故意行为"，因此，国家对高某丧失手指的损失不负赔偿责任，人民监督员王某的观点也是正确的。

嫌疑人自伤、自残行为并不能帮助其逃避侦查，反而需要自担损失。作为人民监督员要知道，嫌疑人自伤、自残是一种积极地追求损害后果之发生的表现，也是对其自身健康权、身体权的不尊重，因此，无权要求国家承担赔偿责任。

如何确定刑事赔偿义务机关？

《中华人民共和国国家赔偿法》第二十一条规定：

行使侦查、检察、审判职权的机关以及看守所、监狱管理机关及其工作人员在行使职权时侵犯公民、法人和其他组织的合法权益造成损害的，该机关为赔偿义务机关。

对公民采取拘留措施，依照本法的规定应当给予国家赔偿的，作出拘留决定的机关为赔偿义务机关。

对公民采取逮捕措施后决定撤销案件、不起诉或者判决宣告无罪的，作出逮捕决定的机关为赔偿义务机关。

再审改判无罪的，作出原生效判决的人民法院为赔偿义务机关。二审改判无罪，以及二审发回重审后作无罪处理的，作出一审有罪判决的人民法院为赔偿义务机关。

以案说法

2017年8月11日，区某因涉嫌对单位行贿罪被所在地人民检察院逮捕。侦查终结后，人民检察院侦查部门作出《不起诉意见书》，并连同其他案卷材料移送至审查起诉部门。最后，审查起诉部门作出了不起诉的决定。区某被释放后，要求人民检察院对其进行赔偿。人民监督员张某认为区某的要求合理，人民检察院作为赔偿义务机关应当对区某进行赔偿。那么，如何确定刑事赔偿义务机关呢？

关于如何确定刑事赔偿义务机关的问题，我国《国家赔偿法》第二十一条作出了详细的规定。简单来说，给受害人的合法权益造成损害的国家机关为赔偿义务机关。具体而言，赔偿义务机关可以分为以下三种情形：（1）对公民采取拘留措施但应当给予其国家赔偿的，作出拘留决定的机关为赔偿义务机关；（2）对公民采取逮捕措施后作出撤销案件、不起诉或判决宣告无罪的处理决定的，作出逮捕决定的机关为赔偿义务机关；（3）再审改判无罪的，作出原生效判决的法院为赔偿义务机关；二审改判无罪或二审发回重审后作无罪处理的，作出一审有罪判决的法院为赔偿义务机关。

本案中，区某所在地的人民检察院将其逮捕，经审查，该人民检察院作出不起诉的决定。可见，区某符合以上法律所规定的第二种情形。因此，本案中的人民检察院是赔偿义务机关，人民监督员张某的观点于法有据。

刑事赔偿义务机关的确定是主张国家赔偿的第一步，当公民的合法权利受到国家机关的侵害时，正确锁定刑事赔偿义务机关就显得至关重要。同时，人民监督员正确甄别自己所在的检察机关是否为刑事赔偿义务机关也非常关键，因此，任何人都应该掌握有关确定刑事赔偿义务机关的相关规定。

侵犯公民人身自由的，刑事赔偿金额如何计算？

《中华人民共和国国家赔偿法》第三十三条规定：侵犯公民人身自由的，每日赔偿金按照国家上年度职工日平均工资计算。

以案说法

2017年9月21日，蒋某因涉嫌故意泄露国家秘密罪被某市人民检察院立案审查。直至同年10月25日，人民检察院才作出撤销案件的决定。期间，蒋某一直被羁押于该市某看守所内。蒋某被释放后，认为该市人民检察院侵犯了自己的人身自由，因此请求人民检察院对其进行刑事赔偿。人民监督员胡某支持蒋某的主张，并认为人民检察院应当按照"国家上年度职工日平均工资乘以羁押天数"的方法计算总赔偿金额。那么，胡某的监督意见有法律依据吗？刑事赔偿金额到底应当按照何种标准计算呢？

本案主要涉及人民检察院侵犯公民的人身自由时，刑事赔偿金额的计算问题。根据我国《国家赔偿法》第三十三条的规定可知，侵犯公民人身自由的，国家应当承担赔偿责任，每日赔偿金的计算标准为国家上年度职工的日平均工资。

具体到本案，蒋某的羁押期间自 9 月 21 日时起至 10 月 25 日时止，共计 35 天，经过侦查后，人民检察院最终作出了撤销案件的决定。故根据上述法律规定可知，蒋某可以获得的总赔偿金额等于"国家上年度职工日平均工资（即 2016 年国家职工日平均工资）"与"羁押天数（35 天）"的乘积。可见，人民监督员胡某的观点是正确的。

人身自由权是公民最基本的权利之一，是公民享有其他权利的先决条件。当人民检察机关侵犯公民的人身自由权时，就需要对公民进行刑事赔偿。因此，人民检察机关在制作拘留、逮捕等限制公民人身自由的决定时必须审慎。作为人民监督员，必须在案件的全过程中认真行使自己的职权，以避免不必要的国家赔偿的发生。当然，一旦涉及到国家赔偿，人民监督员还要清晰地知晓赔偿金额的计算标准，以减少不必要的赔偿费用的支付。

侵犯公民生命健康权的，刑事赔偿金额如何计算？

《中华人民共和国国家赔偿法》第三十四条规定：

侵犯公民生命健康权的，赔偿金按照下列规定计算：

（一）造成身体伤害的，应当支付医疗费、护理费，以及赔偿因误工减少的收入。减少的收入每日的赔偿金按照国家上年度职工日平均工资计算，最高额为国家上年度职工年平均工资的五倍；

（二）造成部分或者全部丧失劳动能力的，应当支付医疗费、护理费、残疾生活辅助具费、康复费等因残疾而增加的必要支出和继续治疗所必需的费用，以及残疾赔偿金。残疾赔偿金根据丧失劳动能力的程度，按照国家规定的伤残等级确定，最高不超过国家上年度职工年平均工资的二十倍。造成全部丧失劳动能力的，对其扶养的无劳动能力的人，还应当支付生活费；

（三）造成死亡的，应当支付死亡赔偿金、丧葬费，总额为国家上年度职工年平均工资的二十倍。对死者生前扶养的无劳动能力的人，还应当支付生活费。

前款第二项、第三项规定的生活费的发放标准，参照当地最低生活保障标准执行。被扶养的人是未成年人的，生活费给付至十八周岁止；其他无劳动能力的人，生活费给付至死亡时止。

以案说法

2017 年 9 月 26 日，犯罪嫌疑人赵某私分罚没财物罪一案被所在地人民检察院立案受理。面对检察机关工作人员李某等人的讯问，赵某一直不招供，李某一怒之下开枪将赵某打死。赵某的家属获知此事后，要求人民检察院赔偿人民币 400 万元。人民监督员吴某认为赵某的家属要求的赔偿额过高。那么，侵害公民生命权的，刑事赔偿金额应该如何计算？

本案主要涉及侵犯公民生命健康权的，刑事赔偿金额如何计算的问题。

负责讯问工作的李某错误地使用枪支导致嫌疑人赵某死亡，赵某的家属据此主张 400 万元赔偿金。根据以上法律可知，本案属于上述第三种情形。因此，赵某的家属不能漫天要价，而只能向人民检察院主张法律所认可的"死亡赔偿金、丧葬费（总额为国家上年度职工年平均工资的二十倍）以及被抚养人的生活费（参照当地最低生活保障标准执行）"。

相较于公民的人身自由权来说，公民的生命权、健康权则属于更大的法益。生命权、健康权是公民享有其他权利的基础。因此，人民检察机关一旦侵犯了公民的生命权、健康权，则需要支付更多的赔偿金。作为人民监督员，在实际工作中遇到此类国家赔偿时，应当正确分析予以国家赔偿的三种不同情形，并根据具体情形核算赔偿金额。

刑事赔偿包括精神损失吗？

《中华人民共和国国家赔偿法》第三十五条、第三条、第十七条规定：

有本法第三条或者第十七条规定情形之一，致人精神损害的，应当在侵权行为影响的范围内，为受害人消除影响，恢复名誉，赔礼道歉；造成严重后果的，应当支付相应的精神损害抚慰金。

行政机关及其工作人员在行使行政职权时有下列侵犯人身权情形之一的，受害人有取得赔偿的权利：（一）违法拘留或者违法采取限制公民人身自由的行政强制措施的；（二）非法拘禁或者以其他方法非法剥夺公民人身自由的；（三）以殴打、虐待等行为或者唆使、放纵他人以殴打、虐待等行为造成公民身体伤害或者死亡的；（四）违法使用武器、警械造成公民身体伤害或者死亡的；（五）造成公民身体伤害或者死亡的其他违法行为。

行使侦查、检察、审判职权的机关以及看守所、监狱管理机关及其工作人员在行使职权时有下列侵犯人身权情形之一的，受害人有取得赔偿的权利：（一）违反刑事诉讼法的规定对公民采取拘留措施的，或者依照刑事诉讼法规定的条件和程序对公民采取拘留措施，但是拘留时间超过刑事诉讼法规定的时限，其后决定撤销案件、不起诉或者判决宣告无罪终止追究刑事责任的；

（二）对公民采取逮捕措施后，决定撤销案件、不起诉或者判决宣告无罪终止追究刑事责任的；（三）依照审判监督程序再审改判无罪，原判刑罚已经执行的；（四）刑讯逼供或者以殴打、虐待等行为或者唆使、放纵他人以殴打、虐待等行为造成公民身体伤害或者死亡的；（五）违法使用武器、警械造成公民身体伤害或者死亡的。

以案说法

2017 年年初，国家机关工作人员庞某因涉嫌贪污罪被甲市人民检察院控制在案。后来，人民法院经过审理，判决宣告庞某无罪。庞某被释放后，认为自己捧了一辈子"金饭碗"，最后却锒铛入狱，便多次试图自杀。庞某的配偶认为此事件给庞某造成了严重的精神损害，于是要求人民检察院向其支付 10 万元精神损害抚慰金。人民监督员周某却认为刑事赔偿不包括精神损害抚慰金，人民检察院无需配合。

本案主要涉及刑事赔偿是否包括精神损失的问题，对此，我国《国家赔偿法》第三十五条明确规定，检察机关行使职权时侵犯公民人身权，导致公民遭受精神损害且造成严重后果的，应当向受害人支付精神损害抚慰金。

具体到本案，因庞某涉嫌贪污罪，甲市人民检察院便将其羁押在案。后来，经过人民法院的审理，人民法院判决宣告庞某无罪。可见，本案符合《国家赔偿法》第十七条第二款的规定。庞某被释放后，多次试图自杀。可以说，本事件给庞某带来了精神损害且造成了严重的后果。因此，根据《国家赔偿法》第三十五条的规定，庞某配偶有权要求人民检察院向其支付精神损害抚慰金。所以说，刑事赔偿包括精神损害抚慰金，人民监督员周某的观点是错误的。

人民检察机关侵犯公民人身权时，除了会造成直接的物质损失以外，还可能会对公民的精神状态产生不利影响。因此，刑事赔偿不仅包括金钱赔偿，还包括精神损害赔偿。这就要求人民检察机关在行使职权行为时必须谨慎，尽量避免侵犯公民的合法权益，人民监督员也要切实履行监督职责。

侵犯财产权的，刑事赔偿金额如何计算？

《中华人民共和国国家赔偿法》第三十六条规定：

侵犯公民、法人和其他组织的财产权造成损害的，按照下列规定处理：（一）处罚款、罚金、追缴、没收财产或者违法征收、征用财产的，返还财产；（二）查封、扣押、冻结财产的，解除对财产的查封、扣押、冻结，造成财产损坏或者灭失的，依照本条第三项、第四项的规定赔偿；（三）应当返还的财产损坏的，能够恢复原状的恢复原状，不能恢复原状的，按照损害程度给付相应的赔偿金；（四）应当返还的财产灭失的，给付相应的赔偿金；（五）财产已经拍卖或者变卖的，给付拍卖或者变卖所得的价款；变卖的价款明显低于财产价值的，应当支付相应的赔偿金；（六）吊销许可证和执照、责令停产停业的，赔偿停产停业期间必要的经常性费用开支；（七）返还执行的罚款或者罚金、追缴或者没收的金钱，解除冻结的存款或者汇款的，应当支付银行同期存款利息；（八）对财产权造成其他损害的，按照直接损失给予赔偿。

以案说法

2017 年 5 月 12 日，钱某涉嫌受贿罪一案被某市人民检察院立案受理。在案件的侦查阶段，人民检察院查封、扣押了涉案财物。之后，人民检察院便对相关财物进行了拍卖。钱某发现，自己妻子名下的一辆轿车也被拍卖了。钱某认为，妻子多年前购买的轿车不属于涉案财物，人民检察院无权拍卖该轿车。于是，他要求人民检察院进行赔偿。人民监督员孙某认为钱某的观点应当得到支持，人民检察院应当将拍卖所得的价款支付给钱某。

本案主要涉及人民检察机关侵犯公民财产权的，刑事赔偿金额如何计算的问题，我国《国家赔偿法》第三十六条对此问题作出了详细的规定。

本案中，人民检察院将嫌疑人钱某妻子几年前购买的轿车连同其他涉案财产进行拍卖的行为，侵犯了钱某妻子的财产权，人民检察院应当予以赔偿。根据以上法律规定可知，人民检察院应当将拍卖轿车所得的价款给付给钱某的妻子。如果该价款过低，人民检察院还需支付相应的赔偿金。所以说，人民监督员孙某的观点是正确的。

公民对其合法财产享有排他权，任何组织和个人都不得侵犯，人民检察机关亦包括在内。人民检察机关在行使职权的过程中侵犯公民财产权的，需要根据具体情况对受害人进行赔偿。一般来说，能恢复原状的恢复原状，不能恢复原状的，则需给予相应价值的金钱赔偿。人民监督员在实际工作中，一旦遇到此类案件，应当根据法律规定确定具体赔偿的方式和金额，既不得侵犯受害人的权利，也不能加重检察机关的赔偿责任。

刑事赔偿的诉讼时效是多久？

《中华人民共和国国家赔偿法》第三十九条规定：

赔偿请求人请求国家赔偿的时效为两年，自其知道或者应当知道国家机关及其工作人员行使职权时的行为侵犯其人身权、财产权之日起计算，但被羁押等限制人身自由期间不计算在内。在申请行政复议或者提起行政诉讼时一并提出赔偿请求的，适用行政复议法、行政诉讼法有关时效的规定。

赔偿请求人在赔偿请求时效的最后六个月内，因不可抗力或者其他障碍不能行使请求权的，时效中止。从中止时效的原因消除之日起，赔偿请求时效期间继续计算。

以案说法

2014 年 8 月 18 日，郑某因涉嫌玩忽职守罪被所在地人民检察院立案审查。侦查阶段，人民检察院工作人员贾某对郑某实施了刑讯逼供，郑某才承认犯罪事实。因郑某犯罪情节特别严重，他被人民法院判处四年有期徒刑。2017 年 8 月 18 日，他跟妻子通话时，妻子才发现他曾受到人民检察机关的刑讯逼供，导致他左腿残疾。现在，郑某打算起诉请求国家赔偿，但是不清楚是否超过了时效限制。人民监督员仇某认为郑某的请求已经超过时效限制，不应当得到支持。

此处的争议问题为刑事赔偿诉讼时效的期间，根据我国《国家赔偿法》第三十九条的规定可知，请求国家赔偿的时效为 2 年，起算的时间节点为"请求人知道或者应当知道国家机关及其工作人员行使职权时的行为侵犯其人身权、财产权之日"。

本案中，嫌疑人郑某于 2014 年 8 月 18 日被羁押，羁押期间，人民检察院相关工作人员对他实施了刑讯逼供，导致他左腿残疾。3 年后，也就是 2017 年 8 月 18 日，郑某才知道人民检察院工作人员刑讯逼供的行为是对其人身权的侵犯，人民检察院对此应当承担国家赔偿责任。也就是说，郑某请求国家赔偿的诉讼时效应当从 2017 年 8 月 18 日起算。如果郑某仍在监狱中服刑，人身自由受到限制的，则其诉讼期限应当从自其恢复人身自由之日起开始计算。因此，郑某现在起诉请求国家赔偿并未超过时效限制，人民监督员仇某的观点是错误的。

一般来说，赔偿请求人请求国家赔偿的时效为 2 年，赔偿请求人逾期未起诉的，请求人丧失胜诉权。对此，负责此类案件监督工作的人民监督员一定要注意把握诉讼时效的计算方式和标准，依法维护受害人的合法权利，对检察院的办案人员的工作负到监督责任。

第十一章　其他

在对犯罪嫌疑人拘传或传唤的过程中，检查人员应该如何把握好时间？

《人民检察院刑事诉讼规则（试行）》第八十条第一款第二款、第一百九十五条第一款规定：

拘传持续的时间从犯罪嫌疑人到案时开始计算。犯罪嫌疑人到案后，应当责令其在拘传证上填写到案时间，并在拘传证上签名、捺指印或者盖章，然后立即讯问。讯问结束后，应当责令犯罪嫌疑人在拘传证上填写讯问结束时间。犯罪嫌疑人拒绝填写的，检察人员应当在拘传证上注明。

一次拘传持续的时间不得超过十二小时；案情特别重大、复杂，需要采取拘留、逮捕措施的，拘传持续的时间不得超过二十四小时。两次拘传间隔的时间一般不得少于十二小时，不得以连续拘传的方式变相拘禁犯罪嫌疑人。

传唤持续的时间不得超过十二小时；案情特别重大、复杂，需要采取拘留、逮捕措施的，传唤持续的时间不得超过二十四小时。两次传唤间隔的时间一般不得少于十二小时，不得以连续传唤的方式变相拘禁犯罪嫌疑人。

以案说法

王某是某县城建局的局长，2017 年 3 月，人民检察院反贪局在办理该局某干部受贿罪一案中，偶然查出了王某名下具有与其工资收入严重不符的高额收入，4 月 6 日下午 13 点 14 分，在传唤王某无故未到案后，人民检察院将王某拘传到案接受讯问，直到 4 月 8 日早上 8 点 15 分才将王某释放，且拘传过程中办案人员并未要求王某在拘传证上亲自填写到案时间和讯问结束时间，人民监督员认为办案人员超过了法定的拘传时间限制，因此提出了监督意见。

拘传是暂时性限制犯罪嫌疑人人身自由的强制措施，而传唤是公安司法机关为了了解案件事实，依照程序规定要求犯罪嫌疑人到案接受讯问，无论是拘传还是传唤，为了保障犯罪嫌疑人的合法权利，都具有一定的时间限制，二者每次持续的时间都不得超过十二个小时，若案情特别重大、复杂，需要采取拘留、逮捕措施的，持续的时间不得超过二十四小时。拘传和传唤可以多次进行，但两次拘传、传唤所间隔的时间一般均不得少于十二小时，同时不得以连续拘传、传唤的方式来变相拘禁犯罪嫌疑人。

本案中，王某因涉嫌巨额财产来源不明罪，在人民检察院传唤无故未到案后，人民检察院对其采取了拘传，但从王某到案至结束讯问，整个拘传超过了 24 小时，即使是王某涉案案情重大、复杂，有可能采取拘留、逮捕措施的，该检察院的做法也是不符合法律规定的，因此人民监督员所提出的监督意见符合法律规定。

人民检察院在侦查刑事案件的过程中，应当严格遵循拘传、传唤的时间限制，避免以连续拘传、传唤的方式对犯罪嫌疑人进行变相羁押，侵犯其合法权利，这不仅和我国的刑事诉讼法精神不符，检察院也将因程序违法而导致相应的侦查活动无效，影响刑事案件的诉讼进程。

拘传或传唤犯罪嫌疑人十二小时，可以不给其一滴水一口饭吗？

《人民检察院刑事诉讼规则（试行）》第八十条第三款、第一百九十五条第二款规定：拘传犯罪嫌疑人，应当保证犯罪嫌疑人的饮食和必要的休息时间。传唤犯罪嫌疑人，应当保证犯罪嫌疑人的饮食和必要的休息时间。

以案说法

蔡某是某市教育局的副主任，2016年蔡某被群众举报滥用职权，人民检察院在了解案情后发现蔡某有重大涉案嫌疑，于是传唤蔡某接受讯问，但蔡某无故未到，于是，检察院将蔡某拘传到案接受审讯，由于蔡某一直不配合办案人员的工作，为了逼迫蔡某尽快说出案件事实，审讯人员在拘传期间未给蔡某一滴水一口饭吃。人民监督员认为拘传期间未能保证犯罪嫌疑人的饮食和必要的休息时间，严重违反了法律规定，于是提出了监督意见。

尊重和保障人权是我国刑事诉讼法的基本原则之一，落实到刑事侦查程序中，在拘传和传唤过程中保障犯罪嫌疑人的饮食和必要的休息时间即是此原则的一个重要体现。"饮食"即犯罪嫌疑人吃饭、喝水的权利，"必要的休息时间"即犯罪嫌疑人为更好的应对审讯而应当享有的最低休息时间。法律之所以作出如此规定，主要是为了限制侦察机关使用疲劳审讯、饥饿审讯等情形，造成犯罪嫌疑人因忍受不了生理折磨而作出与其真实意志相反的供述。

本案中，蔡某因涉嫌滥用职权而被人民检察院立案侦查，人民检察院将蔡某拘传到案后，由于蔡某一直不配合办案人员的工作，于是办案人员在整个拘传期间未给蔡某一滴水一口饭吃，此种做法不符合上述法律规定，严重侵害了蔡某作为犯罪嫌疑人所应当享有的饮食、必要休息的权利。对此，人民监督员提出监督意见的做法是正确的。

在拘传、传唤的过程中应避免使用不人道的讯问方式逼迫犯罪嫌疑人作出相应的供述，真正的司法文明是尊重每一个诉讼主体所应享有的法定权利，在完善司法机制的前提下提高破案率，而不是依靠疲劳审讯等非人道方式来达到案结事了的效果。

取保候审解除后，保障金应该及时退还吗？

《人民检察院刑事诉讼规则（试行）》第一百零七条规定：犯罪嫌疑人在取保候审期间没有违反刑事诉讼法第六十九条的规定，或者发现不应当追究犯罪嫌疑人刑事责任的，变更、解除或者撤销取保候审时，应当告知犯罪嫌疑人可以凭变更解除或者撤销取保候审的通知或者有关法律文书到银行领取退还的保证金。

《中华人民共和国刑事诉讼法》第六十九条规定：

被取保候审的犯罪嫌疑人、被告人应当遵守以下规定：（一）未经执行机关批准不得离开所居住的市、县；（二）住址、工作单位和联系方式发生变动的，在二十四小时以内向执行机关报告；（三）在传讯的时候及时到案；（四）不得以任何形式干扰证人作证；（五）不得毁灭、伪造证据或者串供。

人民法院、人民检察院和公安机关可以根据案件情况，责令被取保候审的犯罪嫌疑人、被告人遵守以下一项或者多项规定：（一）不得进入特定的场所；（二）不得与特定的人员会见或者通信；（三）不得从事特定的活动；（四）将护照等出入境证件、驾驶证件交执行机关保存。

被取保候审的犯罪嫌疑人、被告人违反前两款规定，已交纳保证金的，没收部分或者全部保证金，并且区别情形，责令犯罪嫌疑人、被告人具结悔过、重新交纳保证金、提出保证人，或者监视居住、予以逮捕。

对违反取保候审规定，需要予以逮捕的，可以对犯罪嫌疑人、被告人先行拘留。

以案说法

李某是某大型国有企业供销科的科长，2016年3月李某因涉嫌侵吞208万的公款而被人民检察院立案侦查，期间由于李某已怀孕四个月，于是在交纳了保证金后检察院对其采取了取保候审，后来取保候审期间届满，检察院决定对其进行监视居住，但在变更强制措施后检察院一直未通知李某可以到银行领取应退还的保证金，人民监督员认为李某在取保候审期间并无违法行为，检察院未通知其可领取应退还的保证金不符合法律规定，于是提出了监督意见。

取保候审的保证金是对于符合我国刑事诉讼的取保候审条件，在决定对犯罪嫌疑人采取取保候审时为了防止其逃避、妨碍刑事侦查活动而责令其所交纳的金钱。它在一定程度上对犯罪嫌疑人在取保候审期间遵纪守法、配合司法机关的侦查活动有积极意义，那么若犯罪嫌疑人已经结束取保候审，其所交纳的保证金又该如何处置呢？根据《人民检察院刑事诉讼规则（试行）》第一百零七条规定，若犯罪嫌疑人在取保候审期间没有违反取保候审期间应遵循的规定，或者在取保候审后又发现不应当追究犯罪嫌疑人刑事责任的，那么，在变更、解除或者撤销取保候审时，应当告知犯罪嫌疑人可以凭变更解除或者撤销取保候审的通知或者有关法律文书到银行领取退还的保证金。即一旦取保候审被变更、解除或者撤销，则所交纳的保证金应当退还。

本案中，人民检察院在审理李某贪污公款一案中，由于李某已怀孕，并符合取保候审的条件，于是在李某交纳了保证金后对其采取了取保候审的措施，但在取保候审期间届满，对李某又采取了监视居住后，检察院一直未对李某的保证金作出处理不符合法律规定，因此人民监督员提出的监督意见符合法律规定。

保证金的作用仅限于担保犯罪嫌疑人在被取保候审期间能遵守取保候审的制度规定，一旦取保候审被变更、解除或者撤销，则保证金也将不再发挥其作用，其本质上仍属于犯罪嫌疑人的财产，因此应当退还给犯罪嫌疑人。

被讯问人是聋、哑或者不通晓当地通用语言文字的人，有权获得翻译吗？

《人民检察院刑事诉讼规则（试行）》第一百九十八条规定：讯问聋、哑或者不通晓当地通用语言文字的人，人民检察院应当为其聘请通晓聋、哑手势或者当地通用语言文字且与本案无利害关系的人员进行翻译。翻译人员的姓名、性别、工作单位和职业应当记录在案。翻译人员应当在讯问笔录上签字。

以案说法

张某因工作原因从哈尔滨调动到新疆某市的国有企业任总经理，在其掌权的两年内，多次利用自己总经理的身份，收受合作方的贿赂高达 573 万，致使国有资产遭到了重大损失。当地检察院对张某受贿一案立案侦查，在侦查的过程中，办案人员一直使用新疆当地的语言进行讯问，张某并不能完全听懂，检察院也未给张某安排翻译。人民监督员认为张某并不通晓新疆语言，检察院未向其提供翻译的做法不符合法律规定。

犯罪嫌疑人获得公正审判是其重要的诉讼权利，为了保障其合法权利，我国的刑事诉讼法体系作出了一系列的规定，例如辩护权、获得翻译权等等。我国《人民检察院刑事诉讼规则（试行）》第一百九十八条对人民检察院侦查案件的过程中所讯问的犯罪嫌疑人为聋哑人或者不通晓当地通用语言文字的人时作出了相关规定，即人民检察院应当为其聘请通晓聋、哑手势或者当地通用语言文字的人为其进行翻译，只有这样才能保障在讯问的过程中犯罪嫌疑人能更准确的理解侦查机关的讯问内容，从而做出相应的应对。对于翻译人员的资格，该《规则》还规定必须与所侦查的案件无利害关系，同时应当将该翻译人员的姓名、性别、工作单位和职业记录在案，最后的讯问笔录也应当由翻译人员签字，因此，翻译人员应当为其所作出的翻译负责。

本案中，新疆某市的检察院侦查张某贿赂一案时，用新疆语言来进行讯问，由于张某本身不是新疆人，对新疆语言自然也不精通，如果不为其安排翻译人员进行翻译，则势必会影响案件的侦查进程，也会导致张某本身所供述犯罪事实的准确性，因此本案的人民监督员提出的监督意见符合法律规定。

在讯问的过程中为不通晓当地语言的犯罪嫌疑人安排翻译人员是讯问机关的义务，这是保障犯罪嫌疑人合法权利的一个重要体现，否则，将因程序违法而使得讯问笔录不产生其原有的法律效力。而在翻译人员的选任上，也应当选择和本案无利害关系的人员，防止其因利害关系而故意做出错误的翻译，同时为了防止翻译人员恣意妄为　翻译人员还应当在相关文书上签字确认。

在询问证人方面，检查人员应该把握好哪些禁止事项？

《人民检察院刑事诉讼规则（试行）》第二百零六条规定：询问证人，应当问明证人的基本情况以及与当事人的关系，并且告知证人应当如实提供证据、证言和故意作伪证或者隐匿罪证应当承担的法律责任。但是不得向证人泄露案情，不得采用羁押、暴力、威胁、引诱、欺骗以及其他非法方法获取证言。

以案说法

何某是某市的公务员，因涉嫌渎职犯罪被人民检察院立案侦查，期间为了更全面地了解案件事实，办案人员决定向知情的证人王某进行询问，由于害怕被何某报复，王某在作证时一直吞吞吐吐，仅愿意说出涉案的部分事实，为了能挖出剩下部分的事实，办案人员便将王某捆绑在询问室内，直到王某说出了全部与案件相关的信息。人民监督员认为办案人员违反了法律在询问证人方面的禁止性规定，于是提出了监督意见。

证人证言是刑事诉讼中的一个非常关键的证据，它对查清案件事实起着非常重要的作用。由于证人一般能给侦查机关提供有关案件事实的真相，实践中，为了能尽快复原案件全貌，不择手段向证人取证、侵犯其合法权益的案例也特别多，因此，我国《人民检察院刑事诉讼规则（试行）》第二百零六条对如何询问证人作出了较为细致的规定，它要求检察院在询问证人时，应首先向证人了解其基本情况和与本案当事人之间的关系，在此过程中为了保证证人作证时能如实陈述，不得向证人泄露案情，也不得采用非法手段例如羁押、暴力、威胁等方式向证人获取证言。除此之外，在证人开始作证之前，要向证人明确告知应如实提供证言以及故意作伪证、隐匿罪证所应承担的法律责任。

本案中，人民检察院在侦查何某渎职罪一案中，为了向证人王某获取证人证言，在证人吞吞吐吐有所顾虑时直接将王某捆绑在询问室，直到王某说出全部与案件相关的信息，此种做法显然违反了上述法律规定，尽管王某最终说出了与案件相关的证言，但检察机关以暴力手段所获取的证人证言也将因违法而不产生证据效力。因此人民监督员所提出的监督意见符合法律规定。

以合法的方式、程序获取证人证言，并用科学的方法来审查和判断证人证言的证明力，更大程度地发挥证人证言在诉讼中查明案件事实真相的价值，是刑事诉讼法律规范的一个追求目标，要想达到此目标，检察人员就必须严格遵照法律规定来询问证人，保障证人证言的合法性。

对于当事人及其法定代理人的申请回避权，检察院应给予怎样的配合义务？

《人民检察院刑事诉讼规则（试行）》第二十条、第二十二条、第二十三条、第二十七条、第二十八条规定：

检察人员在受理举报和办理案件过程中，发现有刑事诉讼法第二十八条或者第二十九条规定的情形之一的，应当自行提出回避；没有自行提出回避的，人民检察院应当按照本规则第二十四条的规定决定其回避，当事人及其法定代理人有权要求其回避。

人民检察院应当告知当事人及其法定代理人有依法申请回避的权利，并告知办理相关案件检察人员、书记员等的姓名、职务等有关情况。

当事人及其法定代理人的回避要求，应当书面或者口头向人民检察院提出，并说明理由；根据刑事诉讼法第二十九条的规定提出回避申请的，应当提供有关证明材料。人民检察院经过审查或者调查，符合回避条件的，应当作出回避决定；不符合回避条件的，应当驳回申请。

第人民检察院作出驳回申请回避的决定后，应当告知当事人及其法定代理人如不服本决定，有权在收到驳回申请回避的决定书后五日以内向原决定机关申请复议一次。

当事人及其法定代理人对驳回申请回避的决定不服申请复议的，决定机关应当在三日以内作出复议决定并书面通知申请人。

以案说法

杨某是 A 市公安局的一名警察。前不久，该市人民检察院接到举报，称杨某在审讯犯罪嫌疑人魏某的时候，对其刑讯逼供，使魏某作出了虚假陈述。检察院接到举报材料后，对此事进行了立案侦查，由检察人员郑某负责。后来，魏某及其法定代理人发现，郑某是杨某的女婿，两人存在利害关系，因此魏某及其法定代理人便以书面的方式向当地人民检察院提出了回避申请，但检察院对此并未回复。该检察院的人民监督员董某得知后，认为不妥，遂准备提出监督意见。

本案是关于当事人、检察人员提出回避申请的，人民检察院应如何处理的问题。对此，《人民检察院刑事诉讼规则（试行）》第二十三条、第二十七条、第二十八条有着明确规定。首先人民检察院应当受理此回避申请，符合条件的，作出回避决定，不符合条件的，驳回回避申请。且在驳回回避申请后，人民检察院应当告知当事人及其法定代理人享有申请复议权，人民检察院应在三日内作出复议决定。

而在本案中，当事人魏某及其法定代理人发现，办理此案的郑某是杨某的女婿，两人存在近亲属关系，我国《检察人员任职回避和公务回避暂行办法》第九条第二款规定，对于本人或者他的近亲属和本案有利害关系的，当事人及法定代理人有权要求其回避。因此，本案是符合回避申请的，人民检察院应当依法作出郑某的回避决定。人民监督员董某提出的监督意见合法有据，人民检察院应当采纳并及时纠正。

从本案中可以看出，回避主要适用于与本案或者本案当事人有利害关系的检察人员。法律上之所以对回避制度作出明确规定，是因为回避制度直接关系到案件的公平公正审理，直接关系到当事人的合法权益，因此，作为一名人民监督员，在实际工作中遇到此类问题时，一定要认真审查，依法履行监督职责。

通过刑讯逼供和其他暴力等手段获得的证据，一定不能用吗？

《人民检察院刑事诉讼规则（试行）》第六十五条规定：

对采用刑讯逼供等非法方法收集的犯罪嫌疑人供述和采用暴力、威胁等非法方法收集的证人证言、被害人陈述，应当依法排除，不得作为报请逮捕、批准或者决定逮捕、移送审查起诉以及提起公诉的依据。

刑讯逼供是指使用肉刑或者变相使用肉刑，使犯罪嫌疑人在肉体或者精神上遭受剧烈疼痛或者痛苦以逼取供述的行为。

其他非法方法是指违法程度和对犯罪嫌疑人的强迫程度与刑讯逼供或者暴力、威胁相当而迫使其违背意愿供述的方法。

以案说法

刘某是某市人民检察院的一名人民监督员。近日刘某接到司法局通知，告知其去参加一个证据不足不起诉案件的监督评议工作。刘某在参加监督评议工作过程中，了解到犯罪嫌疑人杨某因犯盗窃罪被起诉，但是因为警察在讯问杨某的过程中，对其进行了刑讯逼供，杨某才被迫认罪。最后，检察院拟对杨某作出证据不足不起诉决定，并接受监督评议工作。对此，刘某非常疑惑，他不知道此案该如何处理，不知道通过刑讯逼供或其他暴力等手段获取的证据，是否一定不能使用？

本案涉及通过刑讯逼供或其他暴力等手段获取的证据，是否一定不能予以采纳。这个问题的答案是肯定的，该证据应当依法予以排除。根据《人民检察院刑事诉讼规则（试行）》第六十五条的规定，对于采用刑讯逼供等非法方法收集的犯罪嫌疑人供述和采用暴力、威胁等非法方法收集的证人证言、被害人陈述，应当依法排除，不得作为报请逮捕、批准或者决定逮捕、移送审查起诉以及提起公诉的依据。

因此在本案中，杨某承认自己盗窃的证据已被证实是采用刑讯逼供的方式获得的，其作为证据的真实性、合法性、关联性都存疑，在这种情况下，该证据是无论如何都不能采纳的，人民检察院以证据不足不予起诉的做法是正确的。

通过刑讯逼供和其他暴力等手段获得的证据，应当依法予以排除，这主要是考虑到通过刑讯逼供和其他暴力等手段获得的证据，其证据来源是不合法的，无法作为定案证据被采信。作为人民监督员，我们在实际工作中，面对此类案件，一定要认真审查证据来源是否合法，对于非法取得的证据，必须予以排除，这也符合我们国家疑罪从无原则。

收集证据违反程序，可能严重影响司法公正的，一律要排除吗？

《人民检察院刑事诉讼规则（试行）》第六十六条规定：

收集物证、书证不符合法定程序，可能严重影响司法公正的，人民检察院应当及时要求侦查机关补正或者作出书面解释；不能补正或者无法作出合理解释的，对该证据应当予以排除。

对侦查机关的补正或者解释，人民检察院应当予以审查。经侦查机关补正或者作出合理解释的，可以作为批准或者决定逮捕、提起公诉的依据。

本条第一款中的可能严重影响司法公正是指收集物证、书证不符合法定程序的行为明显违法或者情节严重，可能对司法机关办理案件的公正性造成严重损害；补正是指对取证程序上的非实质性瑕疵进行补救；合理解释是指对取证程序的瑕疵作出符合常理及逻辑的解释。

以案说法

魏某是当地的一名警察。近日魏某处理了一起盗窃案件。魏某在对犯罪嫌疑人邓某进行调查后，发现邓某确实存在盗窃嫌疑，便对其立案侦查，对其家里进行了搜查，经过一番搜查，魏某在邓某家中发现了很多珍贵物品，邓某承认这些珍贵物品是通过盗窃得来的。可是该案移送到人民检察院后，检察人员在仔细研究该案证据后，发现该盗窃物品扣押清单上并没有侦查人员的签名，该物证收集程序是不合法的，可能严重影响司法公正，应予排除。但该检察院的人民监督员吴某认为，没有签名属于轻微瑕疵，不影响证据效力，遂准备提出监督意见。

该问题主要涉及收集物证、书证不符合法定程序，可能严重影响司法公正的，是否必须予以排除。对此，我国《人民检察院刑事诉讼规则（试行）》第六十六条有着明确规定，即当收集物证、书证不符合法定程序，可能严重影响司法公正的，人民检察院应当及时要求侦查机关补正或者作出书面解释；不能补正或者无法作出合理解释的，对该证据应当予以排除。也就是说，对于取证不合法定程序的证据，人民检察院应当根据具体情况要求侦查机关补正或者作出书面解释，如果侦查机关无法补正或合理解释的，那么，人民检察院必须将此证据予以排除。

而在上面的案件中，依照我国相关法律规定，当侦查人员在搜查、扣押犯罪嫌疑人的涉案物品后，侦查人员应当在物品扣押清单上签字。然而在本案中，侦查人员魏某在扣押犯罪嫌疑人邓某的物品后，并没有在扣押清单上签字，很显然这是不符合法律规定的，存在程序违法。对此，检察人员应及时要求侦查机关补正或者作出书面解释，当侦查人员不能补正或者无法作出合理解释的，检察人员就应对该证据予以排除。

我国法律上对物证书证的收集程序作出明确规定，目的是让侦查人员依法办事，严格按照法律程序办事，而作为人民监督员，也要切实履行监督职责，核实侦查机关的证据收集是否符合法律程序。

将非法取证的证据排除后，不能证明犯罪嫌疑人犯罪的，应该怎么处理？

《人民检察院刑事诉讼规则（试行）》第六十七条规定：人民检察院经审查发现存在刑事诉讼法第五十四条规定的非法取证行

为，依法对该证据予以排除后，其他证据不能证明犯罪嫌疑人实施犯罪行为的，应当不批准或者决定逮捕，已经移送审查起诉的，可以将案件退回侦查机关补充侦查或者作出不起诉决定。

以案说法

郑某在某地人民检察院工作三个月了。近日，郑某负责办理犯罪嫌疑人杨某涉嫌强奸一案。在对犯罪嫌疑人杨某的讯问过程中，杨某称其在公安机关作出的有罪陈述是受公安机关侦查人员刑讯逼供的，自己并没有实施强奸行为。郑某在调查此事后，发现犯罪嫌疑人杨某确实遭受了刑讯逼供，其证言不可采信。然而在将杨某的陈述排除后，没有其他足够的证据证明杨某犯强奸罪的事实。于是，郑某准备作出不起诉的决定。但是，该检察院的人民监督员李某认为，及时没有刑讯逼供取得的这份证据，也可以认定杨某涉嫌强奸罪，于是就提出了监督意见。

人民监督员李某主要是针对将非法取得的证据排除后，不能证明犯罪嫌疑人犯罪的，应该怎么处理？对此，《人民检察院刑事诉讼规则（试行）》第六十七条作出了明确规定，当非法取证的证据被排除后，不能证明犯罪嫌疑人犯罪的，应当不批准或者决定逮捕，已经移送审查起诉的，可以将案件退回侦查机关补充侦查或者作出不起诉决定。

在本案中，经过调查证实犯罪嫌疑人杨某承认自己犯强奸罪的证言主要通过刑讯逼供的手段获得的，因此依照法律规定，应当依法予以排除。而在排除该犯罪嫌疑人陈述后，该案的其他证据又不能证明犯罪嫌疑人杨某犯罪，在这种情况下，郑某作为检察人员，既可以将案件退回侦查机关补充侦查，又可以作出不起诉决定。因此，人民监督员李某并不需要对此提出监督意见。

我国法律上明确规定，定罪的证据应当确实充分，排除合理怀疑，正因为出于此考虑，当将非法取得的证据排除后，不能证明犯罪嫌疑人犯罪的，检察人员应当将案件退回侦查机关补充侦查或者作出不起诉决定。而作为一名人民监督员，在遇到此类案件时，一方面要注意定罪的证据是否真实、合法，另一方能还要注意如果非法证据被排除后，现有证据无法证明犯罪事实的，检察院的处理方式是否合法有据。

附 人民监督员实施监督的典型案例评析

人民监督员对应当立案而不立案的情形进行监督

湖北省某县某村村支部书记张某在任职期间被该村村民方某举报，方某称张某在任职期间有贪污、受贿的行为。该县检察院收到方某的举报后，便根据方某提供的线索进行初查。经过初查之后，县检察院认为证据不足，不符合立案条件，故决定不予立案。后来，方某收到了县检察院不予立案的通知。对此，方某认为县检察院的做法不合理。之后，方某通过《人民监督员监督事项告知书》了解到人民监督员监督范围，认为可以通过人民监督员再查处张某。于是，方某便向该县的人民监督员吴某反映了张某涉嫌贪污、受贿一案检察院未予立案的情况。吴某了解情况后，认为检察院的行为确实属于应当立案而不予立案的情况，故启动了监督程序。于是，某县人民检察院通过司法局随机抽选了三名人民监督员参加监督评议。经过评议，人民监督员认为此案确实存在疑点，张某在担任村支部书记期间的行为确实涉嫌贪污，应当退回检察院补充侦查。随后，该县检察院对张某以涉嫌贪污罪立案侦查。

本案中，在举报人提出监督申请后，根据《最高人民检察院关于人民监督员监督工作的规定》第八条第二款的规定，当事人及其辩护人、诉讼代理人或者控告人、举报人、申诉人认为人民检察院办理的案件具有本规定应当立案而不立案的情形，申请启动人民监督员监督程序的，由人民检察院控告检察部门受理。该县人民检察院控检部门及时对监督事项进行审查，提出处理意见，启动了监督程序，并按照法律规定抽取了三名人民监督员进行监督评议。通过对此案的监督，更加有效地促进了检察机关深入细致地开展办案工作，使得检察院的行为更加规范。同时，人民监督员的监督也使犯罪嫌疑人张某受到了法律的制裁，维护了法律的权威与尊严。

人民监督员对犯罪嫌疑人涉嫌行贿拟撤销案件情形进行监督

某医药公司代表冀某为了能够增加药品、医疗设备的销售量，多次向某市公立医院的负责人行贿。后来，冀某的行为被举报。于是，某区人民检察院便以冀某涉嫌行贿罪立案侦查。侦查终结后，该区检察院认为冀某行贿的数额不大，而且没有充分的证据予以证明。因此，该区检察院准备撤销案件。该检察院的人民监督员认为冀某行贿的数额已达定罪标准，不同意检察院拟撤销案件的决定，应当将案件移送起诉。但是，该区检察院并未采取人民监督员的监督意见。在检察院将决定反馈给人民监督员后，多数人民监督员仍然持有异议，并向上一级检察院提出复议。在经相关部门审查后，其市人民检察院认为此案应当移送起诉。

此案历经了完整的人民监督员监督程序，从案件启动，即人民监督员认为某区人民检察院拟撤销案件的决定不符合法律的规定，据此，人民监督员根据《最高人民检察院关于人民监督员监督工作的规定》第二条第三款第一项的规定，即人民监督员对人民检察院办理直接受理立案侦查案件工作中的拟撤销案件的情形可以实施监督，提出了监督意见。在提出监督意见后，检察院的有关部门进行审查后，向人民监督员进行了反馈。因人民监督员仍然存在异议，故又根据该规定第二十一条的规定："人民检察院的决定经反馈后，参加监督评议的多数人民监督员仍有异议的，可以在反馈之日起三日以内向组织案件监督的人民检察院提出复议。"最终，该市人民检察院认为此案应当移送起诉。由此可见，对监督复议程序的规定，赋予了人民监督员新的权利救济渠道。

人民监督员对犯罪嫌疑人不服逮捕决定情形进行监督

李某与小李是父子，两人在某市某区进行拆迁时，利用李某职务上的便利，先后收受某电气设备供应商送的现金上百万元，以为其提供承揽工程等方面的便利。后来，两人的行为被发现，某区检察院以两人涉嫌受贿罪立案侦查，并将其刑事拘留。之后，检察院对二人实施逮捕。在逮捕时，犯罪嫌疑人小李提出其不服检察院作出的逮捕决定，但并未提出不服逮捕的理由。小李提出不服逮捕决定的意见后，某区人民检察院便将其意见转达给该市检察院侦查监督部门。于是，该市检察院相关部门便更换案件承办人，对此案专门进行审查，认为应当维持原逮捕决定，并将此案移交到该院人民监督员办公室，由人民监督员进行监督。该案在经过人民监督员评议后，认为小李虽然提出了不服逮捕决定的意见，但是提不出申辩的理由和根据，故三名人民监督员一致表决同意检察机关的拟处理意见。据此，人民检察院将此案移送起诉。

本案中，在犯罪嫌疑人提出不服逮捕决定的意见后，检察机关及时向有关部门反映，有关部门更换承办人员专门对此案进行了审查，并主动启动监督程序，抽取人民监督员对此案进行评议，做好了接受人民监督的准备。同时，该市检察院按照《深化人民监督员制度改革方案》受理该案，并组织开展监督。通过监督，最大限度地维护了犯罪嫌疑人的合法权益，充分体现了检察机关规范司法、保障人权、人文关怀。

人民监督员对拟不起诉案进行监督

陈某是某市金属制品有限公司销售部经理，2017 年 3 月，陈某主动向某市检察院投案自首，如实供述了自己涉嫌单位行贿的犯罪事实。某市检察院立即对其进行监视居住，并于同年 4 月同意其被取保候审。经过调查，陈某在任职期间，为了使公司环保设备通过验收等，根据公司的指派送给某行政执法机关工作人员现金 10 万元人民币。该案承办单位某区人民检察院认为陈某投案自首，认罪态度好，而且此案犯罪数额比较小，故拟作出不起诉的决定。因人民监督员对此案提出异议，于是，检察院便将此案交由人民监督员进行评议。经过评议，多数人民监督员认为，陈某的行为影响恶劣，应当移送起诉，故不同意某区检察院不予起诉的决定。后来，经过某区检察院检委会研究，该院采纳了人民监督员的评议意见，对此案移送起诉。

在本案中，人民监督员对人民检察院办理直接受理立案侦查案件中的拟不起诉的情形实施监督，即由人民监督员启动监督程序。在人民监督员提出异议后，人民检察院依法按照人民监督员的监督程序，认真研究人民监督员的评议和表决意见，根据案件事实和法律规定，依法作出决定，遵守了人民监督员的监督程序。本案体现了人民检察院认真对待人民监督员的监督意见，重视人民监督员的工作，并真诚接受人民监督员的监督，从而也使得犯罪分子得到了应有的法律惩罚，进而也促进了司法的公平、正义。